160 मिनट का रोमांच

आई.पी.एल., दिल की धड़कनों को रोक देना वाला रोमांच, करोड़ों-अरबों रुपयों का सट्टा...क्या यही क्रिकेट का भविष्य है?

ट्वेंटी-20 क्रिकेट में वह बात है जिसने क्रिकेट के खेलने के मूल रूप और इसका प्रशासन चलाने के तरीके को ही बदल डाला।

इसकी तेज़ी को देखकर एक स्तर पर तो इसमें M.C.C. के नियमों की बंदिश से हटकर गली मोहल्लों में खेली जाने वाली क्रिकेट जैसा रोमांच व मनोरंजन होता है।

यह भी पहली बार ही हुआ कि खिलाड़ियों की वस्तुओं की तरह नीलामी हुई और फिल्म स्टारों और बड़े उद्योगपतियों ने करोड़ों रुपये ख़र्च करके उन्हें अपनी टीमों की ओर से खेलने के लिए खरीदा।

लोगों ने और आयोजकों ने आइ.पी.एल. को हाथों-हाथ लिया क्योंकि ट्वेंटी-20 में वही रोमांच है जिसको लोग देखना चाहते हैं।

जॉन बुकैनन ने आइ.पी.एल. के मैचों और मैदान से बाहर होने वाली घटनाओं के बारे में इस किताब में लिखा है।

जॉन बुकैनन ऑस्ट्रेलिया की सबसे सफल टीम के कोच रहे हैं—जो क्रिकेट के इतिहास में भी शायद सबसे सफल टीम रही है।

बुकैनन आठ वर्षों तक आस्ट्रेलियन टीम के कोच रहे और टैस्ट तथा वन-डे इन्टरनेशनल्स दोनों में उनकी सफलता का अनुपात 75 प्रतिशत या इससे भी अधिक रहा। मैच के हर लम्हे का कम्प्यूटर द्वारा विश्लेषण करने की शुरुआत भी सबसे पहले उन्होंने की। उन्होंने कोचिंग के सम्बन्ध में दूसरे खेलों के कोचों की सलाह लेकर उनके लाभदायक विचारों को क्रिकेट की कोचिंग के साथ जोड़ा।

सन 2008 में इंडियन प्रीमियर लीग के नए ट्वेंटी-20 टूर्नामेन्ट के लिए आठ टीमों में से कोलकाता नाइट राइडर्स के कोच बने। सफल कोचिंग, नये प्रयोग और विवादों के लिए मशहूर, जॉन बुकैनन ट्वेंटी-20 क्रिकेट के एक मुख्य पात्र हैं।

ट्वेंटी-20 क्रिकेट
एक नई क्रान्ति

जॉन बुकैनन

राजपाल

अनुवाद
महेन्द्र कुलश्रेष्ठ

मूल्य : एक सौ पैंसठ रुपये (Rs. 165.00)

प्रथम हिन्दी संस्करण : 2010

ISBN : 978-81-7028-848-0
TWENTY-20 CRICKET : EK NAI KRANTI by John Buchanan
Published in arrangement with Orient Paperbacks
5A/8, Ansari Road, Darya Ganj, New Delhi-110002

राजपाल एण्ड सन्ज़, कश्मीरी गेट, दिल्ली-110 006
website : www.rajpalpublishing.com
e-mail : mail@rajpalpublishing.com

प्रस्तावना

यह पुस्तक लिखने में जैसा मैंने पहले सोचा था, उससे कहीं ज़्यादा मुश्किल आई। आरम्भ में आई.पी.एल. नामक नए उद्यम पर एक नज़र डालना इसका उद्देश्य था जिसमें इसकी कहानी की डायरीनुमा कमेंटरी होनी थी, जो प्रतिवर्ष इसमें जुड़ती चली जाती।

मैंने भारत में इसके प्रभाव का आकलन करने के लिए कागज़-पत्र, टिप्पणियाँ और प्रतियोगिता के आँकड़े इकट्ठे किए। यह करते हुए मैं सोच रहा था कि इसके द्वारा मैं दुनिया के उन लोगों को जो इस अद्भुत देश भारत के बारे में ज़्यादा नहीं जानते, इस घटना के बारे में बताने के अलावा इस देश का कुछ ज्ञान भी दे सकूँगा। इन परस्पर विरोधी लगने वाली बातों के देश की संस्कृति तथा इतिहास के बारे में ज़्यादा जानने के लिए 'इन स्पाइट ऑफ दि गॉड्स' नामक पुस्तक भी पढ़ने लगा।

मैं अपने उन मित्रों तथा अन्य लोगों से, जिन्हें अभी तक भारत आने का अवसर नहीं मिला है, कहना चाहता हूँ कि वे इस देश की यात्रा ज़रूर करें। क्योंकि यद्यपि आपने 'स्लम डॉग मिलियनिएर' फिल्म भले ही देख ली हो—जिसमें आपको इस देश की अच्छी जानकारी मिलती है—फिर भी जब तक आप यहाँ स्वयं आकर इसकी आवाज़, गन्ध, दृश्य, स्पर्श और स्वाद का अनुभव नहीं कर लेते, तब तक आप इसकी सिर चढ़कर बोलती प्रकृति का अनुभव नहीं कर सकते, क्योंकि कोई भी शब्द, कोई भी चित्र और कोई भी रचना इसकी वास्तविकता को व्यक्त नहीं कर सकती।

मैंने इस समय तक भारत की एक दर्जन से ज़्यादा बार यात्रा कर ली है। पहली बार मैं आस्ट्रेलियन क्रिकेट टीम के साथ आया था, फिर व्यावसायिक

सेमिनारों में शामिल होने के लिए आया, और पिछले दिनों आई.पी.एल. (इंडियन प्रीमियर लीग) और विशेष रूप से कोलकाता नाइट राइडर्स के सिलसिले में आया। ये यात्राएँ हमेशा जादुई रही हैं, और हाँ, इनके साथ बहुत-सी अनपेक्षित घटनाएँ भी होती रही हैं। यही भारत का सौन्दर्य तथा हताशा दोनों ही हैं।

आई.पी.एल. भी इनसे भिन्न नहीं था। इससे भारत के मेरे पिछले अनुभवों की पुष्टि ही हुई। आई.पी.एल. को अविश्वसनीय रूप से बड़े परिमाण में कॉरपोरेट जगत, प्रसारण तथा जनता का समर्थन प्राप्त है। यदि इसका सही ढंग से उपयोग कर लिया जाए तो यही दुनिया में क्रिकेट का भविष्य है।

मुझे आशा है कि जो लोग आई.पी.एल. का नियन्त्रण करते हैं, जो अधिकारी विश्व क्रिकेट का नियन्त्रण करते हैं, और वे भी बहुत-से लोग जो भविष्य में क्रिकेट को प्रभावित करेंगे, उन्हें क्रिकेट के भविष्य का, कि वह किस दिशा में जा रहा है और किसमें उसे ले जाया जाना चाहिए, इसका पूरा ज्ञान है।

हार्डी ग्रान्ट के उन सब लोगों को मेरा धन्यवाद जिन्होंने मुझे न केवल इस प्रोजेक्ट में आने की प्रेरणा दी, बल्कि इसे पूर्ण करने में सहायता भी दी। आई.पी.एल. तथा कोलकाता नाइट राइडर्स के अधिकारियों को भी मेरा धन्यवाद, विशेष रूप से शाहरुख खान, जय मेहता तथा जूही चावला को जिन्होंने इस नई बहादुर दुनिया में सम्मिलित होने का मुझे अवसर प्रदान किया। यह विशेष संस्थान है जहाँ मुझे कुछ समय बिताने की आशा है।

कोलकाता नाइट राइडर्स के खिलाड़ियों तथा सहायक स्टाफ को भी—विशेष रूप से उनके प्रख्यात सौरभ गांगुली को—धन्यवाद, जिन्होंने अपने बीच मेरा स्वागत किया, भले ही मैं ईडेन गार्डेन में खेलने वालों के जीवन में अनेक परिवर्तन लाने का प्रयत्न कर रहा हूँ।

एण्ड्रयू डॉसन और ल्यूक प्रेंडरगास्ट को भी हार्दिक धन्यवाद, जिन्होंने इस पुस्तक की संरचना में अपना मूल्यवान सहयोग दिया।

वक्तव्य

जब न्यूज़ीलैंड का विकेट कीपर-बैट्समेन ब्रेंडन मैककुलम 18 अप्रैल 2008 को इंडियन क्रिकेट लीग के सर्वप्रथम मैच में, रॉयल चैलेंजर्स बंगलोर के विरुद्ध कोलकाता नाइट राइडर्स की ओर से बैटिंग की शुरूआत करने आगे बढ़ा, क्रिकेट की दुनिया उत्सुकता से उसे देख रही थी। दुनिया क्रिकेट के इस नये ट्वेंटी-20 रूप और आई.पी.एल. को किस प्रकार ग्रहण करेगी, क्या स्थानीय दर्शक विदेशी खिलाड़ियों से भरी इन प्राइवेट फ्रैन्चाइज़ों को स्वीकार करेंगे?

क्रिकेट पारम्परिक खेल है। एकाध मामूली परिवर्तन के अलावा यह लगभग डेढ़ शताब्दी से उसी तरह खेला जा रहा है। बॉडी लाइन सीरीज़ और वर्ल्ड सीरीज़ क्रिकेट की क्रान्ति ने अपने समय में इसे कुछ बदला था; और अब आई.पी.एल. में वह क्षमता दिखाई दे रही है कि इसे खेलने के ढंग में और भी महत्त्वपूर्ण परिवर्तन कर दे। इस कारण मैं इसमें सम्मिलित होने के लिए बहुत उत्सुक था।

ट्वेंटी-20 घरेलू प्रतियोगिताओं और वन-ऑफ इन्टरनेशनल्स में सफल साबित हो चुका था, लेकिन आई.पी.एल. स्तर एक बिलकुल भिन्न प्रकार का उद्योग तथा जुआ भी—था। राज्य, काउंटी, प्रदेश या राष्ट्रीय क्रिकेट से फ्रैन्चाइज़ क्रिकेट एकदम भिन्न था : इसमें प्राइवेट मालिकाना अधिकार में बनी फ्रैन्चाइज़ें नगरों का प्रतिनिधित्व करेंगी और नीलामी के द्वारा दुनिया भर से खिलाड़ी चुने जाने थे। आई.पी.एल. और फ्रैन्चाइज़ों के मालिकों ने अरबों डॉलर खर्च करके इन्हें बनाया था जो ज़मीन पर औंधे मुँह गिरकर नष्ट भी हो सकती थीं या आशातीत रूप से सफल होकर क्रिकेट का स्वरूप ही बदल सकती थीं।

खिलाड़ियों पर ही बहुत कुछ निर्भर था। उन्हें बहुत ही ज़्यादा—कुछ को तो बहुत ही ज़्यादा—धन दिया जा रहा था, लेकिन जहाँ तक ट्वेंटी-20 का प्रश्न

है, इस पर फैसला अभी होना था। क्या यह सस्ता, कड़े खेल के साथ-साथ दिखाया जाने वाला मनोरंजन मात्र था, अथवा खेल के पारम्परिक रूपों के समान स्तर का सर्वस्वीकृत खेल था? खेल के दर्शक और खिलाड़ी भी इसके लिए क्या प्रतिक्रिया करेंगे?

ट्वेंटी-20 की एक बहुत आकर्षक बात यह है कि यह बड़ी तेज़ी से खेला जाता है। टैस्ट मैच में तो पाँच दिन के खेल के बाद ही कोई नतीजा सामने आता है और 50 ओवर के मैच को भी सिरे तक पहुँचने में आठ घंटे लगते हैं, परन्तु इस खेल में डेढ़ घंटे से कम समय में ही फैसला हो जाता है।

इस पहले मैच में मैककुलम ने अस्सी मिनट के धुआँधार खेल में सिर्फ 73 गेंदों में 158 रन बनाकर जिसमें दो-तीन नहीं, पूरे 13 छक्के भी शामिल थे—ज़बरदस्त प्रदर्शन किया। भीड़ का जोश पागलपन की हद तक पहुँच गया था, टी.वी. के दर्शक मन्त्रमुग्ध थे, मालिकों का उत्साह देखने लायक था। उत्तर मिल गया था; क्रिकेट का भविष्य हमारे सामने था।

मेरी पत्नी जूडिथ और परिवार
(मॉइकल, लॉरेन, टिमोथी, निकोलस और एलिस)
को
जिनको मैं बहुत प्यार करता हूँ।

क्रम

1 क्रिकेट में नई क्रान्ति

भारतवासियों को दुकानों से खरीदारी करने और सिनेमा देखने तथा उनकी स्त्रियों को टी.वी. की रुलाने वाली दास्तानें देखने से हटाकर क्रिकेट के प्रोग्राम देखने में लगाना बहुत मुश्किल काम है–लेकिन सन् 2008 की इंडियन प्रीमियर लीग ने यही चमत्कार कर दिखाया।

शुरूआती प्रतियोगिता के बाद आई.पी.एल. के आयोजकों की प्रार्थना पर अलकेमी शेयर एण्ड स्टॉक ब्रोकर्स की तरफ से व्यापारी अल यास्मीन शाह और धवल पारेख ने जो रिपोर्ट प्रकाशित की, उसमें दावा किया गया कि ट्वेंटी-20 टूर्नामेन्ट से जो अपेक्षाएँ की गई थीं, परिणाम उनसे कहीं ज़्यादा बढ़-चढ़कर आए हैं। यह क्रिकेट के इतिहास में एक नई क्रान्ति थी।

बताया गया कि ज़्यादातर टीमें टूर्नामेन्ट के पहले वित्तीय वर्ष में ही, आशा के विपरीत, अपने खर्चे निकाल लेंगी या उसके आस-पास पहुँच जाएँगी। मेरी टीम, कोलकाता नाइट राइडर्स, और राजस्थान रॉयल्स ने तो आर्थिक लाभ भी कमाया, और किंग्स XI पंजाब, दिल्ली डेयरडेविल्स, चेन्नई सुपर किंग्स तथा मुंबई इण्डियन्स ने दूसरी दफ़ा में लाभ कमाने का विश्वास जताया। इनके फ्रैन्चाइज़ी मालिक ये नतीजे देखकर दंग थे।

रिपोर्ट में बताया गया कि दर्शकों तथा टी.वी. पर कार्यक्रम देखने वालों की संख्या भी आशा से कहीं ज़्यादा थी, और यह कि इसने स्त्रियों सहित, पूरे पारिवारिक बाज़ार पर कब्ज़ा कर लिया है। 45 दिन में 59 मैच खेले गए। मीडिया ने सभी को पूरा कवरेज दिया और सबने सभी खेल गहरी दिलचस्पी से देखे।

आई.पी.एल. ने जनता पर कुछ ऐसा ज़बरदस्त जादू-सा कर दिया, कि देश-भर में दूसरे मनोरंजन, होटल-रेस्तरां और खरीद-फरोख्त पर भी काफी असर पड़ा, क्योंकि लोग मैदान या टी.वी. पर खेल देखने में व्यस्त थे। बहुत-सी सामाजिक गतिविधियों पर भी इसका असर पड़ा।

भारतीय क्रिकेट के सुप्रसिद्ध महानायक सचिन तेंदुलकर ने आई.पी.एल. के दौरान मत व्यक्त किया कि इस बार क्रिकेट के दर्शकों में एक जन सांख्यिकीय परिवर्तन हुआ है—अब पूरे परिवार इसे देखने में लगे हैं। उन्होंने कहा कि भारतीयों को सिनेमाघरों से हटाकर आई.पी.एल. की तरफ़ मोड़ना एक 'सामाजिक घटना' है।

अप्रैल और मई 2008 में बाज़ारों की बिक्री में अचानक कमी होने पर कम-से-कम एक खुदरा व्यापार संघ ने इसके लिए आई.पी.एल. को ज़िम्मेदार ठहराया। टी.वी. सेटों की बिक्री तेज़ी से बढ़ी। रिपोर्ट में कहा गया कि 'जिस तरह वर्ल्ड कप के दिनों में टी.वी. सेटों की बिक्री बढ़ती है उसी तरह इस बार भी बढ़ी।'

लेकिन टी.वी. सेटों की बिक्री से मुझे आश्चर्य नहीं हुआ। मैंने ऐसे परिवारों में टी.वी. देखा है जिनके घर कैनवास की दीवारों से ज़्यादा नहीं हैं—देश-भर में आप जहाँ भी जाएँ, टी.वी. आपको ज़रूर मिलेगा। टी.वी. अपने पास होने का मतलब है क्रिकेट जब चाहे देख लो और क्रिकेट तो देश का नम्बर एक खेल है ही!

मेरा एक दोस्त है, कृष्ण तुंगा, जिससे मैं मुम्बई में सन् 2001 में पहली दफ़ा मिला था। कृष्ण को क्रिकेट के आँकड़े इकट्ठे करने का जुनून है और सालों से वह मुझे सब तरह की जानकारी देता रहा है। आठ साल पहले जब मेरी उससे दोस्ती शुरू हुई, तब मुझे ताज्जुब होता था कि वह इतनी क्रिकेट कैसे देख लेता है। लेकिन जब मैं देश-भर में जहाँ-तहाँ यात्राएँ करने लगा, तब मुझे इसका जवाब मिलने लगा। विश्व क्रिकेट से भारतीय टी.वी. का जुड़ाव सबसे ज़्यादा है। इसलिए यहाँ के लोगों को उसकी ज़बरदस्त जानकारी है और क्रिकेट के बारे में उनकी अपनी राय भी है।

आई.पी.एल. का आकर्षण इस तरह, घर-घर में टी.वी के माध्यम से देश में फैला। भारत में मीडिया का प्रभाव भी ज़बरदस्त है। आप जहाँ भी जाएँ, रिपोर्टर और फोटोग्राफर आपको मिल जाएँगे। आप एक बजे रात जहाज़ से उतरिए, और सौ रिपोर्टर आपके स्वागत को खड़े मिल जाएँगे, इनके साथ पचास टी.वी. कैमरे भी होंगे। कोलकाता में तो हालत और भी गम्भीर है। हर कोई जानता है कि

आप कौन हैं, आप उनसे बच नहीं सकते। क्रिकेट के प्रशंसक बेहद भावुक भी हैं और हर जीत या हार के साथ उनकी भावनाएँ चढ़ती-उतरती रहती हैं। 2008 का आखिरी मैच हम जीते, इसलिए ये भावनाएँ शिखर पर थीं। लेकिन जब हम एक-के-बाद एक तीन-चार दफ़ा हारे—तब भी मुझे यह नहीं लगा कि लोग हमारा खून पी लेंगे। इन पर गरमागरम बहसें हुईं—आखिरी सीमा तक बहस करना तो यहाँ का स्वभाव ही है—लेकिन ये मारकाट तक नहीं पहुँची। मेरा ख्याल है, जनता ने पहली दफ़ा होने की वजह से हमें माफ कर दिया, क्योंकि हर चीज़ बड़ी तेज़ी से घटित हुई, लेकिन आगे के लिए ज़्यादा अच्छा करने की हमें चेतावनी भी दे दी।

सचिन तेंदुलकर ने कहा कि खेल के दर्शकों का वर्ग-परिवर्तन हुआ...यह (नया) 'सामाजिक परिवर्तन' भी था क्योंकि देश के लोगों ने सिनेमा देखने जाने की जगह आई.पी.एल. खेलों में भीड़ लगानी शुरू की

मीडिया की भाग-दौड़ सबसे महत्त्वपूर्ण बात है। कहानी की तलाश में पत्रकार बहुत बड़ी संख्या में हर जगह नज़र आते हैं। एयरपोर्ट पर, होटलों में, देर रात को और एकदम तड़के वे आपको फोन करते रहेंगे। आप उनसे बचने की कोशिश करेंगे, और दो दिन बाद जब आप रात को दो बजे होटल वापस लौटेंगे तो उसी पत्रकार को लॉबी में आपका इन्तज़ार करते पाएँगे।

इंडियन कमेन्टेटर हर्ष भोगले ने मुझे बताया कि यहाँ के लोगों की मनोवृत्ति 'पकड़ लो' वाली है, इसलिए अगर कोई पत्रकार किसी के किसी वाक्य को पकड़ नहीं सका तो वह सोचेगा कि कोई और उस पर कब्ज़ा कर लेगा। आप क्या कहते हैं, इसका उनके लिए महत्त्व नहीं है, महत्त्व इसका है कि उनकी समझ में आपकी बात किस तरह आई है या वे आपसे क्या कहलाना चाहते हैं।

नाइट राइडर्स के ऑलराउण्डर और पूर्व टैस्ट तथा वन-डे प्लेयर अजित आगरकर ने तेंदुलकर की इस बात से सहमति व्यक्त की कि आई.पी.एल. ने देश का मन जीत लिया है—'मुझे बहुत से लोगों ने बताया कि उनके परिवारों ने सास-बहू की कहानियों की जगह अब ट्वेंटी-20 क्रिकेट के कार्यक्रम देखना शुरू कर दिया है। युवा लोगों में खासकर यह प्रवृत्ति देखी गई। इस पीढ़ी के सब लोगों को पता है कि किस आई.पी.एल. टीम में कौन खेल रहा है। बड़ी तेज़ी से यह प्रगति हुई है।'

भारत में परिवार और स्त्रियों का क्रिकेट के प्रति बढ़ता यह आकर्षण इसलिए महत्त्वपूर्ण है क्योंकि मेरा अनुभव हमेशा यही रहा है कि यह पुरुषों का खेल है। नाइट राइडर्स के संयुक्त मालिक शाहरुख खान ने कोलकाता में अपने ढंग से पुरुषों और लड़कों के अलावा और लोगों में ट्वेंटी-20 का प्रचार-प्रसार करने का काम किया। उन्होंने बच्चों और युवा पीढ़ी में, जिसमें स्त्री और पुरुष दोनों ही शामिल थे, नाइट राइडर्स के लिए बाज़ार पैदा किया।

शाहरुख बॉलीवुड के सुपर स्टार होने के साथ-साथ बड़े आकर्षक व्यक्ति भी हैं इसलिए उनकी प्रशंसक स्त्रियों की संख्या भी कोई कम नहीं है। कई घरेलू खेलों में वे नियमित रूप से नाचते-गाते थे, जिसका असर हर उम्र और वर्ग के स्त्री-पुरुषों पर पड़ता था। युवा लोग उनके साथ नाचते, गाना सुनते और क्रिकेट भी देखते थे। यदि वे खुद नाचना न चाहते, तो उनकी तरफ से और लोग नाचने को तैयार रहते थे। इस तरह यह मनोरंजन का भरा-पूरा पैकेज था। खेलों के बीच या बाद में खिलाड़ियों के इन्टरव्यू लिए जाते, जिन्हें लोग मैदान में अपने सामने या घरों में टी.वी. पर देख-समझ सकते थे।

आई.पी.एल. को पहले यह चिन्ता थी कि क्रिकेट के भारतीय दर्शक इस नई योजना को स्वीकार कर पाएँगे या नहीं। देश में क्रिकेट लोकप्रिय तो था, परन्तु क्या जनता खेल की इस नई परिकल्पना का जिसमें टीमें शहरों पर केन्द्रित थीं और खिलाड़ी भारत के साथ-साथ विदेशी भी थे, जिनमें कुछ खिलाड़ी घरेलू और 19 साल से कम के भी थे समझकर उसके प्रति उत्साह व्यक्त कर पाएँगे। यह कई तरह का घालमेल लोगों को पसन्द आएगा या नहीं, इसका उत्तर किसी के पास नहीं था।

आई.पी.एल. को स्वीकार करने का एक कारण यह भी हुआ कि सन् 2007 में द. अफ्रीका में हुए, ट्वेंटी-20 वर्ल्ड कप टूर्नामेन्ट में जो आई.पी.एल. की शुरूआत से छह महीने पहले हुआ, भारत को सफलता प्राप्त हुई। उसमें भारत ने पाकिस्तान को हरा दिया, जिससे क्रिकेट प्रेमी देशवासी बहुत प्रसन्न थे।

विद्रोही इंडियन क्रिकेट लीग का, जो ट्वेंटी-20 वर्ल्ड कप के कुछ महीने बाद बनी, भारत के बाज़ार में अच्छा स्वागत हुआ जिससे आई.पी.एल. के लिए काम करने वालों में विश्वास पैदा हुआ। इससे 'बनावटी' फ्रैन्चाइज़ों के लिए पैदा हुआ डर खत्म हो गया। भारतीय और विदेशी, सभी खिलाड़ियों को सिर पर चढ़ा लिया गया, और समर्थकों ने फ्रैन्चाइज़ों को उत्साही शेयरहोल्डरों की तरह स्वीकार कर लिया। मैक्कुलम ने टिप्पणी की, 'मुझे विश्वास नहीं हो रहा था कि इतने

लोग फ्रैन्चाइज़ी टीम के स्वागत में नारे लगा रहे हैं। कैसी भीड़ थी, कितना उत्साह था, कितने ज़्यादा समर्थक थे...।'

क्या आई.पी.एल. साल में दो दफ़ा आयोजित किया जा सकता है? मुझे विश्वास है कि लोग इसके लिए 'हाँ' कहने को तैयार हैं। लेकिन दूसरी प्रतियोगिता के लिए छह-से-आठ हफ़्ते का समय निकाल पाना समस्या हो सकती है—हालाँकि यह असम्भव भी नहीं है—क्योंकि इंग्लैंड और आस्ट्रेलिया जैसे देश अपने खिलाड़ियों को छुट्टी देने के लिए आनाकानी कर सकते हैं; हाँ, यदि उन्हें आई.पी.एल. की तिजोरी से अपने लिए कुछ आर्थिक लाभ नज़र आए, या किसी दूसरे स्रोत से कुछ लाभ प्राप्त हो, तो दूसरी बात है।

नारे लगाती लड़कियाँ, आतिशबाजी, नाच-गाना और खेल की गर्मी में पैदा होने वाले लड़ाई-झगड़े—ट्वेंटी-20 सार्वजनिक मनोरंजन का सम्पूर्ण पैकेज था।

इसके अलावा, यह भी सुझाव दिए जा रहे हैं कि सन् 2010 में जब टूर्नामेन्ट पर पुनर्विचार किया जाएगा, तब टीमों की संख्या आठ से बढ़ाकर दस कर दी जाए। इस तरह टीमों की संख्या बढ़ाकर क्षमता बढ़ाने की बात में दम है; एक बार आप देश के भीतर और बाहर दोनों जगह खेलना शुरू कर देते हैं तो टूर्नामेन्ट का समय भी बढ़ जाता है। भारत से बाहर के देश इसके लिए तैयार नहीं हो सकते क्योंकि इससे उनके अपने महत्त्वपूर्ण अन्तरराष्ट्रीय खिलाड़ियों पर दबाव बढ़ सकता है।

आई.पी.एल. के वर्तमान मैच सप्ताह के अन्त में दोपहर बाद या शाम के समय खेले जाते हैं। ज़्यादा टीमें बनाकर उतने ही दिनों में आयोजन करने से दिन में तीन दफ़ा—सवेरे, दोपहर बाद और शाम को—मैच खेलने पड़ेंगे।

मैं जानता हूँ कि भारत में साल में दो टूर्नामेण्ट खेलने को समर्थन प्राप्त है। लेकिन खेल के वैश्वीकरण की दृष्टि से, यदि इसे बड़े परिदृश्य में देखा जाए, तो आई.पी.एल. अगर बारह महीनों में दो दफ़ा खेलने को तैयार हो गई, तो मुझे आश्चर्य ही होगा। जो हो, साल में एक टूर्नामेन्ट के आयोजन को तो सफलता मिलती ही रहेगी, ज़्यादा दर्शक और ज़्यादा खिलाड़ी, दोनों ही इसमें भाग लेते रहेंगे।

ट्वेंटी-20 में यह सम्भावना प्रकट होने लगी है कि वह क्रिकेट के खेल का नक्शा ही, नीचे से लेकर ऊपर तक, एकदम बदल देगी। ट्वेंटी-20 का रूप भिन्न होने के कारण इसमें जो नए परिवर्तन किए गए हैं और खेलने के जो ढंग

बदले हैं, उनमें से कई को स्थायी मान लिया जाएगा। अब तक क्रिकेट जिस ढंग से खेली जाती है, वह उसके लम्बे समय तक खेले जाने का प्रभाव है; टेस्ट क्रिकेट में अलग कुशलताओं की ज़रूरत होती है, कम समय और सीमित ओवरों में अच्छा खेलने के लिए नए ढंगों से खेलना ज़रूरी हो जाता है।

ट्वेंटी-20 क्रिकेट बच्चों के लिए खेलना कहीं ज़्यादा आसान है, इसलिए जूनियरों में इसे एकदम स्वीकार कर लिया जाएगा। इसका प्रभाव पारम्परिक ढंगों से क्रिकेट खेलने वालों पर पड़ेगा और कम समय वाली खेल की कुशलताएँ और अभ्यास प्रचलित होने लगेंगे। ट्वेंटी-20 क्रिकेट के कौशल से घर के पिछवाड़े क्रिकेट खेलने का ज़माना वापस आ जाएगा जिसमें बैट से बॉल को मार कर तेज़ी से, जितने भी ज़्यादा रन बनाए जा सकें, उतने बना लेने के लिए दौड़ पड़ना काफी होता है। यह एम. सी.सी. क्रिकेट मैनुअल के अनुसार खेली गई क्रिकेट नहीं है, फिर भी खिलाड़ियों को कुछ ज़रूरी नियम तो पालन करने ही होंगे। ट्वेंटी-20 विस्फोटक किस्म का खेल है, जिसमें ख़तरा भी ज़रूरी है—इसलिए खिलाड़ियों के लिए निडर होना आवश्यक है।

आई.पी.एल. के सेमी-फाइनल्स में जोश-खरोश का जो आलम था, वह देखने लायक था। इसने देश की सारी जनता का ध्यान आकर्षित कर लिया।

इससे खेल में नयापन आम बात हो जाएगी। जैसे—आस्ट्रेलिया का चमत्कारी युवा खिलाड़ी, डेविड वार्नर दोनों हाथों से बैटिंग और थ्रोइंग दोनों काम कर सकता है। मैंने उसे ब्रिसबेन के सेन्टर ऑफ एक्सिलेंस में राइट-हैंडेड बैटिंग करते देखा तो मेरा ध्यान उसकी ओर आकृष्ट हुआ। ऐसे कई खिलाड़ी होंगे जो दोनों हाथों से खेलने में निपुण हैं। इस समय इन्हें बढ़ावा नहीं दिया जाता लेकिन जैसे-जैसे इस गुण का महत्त्व बढ़ेगा, बचपन से ही इसे साधने की शिक्षा दी जाने लगेगी। नाइट राइडर्स के दल में ऐसा एक खिलाड़ी शामिल हो चुका है।

न्यू साउथ वेल्स के 20 ओवर और 50 ओवर दोनों तरह के मैचों में सफलतापूर्वक खेलकर वार्नर ने प्रसिद्धि प्राप्त कर ली, और सन् 1877 के बाद वह बिना किसी फ़र्स्ट क्लास मैच में खेले आस्ट्रेलिया के लिए खेलने वालों में पहला व्यक्ति हुआ। नाइट राइडर्स के सहायक कोच मैथ्यू मॉट ने उसकी तरफ़ हमारा ध्यान आकर्षित किया, और दिल्ली वालों के साथ उसकी बोली लगाने

पर उसकी कीमत इतनी ज़्यादा बढ़ गई, कि उतनी हम देने के लिए तैयार नहीं थे। वह नई नस्ल के खिलाड़ियों में एक ऐसा खिलाड़ी है, जिनकी संख्या आने वाले दिनों में बढ़ती ही चली जाएगी; छोटे खेलों से पनपे खिलाड़ी जिनके लिए फॉरवर्ड डिफेन्सिव की तरह का नयापन पैदा करना एकदम स्वाभाविक है।

सन् 1987 के वर्ल्ड कप फाइनल में माइक गैटिंग ने रिवर्स स्वीपिंग करते हुए जब अपना विकेट खोया था, तब से यह बहुत आगे आ चुकी है। आजकल इंग्लैंड के केविन पीटरसन जैसे खिलाड़ियों के लिए रिवर्स स्लॉग-स्वीप सिक्सेज़ खेलना एक आम बात है। लेकिन यह इतना ज़्यादा आसान भी नहीं है। बहुत-से लोग पूछते हैं कि बैट्समैन के लिए बाएँ से दाएँ हाथ के लिए या इसके विपरीत बदलना, जब बॉलर गेंद फेंक रहा हो, क्या उचित कार्य है? यह इसलिए भी, क्योंकि बॉलर को ओवर से एराउण्ड दि विकेट हमले की दिशा बदलने की सूचना देनी होती है, अगर वह भी बैट्समैन को बताए बिना दाएँ हाथ के बजाय बाएँ हाथ से बॉलर करे तो क्या माना जाएगा? मेरा ख्याल है कि खेल के नियम इसका समर्थन नहीं करते, हालाँकि बैट्समैन के अपना हाथ बदलने में, जब तक उससे बॉलर की कठिनाई ज़्यादा न बढ़ती हो, मुझे कोई परेशानी नहीं है। अम्पायरों को वाइड्स के मामलों में नरमी बरतनी ही पड़ेगी और एल.बी.डब्लू. अपीलों में बैट्समैनों को 'पिच्ड आउट साइड लेग स्टम्प' की सुरक्षा दलील को छोड़ना होगा।

हर ऐसे नएपन को प्रोत्साहन दिया जाना चाहिए जिससे खेल को ज़्यादा मनोरंजक बनाया जा सके। ट्वेंटी-20 की यह माँग है कि बैटर और बॉलर खेल को कुछ मौलिकता प्रदान करें। इस समय बैटर आगे चल रहे हैं। बेसबॉल का पिचर 'हिटिंग मैट्रिक्सेज़' पर कुशलता से निशाना लगा सकता है—बॉलरों को भी यह कर पाने के योग्य होना चाहिए।

ट्वेंटी-20 मैच सभी जगह भीड़ों को खुश करने वाले साबित हुए हैं, और आज टैस्ट क्रिकेट देखने जितने लोग आते हैं, उससे कहीं ज़्यादा लोगों को आकृष्ट किया है। यह कम समय का खेल नए लोगों को ज़्यादा पसन्द आएगा और परम्परा मुक्त क्रिकेट प्रदेशों में अन्य खेलों के साथ प्रतियोगिता में भी सफल होगा। आई.पी.एल. ने हमें क्रिकेट के भविष्य की झलक दिखा दी है। मुझे विश्वास है कि जैसे-जैसे यह खेल बढ़ता और विकसित होता है, यह स्वयं हमें रास्ता दिखाता चलेगा।

2 एक ज़बरदस्त भिड़ंत

नारे लगाती लड़कियाँ, आतिशबाज़ी और नाच-गाने—आई.पी.एल. का उद्‌घाटन टूर्नामेन्ट इतने ज़बरदस्त मनोरंजन से भरपूर था, जैसा क्रिकेट के आयोजनों में अब तक कभी नहीं देखा गया। लेकिन मैदान के बाहर की यह नाटकबाज़ी मैदान के भीतर हुई उन कड़वी प्रतिद्वन्द्विताओं को नहीं छुपा सकी, जो लड़ाई के दौरान विस्फोट की तरह प्रकट हुईं—जैसे, नाइट राइडर्स के संघर्षशील कैप्टन सौरभ गांगुली और राजस्थान रॉयल्स के कैप्टन-कोच शेन वार्न के बीच, इन दो दुनियाओं की भिड़ंत के समय विवाद बनकर फूटीं।

नाइट राइडर्स की बैटिंग चल रही थी, और वह 12वें ओवर में, डेविड हसी और सौरभ गांगुली के सहयोगी खेल के कारण 3-51 से 3-100 के आँकड़े को छूने लगे थे—तभी सौरभ गांगुली ने एक बॉल पकड़ी, और ग्रैम स्मिथ ने यूसुफ़ पठान के बगल लो कैच का दावा ठोंका। फील्डिंग करता राजस्थान खुशी से चीख उठा।

स्मिथ ने बॉल हवा में फेंकी। विकेट ले लिया गया था। राजस्थान अब जीत के मार्ग पर था या कहें कि ऐसा लग रहा था। जब राजस्थान की खुशी का शोर कुछ थमा तो देखा गया कि गांगुली अपनी जगह पर अटल हैं और यह मानने को तैयार नहीं हैं कि स्मिथ ने सही कैच लिया है। अब गांगुली अम्पायर प्रताप कुमार की तरफ बढ़ते हैं और उनसे तीसरे अम्पायर के पास जाकर दूरदर्शन पर यह हिस्सा दोबारा देखकर यह निश्चित करने को कहते हैं कि कैच सही था या नहीं।

गांगुली जानते थे कि यदि तीसरे अम्पायर को इसमें शामिल कर लिया जाएगा तो स्मिथ के कैच का फुटेज निर्णायक साबित नहीं होगा और उन्हें सन्देह

का लाभ मिल जाएगा और हुआ भी बिलकुल यही। गांगुली को 'नॉट आउट' घोषित कर दिया गया।

गांगुली के पक्ष में यह निर्णय वार्न और उनकी टीम को गुस्से से पागल कर गया, और वे सब गांगुली पर चढ़ गए। वार्न और गांगुली के बीच गरमागरम कहा-सुनी हुई और काफी देर बाद खेल फिर शुरू हुआ। मज़े की बात अब यह हुई कि दूसरे ओवर में गांगुली ने वार्न को, जो लौंग-ऑन पर बॉल कर रहे थे, दबाने की कोशिश की, लेकिन गांगुली का स्ट्रोक काफ़ी नहीं साबित हुआ और वे आउट हो गए। वार्न को अपना बदला मिल गया।

गांगुली इस तरह इनिंग्स खो देने के लिए अपने से ही खफ़ा थे, लेकिन वार्न से हुई कहा-सुनी से वे लाल-भभूका हो रहे थे। जब वे अपने ठिकाने पर वापस आए तो कहने लगे कि वार्न बेईमान है, और वह ऐसा आदमी है, इसका उन्हें विश्वास नहीं था।

गांगुली के हटने के बाद हमारी इनिंग्स बेकार साबित हुई और हम हार गए। समय बीतने लगा लेकिन घाव नहीं भरे। मैच खत्म होने पर वार्न गुस्से में भुनभुनाता बाहर निकला; वह सौरभ के साथ हुई घटना को भूल नहीं पा रहा था। मैच के रेफ़री फ़ारुख इंजीनियर ने दोनों को डाँटा-फटकारा और जुर्माने के तौर पर उनकी फीस का दस फीसदी काट लिया। उसने प्रताप कुमार को भी एक मैच से हटा दिया, क्योंकि निर्णय के लिए तीसरे अम्पायर को बीच में लाना उसने सही नहीं माना।

टूर्नामेन्ट की यह अकेली भिड़ंत नहीं थी। मुंबई इण्डियन्स के हरभजन सिंह और किंग्स XI पंजाब के शान्ता श्रीसांत भी आपस में भिड़ गए, जिसके परिणाम और भी गम्भीर हुए। मुंबई की टीम के हारने के कुछ ही मिनट बाद हरभजन ने श्रीसांत को एक तमाचा जड़ दिया। हरभजनसिंह को बाकी ग्यारह मैचों से निकाल दिया गया। अपने ही भारतीय खिलाड़ी का तमाचा खाकर श्रीसांत खुलकर रोने लगे और लाखों दर्शकों ने टी.वी. पर यह दृश्य देखा।

हरभजन के आचरण से इंडियन प्रीमियर लीग (आई.पी.एल.) के अधिकारी बहुत शर्मिंदा हुए, यहाँ तक कि ललित मोदी ने सब फ्रैन्चाइज़ों को एक बयान जारी करके बोर्ड ऑफ कन्ट्रोल फॉर क्रिकेट इन इंडिया (बी.सी.सी.आई.) की चेतावनी दी कि क्रिकेट के खेल या आई.पी.एल. की प्रतिष्ठा घटाने वाली किसी घटना को आई.पी.एल. ज़रा भी बरदाश्त नहीं करेगा।

मोदी ने सब फ्रैन्चाइज़ों से आग्रह किया कि वे पूरी टीम के साथ बैठकर विचार करें कि उन्हें कैसा व्यवहार करना चाहिए...हमने व्यवहार के जो मानक स्थापित किए हैं, उनका वे सख्ती से पालन करें और सब कैप्टनों ने मिलकर जो 'स्पिरिट ऑफ़ क्रिकेट डिक्लेरेशन' घोषित किया है, उसका भी पालन करें। मोदी ने दूसरी 'छोटी-मोटी घटनाओं' पर भी चिन्ता व्यक्त की और प्रतियोगी टीमों से आग्रह किया कि वे खिलाड़ियों के व्यवहार पर आवश्यक ध्यान दें।

हरभजन ने बाद में श्रीसांत से माफी माँगी और 29 अप्रैल 2008 को *'हिन्दुस्तान टाइम्स'* में प्रकाशित समाचार के अनुसार, कहा कि मैंने जो किया वह कैसे हो गया, यह मैं खुद नहीं जान पाया। उसने श्रीसांत से बार-बार माफी माँगी और कहा कि वे मेरे लिए भाई के समान हैं।

आस्ट्रेलिया के खिलाड़ियों को हरभजन का यह व्यवहार आश्चर्यजनक नहीं लगता। मेरी नज़र में वह एक जुनूनी किस्म का आदमी है। आस्ट्रेलिया की टीम का मानना है कि वह जैसा ऊपर से दिखाई देता है, वैसा हमेशा होता नहीं है। अपने पिछले दिनों में हरभजन ने एक मँजे हुए मुक्केबाज़ की तरह काम किया है, कि लपककर घूँसा जड़ा और अलग हो गए। वह अखाड़े में उतरता है, दो-चार मुक्के जमाता है और बदले में पड़ने वाले मुक्कों से बचने के लिए नाचता हुआ बाहर निकल जाता है।

मेरा ख्याल है कि उसका यह रुख ही आस्ट्रेलियन खिलाड़ियों को, और शायद दूसरे खिलाड़ियों को भी, परेशान करता है। हरभजन अपने काम में कुशल है, कुछ कर दिखाता है, फिर अपने ही करतब से बचने की कोशिश में लग जाता है। सन् 2007-08 में आस्ट्रेलिया में हुई टैस्ट सीरीज़ में एन्ड्रयू सायमंड्स, रिकी पोंटिंग और मैथ्यू हेडन के साथ उसकी टक्कर कुछ इसी तरह की थी। उसने अपना काम तो कर दिया लेकिन जब उसकी प्रतिक्रिया सामने आई, तब उसे स्वीकार नहीं कर सका।

हरभजन

मेरी नज़र में हरभजन धुआँधार खिलाड़ी है। आस्ट्रेलियन टीम ने हमेशा उसे ऐसा पाया है, जैसा वह वास्तव में नहीं है। उसने पहले जो खेल खेला है, वह कुशल मुक्केबाज़ के मुक्कों या धक्कों की तरह है। वह रिंग में प्रवेश करता है, दो-चार मुक्के जमाता है, लेकिन फिर पीछे हट जाता है और नाचता हुआ बदले में आते हुए मुक्कों से बचने की कोशिश करने लगता है।

आस्ट्रेलिया के लोग एकदम सीधा व्यवहार करते हैं और अपने प्रति भी वैसा ही व्यवहार पसन्द करते हैं। वे समस्याओं को उसी समय सुलझाने का प्रयत्न करते हैं। लेकिन जब कोई कैप्टन या मैनेजर या अम्पायर का सहारा लेकर, कि 'यह काम मैंने नहीं किया' कहकर अपने को बचाने की कोशिश करते हैं–जैसा हरभजन ने इस मामले में किया–तो आस्ट्रेलियाई इससे भड़क उठते हैं। वे खेल को इस तरह नहीं लेते।

गांगुली ने पहले ही कह दिया था कि हरभजन और श्रीसांत जैसी टक्कर किसी समय ज़रूर होगी। मैंने सुना था कि श्रीसांत उत्तेजित हो जाने वाला व्यक्ति है, जो किसी भी समय उसके सिर पर पहुँच जाता है। उसकी बॉलिंग देखने से भी यह साफ़ लगता है, कि वह अपनी उत्तेजना पर काबू पाने की कोशिश कर रहा है–जिससे उसका स्वभाव स्पष्ट हो जाता है।

गांगुली को हरभजन और श्रीसांत की टक्कर सिर्फ मनोरंजक लगी, लेकिन आई.पी.एल. की दृष्टि में यह उचित नहीं थी। आई.पी.एल. क्रिकेट का सर्वोत्तम रूप लोगों के सामने पेश करना चाहता था और दो खिलाड़ियों की इस तरह की भिड़ंत से खेल की प्रतिष्ठा का हनन होता था और नये-नये टूर्नामेन्ट के लिए तो यह बहुत गलत किस्म की घटना थी।

उपर्युक्त दोनों घटनाओं के प्रति मोदी और आई.पी.एल. की प्रतिक्रिया सही थी। यदि दुनिया के क्रिकेट प्रेमी समाज में आई.पी.एल. को अपनी जगह बनानी है, तो खेल के मैदान के भीतर तथा बाहर दोनों ही जगह उसका व्यवहार एकदम आदर्श होना ही चाहिए।

मोदी विलक्षण व्यक्ति हैं? फरवरी 2009 में गोआ में हुई खिलाड़ियों की खरीद के दौरान मुझे उनके साथ आधा घण्टा बिताने का अवसर मिला और इतने समय में ही मैं भारत को इतना अधिक जान सका जितना अब तक की अनेक यात्राओं में नहीं जान सका था। भारत ऐसा देश है जहाँ सौदे के भीतर सौदे छिपे होते हैं, पहियों के भीतर पहिये चलते होते हैं। बाहर से जो दिखाई देता है, वह सचाई नहीं होती। आस्ट्रेलियनों का मानना यह है कि हम जो कहें वह हमें करना भी चाहिए, नहीं तो लोग भरोसा नहीं करेंगे। इसके विपरीत, भारतीय इस मनोवृत्ति से वक्तव्य देते हैं कि स्थितियाँ बदलेंगी और उनके अनुसार हमारे निश्चय भी बदलते रहेंगे। भारत के लोग अव्यवस्था के अभ्यस्त हैं और वे उससे परेशान नहीं होते, उसे निभा ले जाते हैं और यह ढंग कारगर भी होता है।

3 ट्वेंटी–20 का करिश्मा

न्यूज़ीलैण्ड का खिलाड़ी ब्रेन्डन मैककुलम एक तरह से बिन बुलाए सितारे की तरह था जो आई.पी.एल. पर अचानक आ उतरा और बैटिंग की ऐसी ज़बरदस्त करामात दिखाकर सबके दिल पर इस तरह छा गया कि वे उसे ज़िंदगी-भर नहीं भूलेंगे। 158 रन से सीरीज़ की शुरुआत पर खेलना शुरू करते हुए जब वह अपना बल्ला घुमाता कूदता-फाँदता बंगलोर के चिन्नास्वामी स्टेडियम में पिच की तरफ बढ़ा, तब किसी को उससे कोई विशेष आशा नहीं रही होगी।

जब आई.पी.एल. के खिलाड़ियों की सूची प्रदर्शित की गई तब आपने खेल के दिग्गज नामों पर ही ध्यान दिया होगा और उनके लिए ही प्रशंसा के विशेषण अपने दिल-दिमाग में सँजोए होंगे कि शेन वार्न की फिरकनी-सी घूमती उँगलियाँ अपने करतब दिखाएँगी, या पन्द्रह लाख डॉलर की कीमत वाले एन्ड्रयू सायमंड्स के ब्लेड की तरह काटने वाले कमाल, या वेस्ट इंडीज़ के पारे जैसे स्वभाव वाले क्रिस गेल, या हर कौशल में निपुण पाकिस्तानी विस्फोटक शाहिद आफ़रीदी या बैटिंग के पुरस्कृत खिलाड़ी एडम गिलक्रिस्ट...

लेकिन मैककुलम ने आई.पी.एल. को एक सपनों वाली शुरुआत दी और ट्वेंटी-20 मैच का आज तक का सबसे बड़ा स्कोर बनाया।

इस टूर्नामेन्ट की यह पहली इनिंग्स थी और यह किसी खिलाड़ी के द्वारा टूर्नामेन्ट की सबसे बड़ी इनिंग्स साबित हुई।

जैसे यह कोई करिश्मा था। वह चारों तरफ घूम-घूमकर मैदान में और हवा में, शॉट पर शॉट लगाता चला जा रहा था। उसने 10 चौके और 13 छक्के जड़े। लगता था जैसे समय खुद बैटिंग कर रहा हो! मैककुलम खेल पर इस तरह हावी

हो उठा था, जिसकी किसी ने कल्पना नहीं की होगी, बैटिंग का इतना शक्तिशाली प्रदर्शन कभी नहीं देखा गया था।

हमारे ऑल-राउंडर खिलाड़ी अजित आगरकर ने कहा वह जिस भी चीज़ में बल्ला मारता, वह मैदान से बाहर ही दिखाई देती थी। आप सोचते कि अभी कोई गलत वार लगेगा और वह आउट हो जाएगा। इस तरह लगातार 150 रन बनाने वाला मैंने आज तक कभी नहीं देखा। कभी-कभी किसी के कुछ अच्छे शॉट ज़रूर दिखाई दे जाते हैं, लेकिन इसकी इनिंग्स तो अद्‌भुत थी। उसने पूरे टूर्नामेन्ट को दिशा दी।

टूर्नामेन्ट की शुरुआत शानदार बाजे-गाजे और रंगीन आतिशबाज़ी से हुई थी, लेकिन मैककुलम के प्रदर्शन की इस आतिशबाज़ी के सामने वह बिल्कुल फीकी साबित हुई। मैंने मैककुलम को आस्ट्रेलिया के विरुद्ध खेलते देखा था और मानता था कि वह बहुत रचनात्मक और नये ढंग से खेल की शुरुआत करता है और आस्ट्रेलिया पर हमेशा हावी हो जाता है। वह व्यस्त आदमी है और मँजा हुआ प्रतियोगी है। वह हमेशा डर पैदा करता है और खेल के इस सबसे संक्षिप्त प्रकार में इनिंग्स में ऊपर ही रहने में समर्थ है। उसे समझ पाना आसान नहीं है और पारम्परिक ढंग से शॉट लगाने में भी वह निपुण है।

अब जब वह हमारे साथ खेलने आया तब भी मुझे उसमें यही सब बातें दिखाई दीं। वह मेहनत से ट्रेनिंग लेता था और कोशिश करता था कि दूसरों को प्रभावित करे। और उसने प्रभावित किया भी। उस पहली रात बंगलोर टीम ने अपने बॉलिंग हमले के लिए ज़हीर खाँ, ऐशले नोफ़्के, प्रवीन कुमार, सुनील जोशी, जॉक्स केलिस और कैमरुन ह्वाइट जैसे धुरंधर तैयार किए थे। लेकिन मैककुलम के सामने ये दुनिया-भर के प्रसिद्ध खिलाड़ी बेकार साबित हुए।

20-ओवर क्रिकेट की एक विशेषता यह है कि बैटर निडर होकर खेलते दिखाई देते हैं। टैस्ट क्रिकेट और 50 ओवर क्रिकेट में बैटर खतरा उठाने को तैयार नहीं लगते, परन्तु 20 ओवर में तो वे ऐसे बैटिंग करते हैं जैसे उन्हें दुनिया में किसी की परवाह नहीं है।

इस टूर्नामेन्ट के लिए बाउंडरियाँ भी कम कर दी गई थीं–चार के लिए 65 मीटर जिससे बैटिंग में आसानी हो जाए। आरम्भिक खेल के लिए बंगलोर का विकेट सही था और मैककुलम के लिए डर की कोई बात नहीं थी। दूसरे ओवर में उसके पहले छह तीसरे आदमी के ऊपर से होते हुए अपने को जमा

गए। इसमें कुछ खतरा भी था, जिसके लिए वह तैयार था और यह कामयाब रहा। बैटिंग की चमक दिखने लगी थी।

तीसरे ओवर में कुमार ने बॉलिंग की और उसमें कुछ नहीं हुआ। लेकिन नोफ़्के के चौथे ओवर में 23 रन बने। बाकी रहे 16 ओवरों में से 7 में 10 रन हाथ आए—तीन गुने और एक ओवर में 20। मैककुलम ने 19वें ओवर में 21 रन और 20वें ओवर में 22 रन लेकर धमाके के साथ खत्म किया, आखिरी 11 बॉल्स में पाँच छक्के और एक चौका जोड़कर हम 222 तक पहुँच गए। इसके जवाब में, निरुत्साहित और अस्त-व्यस्त बंगलोर टीम 16 ओवर में 82 रन पर ही सिमट गई।

इसके बाद जो तीन मैच खेले गए, उनमें मैककुलम ने यह चमत्कार फिर नहीं दोहराया। लेकिन और किसी खिलाड़ी ने भी कुछ नहीं किया। कहा जा सकता है कि उसकी इनिंग्स सारे आई.पी.एल. का प्रतीक बन गई—बहुत थोड़े समय में टूर्नामेन्ट शून्य से एकदम ऊपर खड़ा हो गया और सारी क्रिकेट की दुनिया को तूफान की तरह झकझोर गया। पहले तो लोगों ने इसका शानदार जलसा देखा, फिर मैककुलम का चमत्कारी खेल देखकर वह जैसे सकते में आ गए और इस तरह ट्वेंटी-20 का खेल भरपूर रोशनी से जगमगा उठा।

मैककुलम की इनिंग्स ने टूर्नामेन्ट की सम्भावनाओं को जैसे चार चाँद लगा दिए। यह जैसे कोई अवास्तविक दुनिया थी, ऐसी अद्भुत शुरूआत! दर्शकों की अपेक्षाएँ छत फाड़कर आसमान तक पहुँचने लगीं, उन्हें लगने लगा कि मैककुलम जैसे कारनामे इसमें हमेशा देखने को मिलेंगे। यह भी आशा बँधने लगी कि नाइट राइडर्स प्रतियोगिता के गति-निर्धारक साबित होंगे। दुर्भाग्य से यह ऐसी अपेक्षाएँ थीं जिन्हें पूर्ण करने की क्षमता फ्रैन्चाइज़ों में नहीं थी। हम इन्हें पूरा नहीं कर सके, लेकिन टूर्नामेन्ट हमारी उम्मीदों से कहीं आगे निकल गया था। क्रिकेट की दुनिया को यह नया करिश्मा बहा ले जाने वाला था।

4 धुरंधरों का महासंग्राम

इस टूर्नामेन्ट के पहले मैच में बैटिंग के लिए मैदान में आगे बढ़ते हुए मैककुलम का आत्मविश्वास और शरीर की भाषा भारत के शहरों में ही पले-बढ़े धुरंधर खिलाड़ियों, जैसे सचिन तेंदुलकर, राहुल द्रविड़, हरभजन सिंह और वी.वी.एस. लक्ष्मण से, जो अब तक लाखों प्रशंसकों की जयकार सुनने के आदी हो चुके थे, एकदम अलग थी। लोग सोच रहे थे कि ये चारों खिलाड़ी आई.पी.एल. को बहुत प्रभावित करेंगे और हो सकता है कि कई दफ़ा अकेले ही जीत भी हासिल करें। लेकिन उनके एकदम साधारण प्रदर्शन ने यह स्थापित कर दिया कि टैस्ट मैचों की मानसिकता ट्वेंटी-20 में अधिक सफलता नहीं प्रदान कर सकती।

तेंदुलकर की बहुत प्रशंसा हुई है, जो सही भी है और उन्हें क्रिकेट के समूचे इतिहास में सर्वश्रेष्ठ बल्लेबाजों में से एक माना गया है। जब तेंदुलकर के मुंबई में खुलने वाले रेस्तरां के लिए एन्ड्रू सायमंड्स से कुछ शब्द कहने को कहा गया, तो उसने लिखा, 'उस सचिन के नाम, जैसा हम सब बनना चाहते हैं!' वह इतना अच्छा खिलाड़ी है कि (अब स्वर्गीय) सर डोनेल्ड ब्रैडमैन ने कहा कि उसकी बल्लेबाजी उन्हें अपनी ही याद दिलाती है। इतिहास उसे क्रिकेट के सर्वोत्तम खिलाड़ियों में जगह देगा। लेकिन अपने खेल के इस अध्याय में क्या वह ट्वेंटी-20 का भी प्रभावी खिलाड़ी है?

वह जिन स्थितियों में खेलता है—शुरू में या तीसरे नम्बर पर ट्वेंटी-20 के खेल में न सिर्फ उस सफाई और उन कुशलताओं की आवश्यकता होती है जिनका वह मालिक है, शक्ति तथा छा जाने के गुण, और रचनात्मकता के साथ-साथ बॉलर्स को घेर लेने के गुण भी ज़रूरी होते हैं। और इस समय सचिन के खेल-जीवन

में मुझे उसमें ये गुण दिखाई नहीं देते। सचिन तेंदुलकर महान् खिलाड़ी हैं और रहेंगे, लेकिन ट्वेंटी-20 क्रिकेट के नहीं।

राहुल द्रविड़ के बारे में भी यही कहा जा सकता है। द्रविड़ भारतीय क्रिकेट का श्रेष्ठ प्रतिनिधि है, टीम को साथ लेकर चलता है, नम्र है, बातचीत सज्जनों के समान है। लेकिन दुर्भाग्य से वह आई.पी.एल. के पहले दौर में एक भी रन नहीं बना पाया और मेरा विचार है कि खेल के इस रूप के वह उपयुक्त नहीं है। मेरा यह भी मानना है कि उसके प्रदर्शन पर फ्रैन्चाइज़ के मालिक, विजय माल्या के मैदान से बाहर किए गए नाटक का भी प्रभाव पड़ा, जिसकी छाया बंगलोर टीम के हर व्यक्ति को हमेशा चारों तरफ से घेरे रहती है, और जिसके कारण शायद ये खिलाड़ी अस्थिर हो गए।

वी.वी.एस. लक्ष्मण शुरू में डेक्कन चार्जर्स के कैप्टन थे, लेकिन अन्त में वे आई.पी.एल. के प्रथम टूर्नामेन्ट में चोट के कारण कुछ ही गेम खेल सके और मेरा ख्याल है कि उन्होंने महसूस कर लिया था कि यह खेल उनके लिए नहीं है। मैं सोचता हूँ कि अगर वे स्वस्थ होते तो भी बराबरी पर बने रहने के लिए उन्हें संघर्ष करना पड़ता। लक्ष्मण स्ट्रोक तो बढ़िया मारते हैं लेकिन आवश्यक गति से रन बनाने की क्षमता उनमें नहीं है, वे विकेट के बीच तेज़ी से दौड़ नहीं पाते और उनमें नेतृत्व के गुण का भी अभाव है। इसलिए जब 2009 के आई.पी.एल. के लिए उनके स्थान पर एडम गिलक्रिस्ट को कैप्टन बनाया गया, तो मुझे आश्चर्य नहीं हुआ। इस निर्णय पर देश-भर में शोर मचा, लेकिन मैं इसकी प्रतीक्षा ही कर रहा था।

जहाँ तक हरभजन सिंह का सवाल है, उनके बारे में जूरी का विचार चल रहा है। 2009 के टूर्नामेन्ट में इसका फैसला हो जाएगा।

5 संस्कृतियों का आपसी मेल

आई.पी.एल. न केवल बड़ी उम्र वाले खिलाड़ी नायकों के लिए, बल्कि नई उम्र के खिलाड़ियों के लिए भी, जो जल्द से जल्द खेल के मैदान में अपनी जगह बनाने के लिए और नाम कमाने के लिए बेचैन हैं, चुनौती साबित हुआ। मैदान के बाहर भी, जहाँ कोच और मैनेजर सम्बन्धों के एक नए अनजाने क्षेत्र में प्रवेश कर रहे हैं, चुनौतियाँ सामने आईं—क्या संस्कृतियों का यह मेल सम्भव हो सकेगा? इसका उत्तर 'हाँ' में प्राप्त हुआ और यह आई.पी.एल. का बहुत महत्त्वपूर्ण पक्ष है।

फ्रैन्चाइज़ की व्यवस्था अपने आप में बहुत उत्तेजक है और खिलाड़ियों तथा संस्कृतियों का यह मेल भी बहुत आकर्षक है। दर्शकों ने घरेलू और विदेशी दोनों खिलाड़ियों का बड़े उत्साह से स्वागत किया और खिलाड़ियों को यह सोचकर बहुत अच्छा लगा कि जिनका आज तक वे विरोध करते थे, उन्हीं के साथ मिल-जुलकर अब खेल रहे हैं। हमारी टीम, कोलकाता नाइट राइडर्स ने रिकी पोंटिंग और सौरभ गांगुली को मिला दिया; इसी तरह राजस्थान रॉयल्स ने प्रख्यात विरोधी शेन वार्न और ग्रैम स्मिथ को एकसाथ ला खड़ा किया।

पोंटिंग के लिए, जो आस्ट्रेलिया-इण्डिया की प्रतियोगिताओं में गांगुली के खिलाफ बोलने के लिए मशहूर था, अब पुराने दुश्मन के साथ मिलकर खेलना बड़ा रोमांचकारी अनुभव था। हमारी टीम के युवा खिलाड़ियों को इन दोनों का एक ही टीम में खेलना बहुत आनन्द और उत्तेजना से भर गया।

दर्शकों ने भी इसे बेहद पसन्द किया। डेविड हसी ने बताया कि जब वे

ईडेन गार्डन में बैटिंग के लिए जा रहे थे, तब अस्सी हज़ार भारतीयों के मुँह से अपने नाम की गुंजार सुनकर उन्हें बहुत अच्छा लगा—यह उनके खेल-जीवन का सबसे महत्त्वपूर्ण अनुभव था, एम.सी.जी. या आस्ट्रेलिया में जगह-जगह हुए सभी अनुभवों से गहरा और प्रभावी।

समाज का समर्थन तो आश्चर्यजनक था। पूरा शहर उसी उत्साह से, जिससे वह अब तक ए.एफ.एल. या रग्बी लीग के स्टेट ऑफ ओरिजिन का स्वागत करता था, हमारी प्रगति को ध्यान से देखने में लगा था—बल्कि उससे भी पचास गुना ज़्यादा जुनूनी उत्साह से।

मैथ्यू हेडेन टूर्नामेन्ट की इस सफलता का एक और प्रमाण है। 2007-08 में भारत के साथ हुई टैस्ट सीरीज़ में उसने भाग लिया था और इसमें भी हरभजन के साथ बड़ी ज़बरदस्त कहा-सुनी हुई थी, यहाँ तक कि ब्रिसबेन रेडियो पर हुए एक इन्टरव्यू में उसने उसे 'ज़हरीली घास का तिनका' तक कह दिया था। यद्यपि यह लड़ाई इस टूर्नामेन्ट से तीन महीने पहले ही हुई थी, हेडेन ने पाया कि उसमें अब दुश्मनी का एक ज़र्रा भी नहीं है।

आई.पी.एल. के सेमी फाइनल में चेन्नई सुपर किंग्स की ओर से बैटिंग करके ब्रिसबेन लौटने पर हेडेन ने कहा—'आई.पी.एल. मेरे लिए विलक्षण अनुभव रहा है। इससे पहले गर्मियों भर हमारे बीच जो ज़बरदस्त तनाव रहे, वे सब इस सांस्कृतिक मेल-जोल में खत्म हो गए और मज़ा तो बहुत ज़्यादा आया ही।'

भारत के पार्थिव पटेल के लिए भी, जो चेन्नई में हेडेन के साथ खेला था, यह अनुभव ऐसा ही उत्तेजक और आनन्ददायक था। पार्थिव के माता-पिता ने, अहमदाबाद के कुछ स्थानीय कोचों के साथ मुझे भी अपने घर आने का निमन्त्रण दिया। हमने अनेक विषयों पर चर्चा की, जिनमें एक यह भी था कि पार्थिव ने हेडेन और माइकेल हसी के साथ बैटिंग करके कितना अच्छा महसूस किया।

मेरा ख्याल है कि तनाव खत्म होने का एक कारण यह भी था कि आस्ट्रेलियाई खिलाड़ी भारत की प्रादेशिक टीमों का प्रतिनिधित्व कर रहे थे। चाहे एन्ड्रयू सायमंड्स हो (डेक्कन चार्जर्स), मैथ्यू हेडेन हो (चेन्नई सुपर किंग्स) या रिकी पोंटिंग (कोलकाता नाइट राइडर्स) हो, ये सब भारतीय समाज के लिए खेल रहे थे, इसलिए समाज के सब लोगों ने इन्हें गले से लगाया।

मेरे बेटे माइकेल ने, जो हमारी नाइट राइडर्स टीम में दूसरा टीम कोआर्डिनेटर था, कहा कि वह यह कभी नहीं सोच सकता था कि भारतीय प्रतियोगिताओं में आस्ट्रेलियनों का इतना अच्छा स्वागत किया जाएगा। विभिन्न देशों से इतने

लोग साथ खेल रहे हैं और अस्सी हज़ार भारतीय डेविड हसी को देखते ही उसके नाम की गुंजार शुरू कर देते हैं।' माइकेल का कहना था, 'दुनिया में कहीं और यह दृश्य नहीं दिखाई देगा। इसे शब्दों में बता पाना कठिन है और मैच खत्म होने पर आप होटल लौटते हैं तो वहाँ भी पाँच हज़ार लोग आपकी एक झलक देख पाने या अपने फोन-कैमरे पर आपकी तस्वीर खींचने के लिए बेताब खड़े हैं।'

नाइट राइडर्स के असिस्टेंट कोच ने कहा कि एक विशेष चेतना आई.पी.एल. के वातावरण में फैली हुई थी। 'हर व्यक्ति यहाँ से सद्भावनाएँ साथ लेकर वापस गया। ऐसी बहुत-सी बातें थीं, जैसे शेन वार्न और ग्रैम स्मिथ से सम्बन्धित झगड़े लेकिन अहं भावनाओं को सबने एकदम भुला दिया और आपस में इस तरह व्यवहार किया कि लोग एक-दूसरे के लिए और उनके इस व्यवहार के लिए इज़्ज़त की भावना लेकर ही अपने घरों को वापस लौटे। दूसरी संस्कृतियों के लोगों के प्रति व्यवहार में बनावट बिलकुल नहीं थी। भाषा और व्यवहार की कठिनाइयाँ ज़रूर थीं लेकिन इनके उपाय निकाल लिये गए। बहुत-सा काम तो हँसी-मज़ाक से ही निकाल लिया गया।

खिलाड़ियों और संस्कृतियों का यह मेल अद्भुत है...अहंकार को भुला दिया गया और यह देखकर ताज्जुब होता था कि किस तरह पुराने झगड़ों और तनावों को एक तरफ करके सब खिलाड़ी एक साथ खेले और जब वापस लौटे, तब उनके मन में एक-दूसरे के लिए इज्ज़त का भाव था।

नाइट राइडर्स का ड्रेसिंग रूम राष्ट्र संघ की बराबरी कर रहा था। इसमें आस्ट्रेलिया, पाकिस्तान, न्यूज़ीलैंड, वेस्ट इंडीज़, ज़िम्बाब्वे, श्रीलंका और भारत की संस्कृतियों का मेल हो रहा था। अजित आगरकर ने कहा कि उसे यहाँ का वातावरण बहुत अच्छा लगता था।

आपके साथ इस ड्रेसिंग रूम में हैं रिकी पोंटिंग जो दुनिया के सर्वोत्तम खिलाड़ियों में से एक है। यहाँ क्रिस गेल भी हैं। शोएब (अख्तर) इन सबसे भिन्न हैं और अपनी तरह के अलग व्यक्तित्व हैं। 'हमें एक-दूसरे को थोड़ा-सा जानने में एक सप्ताह लगा लेकिन इसके बाद सब ठीक चलने लगा और सब अन्तरराष्ट्रीय खिलाड़ियों का इसमें ज़बरदस्त योगदान रहा।'

शुरू से ही टीम के डायरेक्टर जॉय भट्टाचार्य और मैंने इस बात का निश्चय किया कि 'हम' और 'वे' की भावना से व्यवहार न किया जाए—यहाँ हमें सात

हफ्ते तक एकसाथ रहकर काम करना था। हमने जितना भी सम्भव हुआ, एक-दूसरे को मिलने का अवसर दिया और इस बात पर विशेष ध्यान दिया कि पाकिस्तान और भारत के खिलाड़ी अपने छोटे-छोटे गुट बनाकर न घूमें-फिरें। टीम की मीटिंगों में हर दफ़ा मैं नए आदमी को अध्यक्ष की कुर्सी पर बिठाता था, जिससे हरेक व्यक्ति को नेतृत्व करने का अवसर मिले। जैसा आप सोचते होंगे, रिकी पोंटिंग ने बैटिंग कमेटी की अध्यक्षता की, और वेस्ट इंडियन क्रिस गेल ने भी इसकी अध्यक्षता की। इसी के साथ ज़िम्बाब्वे के विकेट कीपर टाटेन्डा टायबू को भी नेतृत्व की ज़िम्मेदारी सौंपी गई।

यह मैंने इसके बावजूद किया कि वह लघुकाय लल्लू खेल में बहुत कम हिस्सा ले रहा था। टायबू की कहानी से सबको यह ज्ञान हो गया कि क्रिकेट में शामिल होना उनके लिए कितना भाग्यशाली साबित हुआ है। आई.पी.एल. का कार्य-व्यवहार ज़िम्बाब्वे में होने वाले कार्य-व्यवहार से बिलकुल उलटा था।

टायबू वास्तव में क्रिकेट का खानाबदोश खिलाड़ी है जो अपने बीवी-बच्चों का गुज़ारा चलाने के लिए दुनिया-भर में घूमता-फिरता है। वह लैशिंग्स के साथ इंग्लैंड में खेला है, द. अफ्रीका और बांग्लादेश की टीमों के लिए खेला है और अब वह शायद सिडनी में, आस्ट्रेलिया के लिए खेलना चाहता है। मैं आई.पी.एल. की मीटिंगों से उसे अलग रखकर उसका आत्मविश्वास कम करना नहीं चाहता था, लेकिन उसने मुझसे यही कहा कि वह टीम के किसी भी काम में हिस्सा लेकर बहुत खुश है।

उसका उत्साह कभी खत्म नहीं होता था। बड़े अच्छे ढंग से रहता था, ट्रेनिंग में कड़ी मेहनत करता था और कहता था कि आई.पी.एल. में शामिल होकर हम सब कितने भाग्यशाली हैं। उसे भी मौका मिला तो वह कुछ कर गुज़रेगा। चार फुट का यह आदमी फ्रैन्चाइज़ से जुड़े हर व्यक्ति के लिए नौ फुट से कम लम्बा नहीं था। इस जैसे आदमी को मीटिंगों में टीम लीडर बनाने से सब खुश रहते थे।

मैं जिन टीमों के लिए कोच का काम करता हूँ, हरेक को नेतृत्व का गुण और निर्णय लेने की क्षमता विकसित करने की प्रेरणा तथा अवसर प्रदान करता हूँ। इन गुणों की आवश्यकता खेल के मैदान और ज़िंदगी दोनों में ही होती है।

हर खेल में बैट्समैन को नई डिलीवरी का सामना करना पड़ता है। और डिलीवरी के इस मौके पर अगर आप निर्णय लेने के लिए तैयार नहीं होते, जिसका अर्थ है इसी समय टीम का नेतृत्व करना, तो आपके लिए भी खेलना कठिन

होगा और दूसरे खिलाड़ियों का भी आपके ऊपर से विश्वास उठ जाएगा।

इस सम्बन्ध में मेरा दर्शन शेन वार्न जैसे लोगों से बिलकुल विपरीत है; वे राजस्थान के कैप्टन-कोच हैं और हर व्यक्ति के लिए खुद निर्णय लेते हैं। वे लोगों को खेल के बारे में बताते हैं। फिर उनकी टीम के खिलाड़ी उनके बताने के अनुसार कार्य करते हैं। वार्न वर्तमान में ही जीवित रहते हैं और ज़्यादा दूर के लिए नहीं सोचते; जो सामने होता है, उसी को निभाने की कोशिश करते हैं जिससे स्थितियाँ काबू में बनी रहें। हर खिलाड़ी अपना रोल जानता है, और यह जानता है कि किस खेल में उसे कैसे क्या करना है। मैं सोचता हूँ कि समय बीतने के साथ यह पता लगेगा कि हम दोनों की कार्य-प्रणालियों में कौन श्रेष्ठ है और किससे ज़्यादा सफलता प्राप्त होती है। शायद दोनों को मिलाकर सर्वोत्तम प्रणाली बनाई जा सकती है; और शायद शेन वार्न की प्रणाली के कारण रॉयल्स को पहले वर्ष में इतनी सफलता मिली।

अन्तरराष्ट्रीय, राष्ट्रीय और स्थानीय सभी टीमों में एक ही सांस्कृतिक परम्परा के खिलाड़ी शामिल किये जाते हैं। एक ही शहर में रहने से और एकसाथ ट्रेनिंग लेने, खेलने तथा यात्राएँ करने से यह संस्कृति और भी पनपती है। कई दफ़ा खिलाड़ियों के परिवार भी उनके साथ यात्रा करते हैं और उनके कार्यों में शामिल होते हैं, जिससे इस विकास को बल प्राप्त होता है। लेकिन इस समूची पुरानी परम्परा और व्यवहार के लिए आई.पी.एल. एक बिलकुल नए प्रकार का प्राणी है।

वास्तव में आई.पी.एल. के खिलाड़ी वस्तुएँ हैं। उन्हें खरीदा और बेचा जाता है, वे पुराने आधारों पर चुने नहीं जाते। आई.पी.एल. के फ्रैन्चाइज़ सांस्कृतिक रूप से एक-दूसरे से भिन्न होते हैं, खिलाड़ी आठ या दस हफ्ते के लिए एक-साथ रहते हैं और टीम के सदस्य अपने प्रियजनों से बिलकुल अलग हो जाते हैं। मुझे विश्वास है कि टीम-भावना हमारी दूरगामी सफलता का आधार बनेगी और अच्छे खिलाड़ियों को इस तरह कुछ समय के लिए एकसाथ रहने और मिल-जुलकर खेलने, जिसमें हर आदमी अपनी फीस लेकर काम करता है और काम पूरा हो जाने के बाद, साल-भर बाद फिर इसी तरह खेलने के लिए इकट्ठा हो जाता है, इससे कुछ ज़्यादा नहीं हो सकेगा।

सांस्कृतिक मिलन की इस सफलता का श्रेय जॉय भट्टाचार्य और युद्धजित दत्ता (असिस्टेन्ट मैनेजर) जैसे व्यक्तियों को जाता है। दरअसल यहाँ आने से पहले मैं सोचता था कि इस टीम में मेरी और मैथ्यू मॉट, माइकेल बुकेनन और

एन्ड्रयू लीपस जैसे व्यक्तियों की, जो सब आस्ट्रेलियन थे, और द. अफ्रीका के एड्रियन ली रॉक्स (ट्रेनर) की उपस्थिति के कारण सांस्कृतिक पूर्वाग्रह उत्पन्न हो सकते हैं।

लेकिन नाइट राइडर्स की एक मुख्य चिन्ता यही थी—और शायद अन्य फ्रैन्चाइज़ों की भी कि पूर्वाग्रहों को बिलकुल उत्पन्न न होने दिया जाए इसलिए भारत तथा विदेशों, दोनों से अधिक-से-अधिक व्यक्ति योजना को चलाने के लिए लिये जाएँ।

भारतीय संस्कृति का जो एक तत्त्व मुझे स्वीकार करना पड़ा, वह था खूब बातचीत करना। चाहे सामान्य कर्मचारियों के साथ व्यवहार की बात हो, अथवा फ्रैन्चाइज़ के मालिकों के साथ कार्य-सम्बन्धी चर्चाएँ करनी हों, आपको बातचीत का सिलसिला जारी रखना पड़ता है और जल्दबाज़ी से कुछ नहीं किया जाता। और इसी बातचीत के ज़रिये लोग घुलते-मिलते चले जाते हैं और बातचीत की इन परत-दर-परत के भीतर से होकर आप उन लोगों तक पहुँच जाते हैं जिनके पास फैसले करने और काम कराने का अधिकार होता है। लेकिन इन तक पहुँचकर भी आपको लग सकता है कि ये लोग भी निर्णय करने में हिचक रहे हैं—जिसके बहुत-से कारण हो सकते हैं। मुझे, एक दृष्टि से, भारतीय संस्कृति नौकरशाही के समान लगती है। कोई भी फैसला लेने के लिए बहुत-से लोगों के बीच से होकर गुज़रना पड़ता है। इस संस्कृति को मैं अभी सीख ही रहा हूँ—पूरी तरह सीख नहीं पाया हूँ। आई.पी.एल. में शामिल होने का मेरा एक कारण यह भी है—कि जिस संस्कृति और मनःस्थिति को मैं नहीं जानता, उसे कुछ हद तक समझ सकूँ।

6 टैस्ट क्रिकेट को ख़तरा

इंडियन प्रीमियर लीग के दौरान एक दिन अजित आगरकर अपने शहर मुंबई में सड़क से निकल रहा था, कि दो युवक उसके पास आए और उनमें से एक ने उससे पूछा, 'आप अजित हैं?' अजित के उत्तर देने से पहले ही उसके साथी ने जवाब दे दिया, 'आप कोलकाता नाइट राइडर्स के लिए खेल रहे हैं?'

टैस्ट क्रिकेट और वन-डे का खिलाड़ी आगरकर तब तक देश के लिए दो सौ से ज़्यादा खेलों में खेल चुका था और मार्क विलियम्स (पोर्ट एडिलेड आस्ट्रेलियन फुटबॉल लीग का कोच) की तरह, जो अपने शहर एडिलेड में बहुत मशहूर था, या एन्ड्रयू जॉन्स (रग्बी लीग) की तरह जो न्यूकैसिल में या इयान हीले (क्रिकेट) की तरह ब्रिसबेन में मशहूर है, अपने शहर मुंबई का जाना-माना नाम है। लार्ड्स के टैस्ट मैच में उसने सेंचुरी बनाई है और अपने देश को टैस्ट में जिताने के लिए आस्ट्रेलिया को पछाड़ा है।

'लेकिन अपने देश या राज्य के लिए खेलने पर लोगों ने मुझे नहीं पहचाना,' अजित कहने लगा, 'उन्होंने मुझे नाइट राइडर्स के खिलाड़ी के रूप में पहचाना। तब मुझे लगा कि एक ही खेल से आई.पी.एल. ने क्या असर छोड़ा है। ताज्जुब होता है। आप सोच सकते हैं कि कुछ साल बीतेंगे तो क्या होगा। हमें पता था कि आई.पी.एल. बड़ा काम कर दिखाएगा लेकिन इसका अनुभव करना कि एक ही सीज़न में यह कहाँ जा पहुँचा है, आश्चर्य होता है।'

क्या अब टैस्ट क्रिकेट सुरक्षित है? कैरी पैकर की वर्ल्ड सीरीज़ क्रिकेट (1977-79) की तरह, या दूसरे खेलों में सफल अथवा असफल हुए अन्य आन्दोलनों की तरह (जैसे रग्बी लीग की असफल सुपर लीग) यह सवाल व्यवस्था और उसके

विद्रोहियों या जीत हासिल करने के लिए कौन ज़्यादा ताकत का प्रदर्शन करता है, जैसे सवालों से कहीं ज़्यादा बड़ा सवाल बनकर हमारे सामने आ खड़ा हुआ है।

इसमें हरेक का वक्त, ताकत और पैसा बर्बाद हो रहा है। असली मुद्दा यह है कि क्या यह विशेष आन्दोलन इन्टरनेशनल क्रिकेट कौंसिल (आई.सी.सी.) को रुककर यह सोचने के लिए मजबूर करेगा कि यह क्रिकेट के खेल को किस दिशा में ले जा रहा है और किस दिशा में ले जा सकता है, और यह भी कि किस दिशा में यह इसे नहीं ले जाना चाहता।

एक आस्ट्रेलियन खिलाड़ी ने मुझसे कहा कि वह अन्तरराष्ट्रीय क्रिकेट के लिए खेलना छोड़कर आई.पी.एल. के लिए उपलब्ध रहने की समस्या पर गम्भीरता से विचार कर रहा है। यदि उसे क्रिकेट आस्ट्रेलिया 2009-10 के लिए अनुबंध दिया जाएगा तो वह उसे अस्वीकार कर देगा।

आई.सी.सी. क्रिकेट के प्रबन्ध पर अपना नियन्त्रण खोना नहीं चाहता लेकिन आज यह जो प्रबन्ध करता है, उसे और अधिक प्रभावी ढंग से कर पाने के लिए, वे कौन-से मुख्य सिद्धान्त हैं जो भविष्य में उसका मार्गदर्शन करेंगे? इसके लिए कुछ ऐसी शक्ति, बुद्धि और नवीनता की ज़रूरत होगी, जो आधुनिक युग के कैरी पैकर के समान उद्योगशील व्यक्तियों, जैसे एलेन स्टैनफर्ड (जो अब हार चुका है) या आई.पी.एल. और आई.सी.एल. (इंडियन क्रिकेट लीग) चलाने वालों की–परन्तु खेल के प्रति जिनकी दृष्टि स्पष्ट हो–की तरह कार्य कर सकें।

यह दृष्टि क्या हो? क्या इसका आधार धन हो या मनोरंजन, वैश्वीकरण, खिलाड़ियों की आवश्यकताएँ, खेल की विशिष्टता को बनाए रखना, क्या हो? दरअसल हमें इन सभी पहलुओं पर विचार करना होगा।

टैस्ट क्रिकेट को यह नाम इसलिए प्राप्त हुआ क्योंकि इसमें खिलाड़ी की योग्यता और मनस्विता की पूरी परीक्षा हो जाती है। इसमें हर रोज़ छह घंटे तक खेलने के लिए पूरे ध्यान की आवश्यकता होती है। एक सेकिण्ड के लिए भी ध्यान टूटा, तो काफ़ी नुकसान हो जाता है।

क्रिकेट का पिच उसकी महत्ता और जटिलता का मुख्य अंग होता है। यूँ तो यह साफ-सुथरा हरा मैदान ही होता है, सहज, नैसर्गिक और विकासमान, जिसकी प्रकृति और व्यवहार पाँच दिन के दौरान बदलता रहता है। टैस्ट मैच का आदर्श

पिच वह है जो क्रिकेट के समस्त पक्षों, तेज़ और हल्की बॉलिंग, बैटिंग, विकेट-कीपिंग, कैचिंग और ग्राउण्ड-फील्डिंग, सबको समान रूप से प्रोत्साहित कर सके। अच्छी, मज़बूत और हल्की लेकिन ज़्यादा सख्त नहीं (बैटिंग करने वालों के लिए) पिच पहले दिन स्विंग, सीम और पेस बॉलर्स के लिए सही रहती है। दूसरे और तीसरे दिन इस पर बैटिंग आसान हो जाती है और बॉलर्स से सही निशाने और स्थिरता की अपेक्षा करती है। चौथे दिन यह स्पिन लेने को तैयार हो जाती है और धीमे बॉलरों के लिए सही रहती है। पाँचवें दिन निचले और चंचल बाउंस के लिए तैयार यह बैटिंग तकनीकों की एक और परीक्षा लेती है। इस तरह टैस्ट क्रिकेट का पिच खिलाड़ी से अनेक प्रकार की कुशलताओं की माँग करता है। इसी कारण खिलाड़ी इसे क्रिकेट का सर्वोत्तम रूप मानते हैं।

जहाँ तक धूमधाम का सवाल है, टैस्ट क्रिकेट को आजकल पुराने ढंग का खेल माना जाने लगा है लेकिन जो लोग इसे समझते हैं, वे इसे ही क्रिकेट का सबसे आकर्षक स्वरूप मानते हैं। गेंद और बल्ले के बीच घंटों तक चलने वाली यह ज़बरदस्त प्रतियोगिता कई दिन तक चलती है और इसका अन्त भी बहुत आश्चर्यजनक परिस्थितियों में होता है। यह जानने के लिए हमें आस्ट्रेलिया और द. अफ्रीका के बीच 2008-09 में हुई घर के भीतर और बाहर की प्रतियोगिता, या आस्ट्रेलिया और भारत के बीच पिछले ही दिनों हुई सीरीज़ को देखना काफी है, जिनसे यह स्पष्ट हो जाता है कि जब गेंद और बल्ले के बीच कमोबेश बराबर सन्तुलन हो, उस समय यह खेल कितना जानदार हो जाता है। इसके विपरीत ऐसी कई सीरीज़ देखी जा सकती हैं जिनमें बल्ले का पक्ष ज़्यादा शक्तिशाली होने के कारण बहुत ऊँचे स्कोर बना लिए जाते हैं। इसलिए सपाट, जीवनहीन पिच टैस्ट क्रिकेट का खात्मा कर सकते हैं और बराबर प्रतियोगिता को प्रोत्साहित करने वाले पिच उसे जीवित रख सकते हैं।

आज हम बदलते समय से गुज़र रहे हैं। जब टैस्ट क्रिकेट का सामना एक-दिवसीय और ट्वेंटी-20 क्रिकेट से है, उन नई प्रतियोगिताओं से है जो स्टैनफर्ड ट्वेंटी-20, भविष्य की इंग्लिश प्रीमियर लीग और आस्ट्रेलियन प्रीमियर लीग के टूर्नामेन्ट और आई.पी.एल. के रूप में प्रकट होने लगी है। खेल के लिए ज़िम्मेदार लोगों के लिए इन दोनों में सन्तुलन स्थापित करने की समस्या पर विचार करना सबसे आवश्यक है।

प्रबन्धकों के सामने आने वाली उलझनों का एक उदाहरण अप्रैल-मई 2009

में श्रीलंका और इंग्लैंड के बीच टैस्ट सीरीज़ की तिथियों के निर्धारण का है। यह सीरीज़ आई.पी.एल. के दूसरे सीज़न के तिथि-निर्धारण से सीधी टकरा रही थी। इसलिए समस्या यह पैदा हुई कि श्रीलंका के जो बड़े खिलाड़ी आई.पी.एल. के साथ तीन साल का अनुबन्ध कर चुके थे, इसलिए वे आई.पी.एल. के साथ खेलने के लिए प्रतिबद्ध थे, वे टैस्ट क्रिकेट में भाग नहीं ले सकते थे।

इंग्लैंड और वेल्स क्रिकेट बोर्ड, जिसका अपने मेज़बान ब्रॉडकास्टर से एक टैस्ट और वन-डे मैच कराने का अनुबन्ध था, अपनी बात पर अड़ गए, कि श्रीलंका को टूर करना चाहिए। श्रीलंका क्रिकेट के अधिकारियों ने इस पर कहा कि वे दूसरे दर्जे की टीम भेज सकते हैं। इसी के साथ उन्होंने आई.पी.एल. से अनुबन्धित खिलाड़ियों को इंग्लैंड का टूर करने के स्थान पर ट्वेंटी-20 प्रतियोगिता में भाग लेने के लिए मुक्त कर दिया।

अब यह स्वाभाविक था कि इंग्लैंड को इस दूसरे दर्जे की टीम का आगमन पसन्द नहीं था, और उसने इनके स्थान पर वेस्ट इंडीज़ को निमन्त्रित कर दिया। यह निमन्त्रण पाकर वेस्ट इंडीज़ खुशी से कूदने लगा, क्योंकि इससे उन्हें आमदनी होनी थी। लेकिन उन्हें भी गेल, सरवन, स्मिथ और ब्रेवो को छोड़ना पड़ता, क्योंकि ये भी आई.पी.एल. के खिलाड़ी थे। आई.पी.एल. के पैसें का आकर्षण ऐसा है कि खिलाड़ी अपने देश के स्थान पर उसी का चुनाव करता है।

तो ट्वेंटी-20 के धन का लोभ खिलाड़ियों को टैस्ट क्रिकेट से अलग कर सकता है? सभी अच्छे खिलाड़ियों की तरह अजित आगरकर को इसकी आशा तो नहीं है लेकिन डर लगता है कि यह सम्भव है। उसका कहना है, जब मैंने पहली दफ़ा ट्वेंटी-20 देखा, तब मैं काफी कुछ उदासीन था। मैंने इंग्लैंड में टी. वी. पर इसका कुछ हिस्सा देखा, जो मुझे मज़ेदार लगा। लेकिन मैंने यह नहीं सोचा था कि इतनी जल्दी यह दुनिया में छा जाएगा और अब तो लगता है कि यही भविष्य की दिशा है। मैं अब भी टैस्ट क्रिकेट या वन-डे क्रिकेट खेलना पसन्द करता हूँ, लेकिन जब स्थानीय युवा खिलाड़ियों से बात करता हूँ तो, आप जानते ही हैं कि वे क्या चाहते हैं। आई.पी.एल. ने क्रिकेट को एक नए धरातल पर पहुँचा दिया है। फिर भी, खिलाड़ी के रूप में मेरा यही मानना है कि टैस्ट ही क्रिकेट की सर्वोत्तम परीक्षा है।

पूर्व आस्ट्रेलियाई कैप्टन और भारतीय कोच ग्रेग चैपल का ट्वेंटी-20 के प्रभाव के सम्बन्ध में कुछ दूसरा मत है। वे इसकी तुलना तीस साल पहले आरम्भ

हुई 50 ओवर क्रिकेट से करते हैं। इसमें एक ताज़गी है, इसने खेल को नए दर्शक दिए हैं और यह अच्छी बात है। लेकिन टैस्ट क्रिकेट के बिना यह खेल ख़तरे में पड़ जाएगा। टैस्ट क्रिकेट खेल के लिए नींव का पत्थर है और उसी से बाकी सब निकला है। अगर खिलाड़ी टैस्ट क्रिकेट से अपने कौशल का विकास नहीं करेंगे, तो खेल का नुकसान ही होगा।

जहाँ तक धूमधाम का सवाल है, टैस्ट क्रिकेट को आजकल पुराने ढंग का खेल माना जाने लगा है, लेकिन जो लोग इसे समझते हैं, वे इसे ही क्रिकेट का सबसे अकर्षक स्वरूप मानते हैं।

आई.पी.एल. के उद्घाटन के समय पाकिस्तानी ऑल-राउंडर शाहिद आफरीदी ने इशारा किया था कि ट्वेंटी-20 टैस्ट क्रिकेट की लोकप्रियता के लिए चुनौती साबित होगा। उसने 'टाइम्स ऑफ इण्डिया' के एक इन्टरव्यू में कहा था कि मुझे यह तो नहीं लगता कि ट्वेंटी-20 की लोकप्रियता से 50 ओवर क्रिकेट पर कोई प्रभाव पड़ेगा, लेकिन टैस्ट मैचों को ज़बरदस्त चोट पहुँचेगी क्योंकि दर्शक तुरन्त और उत्तेजक क्रिकेट से ज़्यादा प्रभावित होंगे।'

इसकी सबसे महत्त्वपूर्ण समस्या यह है कि आई.पी.एल. या किसी और के साथ ट्वेंटी-20 क्रिकेट खेलने के सामने खिलाड़ी टैस्ट, लिमिटेड ओवर और घरेलू क्रिकेट को कम महत्त्व देंगे। खिलाड़ियों से इस तरह की धमकियाँ मिलने भी लगी हैं। जब पिछले अक्टूबर में आस्ट्रेलिया के भारत-दौरे के लिए क्वींसलैंड के ऑल-राउंडर ऐशले नॉफ्के की उपेक्षा की गई, तो निराश होकर उसने धमकी दी कि वह अपना प्रथम श्रेणी का कैरियर छोड़कर अपना सारा ध्यान आई.पी.एल. में लगा देगा।

आस्ट्रेलिया के एक और अनुबन्धित खिलाड़ी ने मुझसे कहा कि वह अन्तरराष्ट्रीय क्रिकेट खेलना छोड़कर आई.पी.एल. के लिए उपलब्ध रहने की समस्या पर गम्भीरता से विचार कर रहा है। यदि उसे क्रिकेट आस्ट्रेलिया 2009-10 के लिए अनुबन्ध दिया जाएगा, तो वह उसे अस्वीकार कर देगा।

पिछले अगस्त में जब एन्ड्रयू सायमन्ड्स को बांग्लादेश के खिलाफ डार्विन में होने वाली आस्ट्रेलियाई एकदिवसीय सीरीज़ के लिए होने वाली मीटिंग के समय मछली पकड़ने चले जाने के कारण घर वापस भेज दिया गया, तब उसने भी यही सोचना शुरू कर दिया। सायमंड्स वास्तव में खेल के बाज़ार में सबसे ज़्यादा

महंगा खिलाड़ी है—उसे आई.पी.एल. टूर्नामेन्ट में एक सीरीज़ के लिए 14 लाख अमेरिकी डॉलर के अनुबंध पर रखा गया था। पैसे ने तो उसे नहीं बदला, लेकिन उसके परिचय ने उसे परेशान कर दिया। व्यावसायिक विज्ञापनों में उसे बहुत बढ़ा-चढ़ाकर दिखाया जाने लगा। इस कारण मैदान के भीतर और बाहर उसके सभी कामों पर बेहद ध्यान दिया जाने लगा और यह माइस्क्रोपिक निरीक्षण इस मछली पकड़ने या झाड़ियों में घूमने से ज़्यादा सुख पाने वाले सीधे-सादे आदमी को बहुत दुखी कर गया।

लेकिन क्या बी.सी.सी.आई. अपने किसी चमकते सितारे को, आई.पी.एल. में ही सही ट्वेंटी-20 का श्रेष्ठ खिलाड़ी बनने की अनुमति देगी? यहाँ आई.पी.एल. के चेयरमैन ललित मोदी का प्रवेश होता है। वे स्पष्ट करते हैं कि क्रिकेट आस्ट्रेलिया तथा दूसरे राष्ट्रीय क्रिकेट बोर्डों ने आई.पी.एल. के साथ हुए समझौते के दौरान एक धारा यह रखवाई थी कि रिटायर होने के बाद दो साल तक वे अपने खिलाड़ियों को आई.पी.एल. के लिए खेलने की अनुमति नहीं देंगे, जिससे उनके टैस्ट स्तरीय खिलाड़ी इसे ही बहाना बनाकर यानी रिटायर होने के नाम पर दलबदल करके कुछ ही हफ्ते बाद आई.पी.एल. में पूरी तरह शामिल न हो जाएँ।

लेकिन क्रिकेट आस्ट्रेलिया ने इस धारा पर ज़्यादा सख़्ती नहीं बरती। जब लम्बे समय से उनके लिए खेल रहे शेन वार्न, एडम गिलक्रिस्ट और ग्लेन मैकग्रॉ जैसे मशहूर खिलाड़ी रिटायर होने के तुरन्त बाद आई.पी.एल. से जुड़ने लगे, तो उन्होंने उन्हें जाने दिया। बल्कि ट्वेंटी-20 प्रतियोगिता में वे क्रिकेट आस्ट्रेलिया की सद्‌भावनाओं के साथ ही शामिल हुए।

उन्होंने इतने लम्बे समय तक अपने देश और राज्य की सेवा की थी।

आई.पी.एल. ने भी उनका दिल खोलकर स्वागत किया।

आई.पी.एल. की सफलता का एक कारण यह भी था कि वार्न, मैकग्रॉ और गिलक्रिस्ट जैसे चोटी के खिलाड़ियों को, अनुबन्ध की शर्तों के बावजूद, उन्हें अविलम्ब उपलब्ध करा दिया गया।

लेकिन इस धारा से क्रिकेट आस्ट्रेलिया तथा प्रतिस्पर्धी अन्य अन्तरराष्ट्रीय बोर्डों को भी—यह अधिकार मिलता है कि वे एन्ड्रयू सायमण्ड्स और ऐशले नोफ़्के जैसे बड़े खिलाड़ियों को भी आई.पी.एल. जैसे संस्थानों के साथ समग्र रूप से जुड़ने से रोक सकें। दुनिया-भर के सभी खेल बोर्ड, भले ही वे पैसे और फीस

के मामले में आई.पी.एल. के साथ बराबरी न कर सकें, लेकिन अपने खिलाड़ियों पर उन्हें पूरा अधिकार प्राप्त है।

मोदी के सायमंड्स और नोफ़्के के एकदम क्रिकेट आस्ट्रेलिया छोड़कर चले आने के विरुद्ध सख़्ती का रुख अपनाने से भी आई.पी.एल. की छवि पर अच्छा प्रभाव पड़ा। वे यहाँ 'हम और वे' का वातावरण नहीं पैदा करना चाहते थे। न वे यह चाहते थे कि आई.पी.एल. रिटायर हुए लोगों का, जो अपना सर्वोत्तम खेल-समय समाप्त होने के बाद यहाँ अपना बाकी वक्त गुज़ारें, घर बनकर रह जाएँ।

टूर्नामेंट में एक भी बॉल फेंकने से पहले आई.पी.एल. के इस सख्त रुख का एक प्रभाव यह भी पड़ा कि सायमंड्स को आई.पी.एल. का विशेषज्ञ मान लिए जाने की सम्भावना एकदम समाप्त हो गई और यह सन्देश देश-भर में बड़ी स्पष्टता से पहुँच गया। जब युवा भारतीय खिलाड़ियों ने विद्रोही आई.सी.एल. के अनुबन्ध पर हस्ताक्षर करना शुरू किया—यह आई.पी.एल. के उद्घाटन से छह महीने पहले शुरू हुआ—बी.सी.सी.आई ने घोषणा की कि वे उनके किसी आयोजन में शामिल नहीं किये जाएँगे। इसका अर्थ यह था कि बी.सी.सी. आई सबसे ज़्यादा कीमती विदेशी खिलाड़ी—सायमंड्स—के साथ भी भारतीय खिलाड़ियों के समान सख़्ती से पेश आने को तैयार था।

न्यूज़ीलैंड ने मैककुलम की समस्या पर जो रुख अपनाया, वह पैसा या देश की टक्कर में अन्य देशों के प्रबन्धकों के लिए भी एक मिसाल है। न्यूज़ीलैंड बोर्ड ने घोषणा की कि खिलाड़ी आई.पी.एल. में भाग ले सकते हैं, यदि मैककुलम के स्तर के खिलाड़ी को 7 लाख सालाना डालर की फीस प्राप्त हो सके। न्यूज़ीलैंड के अधिकारी जानते थे कि वे मैककुलम को इतना पैसा नहीं दे सकते, इसलिए उन्होंने इसे इस रूप में स्वीकार करके अपनी समझदारी व्यक्त की कि टैस्ट तथा वन-डे से होने वाली आमदनी की इसे सहायक आय माना जाए। उन्होंने यह स्वीकार कर लिया कि यदि वे अपने खिलाड़ियों की आमदनी बढ़ाने के लिए आई.पी.एल. के साथ मिलकर कार्य करेंगे, तो उनके खिलाड़ी टैस्ट क्रिकेट और वन-डे सीरीज़ के लिए भी उनके साथ बने रहेंगे।

ट्वेंटी-20 लीग अपने खिलाड़ियों को अच्छा पैसा देते हैं, इसका एक लाभ यह होता है कि खिलाड़ियों का खेल-जीवन अधिक बढ़ जाता है। इस बात पर क्रिकेट आस्ट्रेलिया ने पहले ध्यान नहीं दिया, लेकिन अब वे जागने लगे हैं। क्रिकेट

आस्ट्रेलिया के प्रमुख कार्याधिकारी जेम्स सदरलैण्ड ने ए.बी.सी रेडियो पर कहा कि 'क्रिकेट एक महत्त्वपूर्ण परिवर्तन के दौर से गुज़र रहा है,' और प्रबन्धकों के सामने समस्या यह खड़ी हो गई है कि इसमें सन्तुलन कैसे लाया जाए। इसमें खतरे हैं, लेकिन मैं मानता हूँ कि ट्वेंटी-20 ऐसा खेल है, जो आधुनिक युग के लोगों को बहुत पसन्द आ रहा है और इसके प्रेमियों का वर्ग बढ़ रहा है। आई.पी.एल. ने भारत में तो यह कार्य कर दिखाया है और कुछ ही वर्षों में आस्ट्रेलिया में भी यह शुरू हो जाएगा।"

टैस्ट और ट्वेंटी-20 के बीच टक्कर शीघ्र शुरू हो जाएगी, होने भी लगी है और श्रीलंका के खिलाड़ियों ने इंग्लैंड टूर करने के बजाय आई.पी.एल. के साथ खेलना पसन्द किया है। श्रीलंका के खिलाड़ियों की तुलना में आस्ट्रेलिया के खिलाड़ियों को ज़्यादा पैसे दिए जाते हैं, फिर भी टैस्ट क्रिकेट छोड़कर आई.पी.एल. का चुनाव करने में उनकी ज़्यादा रुचि नहीं है, लेकिन सदरलैंड ने स्वीकार किया है कि इसका खतरा तो है ही।

आगरकर की तरह उसने भी कहा है कि ट्वेंटी-20 के लिए युवा खिलाड़ियों में आकर्षण ज़्यादा है, लेकिन उसने नोट किया कि बड़े खिलाड़ी भी अब आकर्षित होने लगे हैं। क्रिकेट आस्ट्रेलिया का हर अनुबन्धित खिलाड़ी टैस्ट क्रिकेट को खेल का सर्वोत्तम रूप मानने में संकोच नहीं करता और मानता है कि उसके खेल-कौशल की इसी में परीक्षा होती है, लेकिन ट्वेंटी-20 से प्राप्त अवसरों से वह इन्कार नहीं करता और कहता है कि उसे भी इसमें जाना पड़ सकता है।' उसने कहा कि पिछले साल आई.पी.एल. के सेमी फाइनल में जो ज़बरदस्त उत्साह पैदा हुआ, देखे बिना उस पर विश्वास करना असम्भव है; इसने देश की सारी जनता का ध्यान आकर्षित कर लिया था।

न्यूज़ीलैंड के अधिकारी समझदार हैं क्योंकि उन्होंने स्वीकार कर लिया है कि आई.पी.एल. से उनके टैस्ट तथा वन-डे खिलाड़ियों को अतिरिक्त आय प्राप्त होती है।

हमें टैस्ट क्रिकेट के महत्त्व और पवित्रता की रक्षा करने के लिए सावधानी बरतने की ज़रूरत है, और मैं जानता हूँ कि उसका भविष्य उज्ज्वल है, बस, प्रबन्धकों को सही निर्णय लेने होंगे।

यह इसलिए सुरक्षित है क्योंकि यह अनोखा और विशेष दोनों है। यह

फास्ट-फूड का पकवान नहीं है। यह पूरे पाँच दिन खेला जाता है, जो एक तरह से आज की तेज़ गति से दौड़ती जा रही ज़िन्दगी के विपरीत है। मेरा यह भी विश्वास है कि समाज जितनी तेज़ी से बदलेगा, उतना ही परम्परा के प्रति उनका लगाव भी बढ़ेगा। यदि टैस्ट क्रिकेट का उद्योग सही ढंग से प्रस्तुत किया जाएगा, तो वह उसी तरह कायम रहेगा जैसे पिछले 130 वर्ष से चला आ रहा है।

दूसरे लोगों की तरह मैं दर्शकों की संख्या को लेकर परेशान नहीं हूँ। खेल देखने ज़्यादा लोग आएँ, यह तो अच्छी बात है, लेकिन यह खेल में उनकी रुचि का सही पैमाना नहीं है। सन् 1994-95 में क्वीन्सलैण्ड ने पहली बार शेफील्ड शील्ड जीता, हम शील्ड का जुलूस लेकर समाज में घूमे। तब पता लगा कि लोगों को खेल की बारीकियों में भी कितनी दिलचस्पी है, यद्यपि मैच देखने वालों की संख्या बहुत थोड़ी थी। यानी लोगों में रुचि ज़रूर है और इसीलिए यह भी आवश्यक है कि क्रिकेट अपने तीनों रूप बनाए रखे—क्योंकि ये समाज के विविध वर्गों को अपने-अपने ढंग से प्रिय हैं। यह ज़रूरी नहीं है कि लोग शेफील्ड शील्ड, रणजी ट्राफी, ज़िले और कस्बे की प्रतियोगिताओं को देखने के लिए लाइनें लगाकर जाएँ, लेकिन वे रेडियो सुनते हैं, टी.वी. देखते हैं और अखबार भी पढ़ते हैं। बहुत से क्रिकेट प्रेमी कुछ टैस्ट क्रिकेट और वन-डे मैच देखने मैदानों में भी जाते हैं लेकिन सब देशों में यह स्थिति नहीं है। जो हो, रुचि लोगों में ज़रूर है, ज़रूरत सिर्फ इस बात की है कि इसे सही दिशा में कैसे परिवर्तित किया जाए।

टैस्ट और ट्वेंटी-20 के बीच टक्कर होती रहेगी, होने भी लगी है और श्रीलंका के खिलाड़ियों ने इंग्लैंड का टूर करने के बजाय आई.पी.एल. के लिए खेलना पसन्द किया है।

ट्वेंटी-20 खेल के दूसरे रूपों की आर्थिक सहायता करता है। स्पोर्ट व्यापार है और दूसरे व्यापारों की तरह इसमें भी कुछ वस्तुएँ ऐसी होती हैं, जो खुद लाभ कमाने में सफल नहीं होतीं, परन्तु फिर भी वे उस सम्पूर्ण व्यवसाय के आवश्यक अंग होती हैं। यह मोटरकार बनाने की तरह है—इसके कुछ हिस्से अगर छोड़ दिए जाएँगे तो कार ठीक से नहीं चलेगी।

खिलाड़ी के लिहाज़ से हमें खेल की कार्यविधि तथा उसके प्रति दृष्टिकोण में परिवर्तन लाना होगा। अब उन्हें पहले की तरह लम्बे समय के खेल से कम

समय के खेल में अपने को बदलने की जगह कम समय के खेल से लम्बे समय के खेल में अपने को बदलना होगा।

इसी के साथ यह समझना भी ज़रूरी है कि खिलाड़ियों को छोड़ दिया जाए, तो उनके सहायक स्टाफ़ के लोगों को, जैसे ट्रेनर, कोच और शरीर चिकित्सकों को काफी कम वेतन दिया जाता है। इनमें से ज़्यादातर लोगों की योग्यताएँ खिलाड़ियों से कहीं ज़्यादा होती हैं, लेकिन उनकी सेवाएँ लेने वाली संस्थाएँ उनकी आवश्यकताओं और माँगों पर उनकी योग्यता के अनुसार ध्यान नहीं देतीं। लेकिन अब इन लोगों को भी आई.पी.एल. और उसकी विरोधी संस्था आई.सी.एल. के कारण ज़्यादा पैसा मिलने लगा है।

मैंने टॉम मूडी और ग्रेग शिपर्ड के साथ ही अनुबन्ध पर हस्ताक्षर किए थे। मूडी और मैं तीन साल के लिए 2 लाख अमेरिकी डॉलर प्रतिवर्ष कमा रहे हैं, और मेरा ख्याल है कि शिपर्ड का भी यही वेतन है। टीम के शरीर चिकित्सकों को 1 से 1.5 लाख अमेरिकी डॉलर दिए जाते हैं–जो बहुत अच्छी आय है। इसी तरह उपयोगी व्यक्तियों को खेल में रखा जा सकता है। ये लोग अपने घर पर तो प्रैक्टिस करते ही हैं, जिसे क्रिकेट सीज़न में शामिल होने के लिए उन्हें छोड़ना पड़ता है और वहाँ अपने स्थान पर किसी दूसरे का प्रबन्ध भी करना होता है। आई.पी.एल. से प्राप्त धन से वे बिना हानि उठाए ये सब कार्य कर सकते हैं।

आई.पी.एल. फ्रैन्चाइज़ का सहायक स्टाफ़ आठ सप्ताह में इतना पैसा कमा लेता है जितना वह अपनी अन्तरराष्ट्रीय या स्थानीय टीम के साथ एक साल में कमाता होगा। दुनिया के क्रिकेट बोर्डों को यह समझना चाहिए कि उनके ट्रेनर और शरीर-चिकित्सक इस तरह आई.पी.एल. के साथ काम करके अतिरिक्त अनुभव प्राप्त कर रहे हैं, जिसका लाभ उन्हें अपने क्षेत्रों में भी प्राप्त होगा।

यह लिखते समय मुझे ज्ञात हुआ है कि इंग्लैंड और वेल्स के क्रिकेट बोर्ड ने, सन् 2010 में बांग्लादेश के साथ होने वाले फ्लडलाइट टैस्ट मैच में, जो लार्ड्स में, जहाँ सन् 1814 से क्रिकेट मैच हो रहे हैं, खिलाड़ियों को रंगीन वस्त्र पहनकर खेलने की अनुमति दी है। मैं इसके बिलकुल खिलाफ हूँ। मैं जितना क्रिकेट के छोटे रूपों में नवीनताएँ लाने का पक्षधर हूँ, उतना ही टैस्ट क्रिकेट की परम्पराओं के साथ छेड़खानी करने के विरुद्ध हूँ। इसका अर्थ है कि टैस्ट क्रिकेट न तो रात में खेला जाना चाहिए और न कपड़ों और बॉल के रंग बदले जाने चाहिए। टैस्ट क्रिकेट दिन में ही खेला जाना चाहिए और उसकी बॉल का रंग पहले जैसा ही लाल और खिलाड़ियों के कपड़े तथा दूसरी चीज़ें सभी सफ़ेद ही होना चाहिए।

शेफील्ड शील्ड को नाम रखने का अधिकार देना तथा पूरा कप प्राप्त करना मेरी दृष्टि में आस्ट्रेलियन क्रिकेट की सबसे बड़ी व्यापारिक भूल थी। शेफील्ड शील्ड का एक इतिहास है, जो सन् 1892 तक जा पहुँचता है। कुछ चीज़ों को पवित्र मानकर ज्यों-का-त्यों रहने दिया जाना चाहिए। जिस तरह विंबलडन में टेनिस का तत्त्व निहित है, उसी तरह क्रिकेट के लिए भी टैस्ट और फर्स्ट क्लास मैचों का स्थान स्वीकार किया जाना चाहिए। क्रिकेट इस दृष्टि से भाग्यवान है कि बदलते हुए समाज को नए उत्पाद प्रदान कर सकता है। उसकी परम्परा को बनाए रखने के लिए टैस्ट क्रिकेट आवश्यक है। कुछ लोग इसे समय के विरुद्ध जाना भी कह सकते हैं, लेकिन इसका भी अपना बाज़ार है, भले ही वह चुनिन्दा लोगों का छोटा बाज़ार हो।

यदि आई.पी.एल. को सफलता प्राप्त हुई तो यह टैस्ट क्रिकेट और फर्स्ट क्लास जैसे कम लाभ कमाने वाले खेलों की सहायता ही करेगा और खिलाड़ी अपने देश और नगरों की प्रतियोगिताओं में खेलते रह सकेंगे। आस्ट्रेलिया के अन्तरराष्ट्रीय खिलाड़ी तो आर्थिक दृष्टि से मज़बूत हैं लेकिन न्यूज़ीलैंड और वेस्ट इंडीज़ जैसे छोटे देशों के खिलाड़ियों के लिए तो आई.पी.एल. ईश्वर का वरदान बनकर आया है। ब्रेन्डन मैककुलम और क्रिस गेल जैसे जो खिलाड़ी अपने देशों के लिए खेलकर जितनी आमदनी नहीं कर पाते, उससे ज़्यादा इसमें बहुत थोड़े समय में कमा लेते हैं। इससे यह स्पष्ट है कि यदि राष्ट्रीय संस्थाएँ तथा आई. पी.एल. और फ्रैन्चाइज़ी परस्पर सहयोग करें तो सबका लाभ होगा। न्यूजीलैंड ने तो इसे स्वीकार कर लिया लेकिन आस्ट्रेलिया तथा इंग्लैंड ने न केवल इसका विरोध किया बल्कि तीखी प्रतिक्रिया भी की।

आई.पी.एल. को चाहिए कि विश्वस्तर पर खिलाड़ियों की संख्या बढ़ाने का प्रयत्न करे। इसका एक उपाय यह है कि फ्रैन्चाइज़ केन्द्र द्वारा जुटाए गए खिलाड़ियों के अलावा अन्य खिलाड़ियों से भी संपर्क करे। क्रिकेट को हमेशा दूसरे खेलों के साथ भी प्रतियोगिता करनी पड़ती है, जैसे आस्ट्रेलियन फुटबॉल लीग और नेशनल रग्बी लीग के साथ, जो युवा खिलाड़ियों को आकृष्ट करने के लिए लाभदायक प्रस्ताव देते हैं। आस्ट्रेलिया में जितने खिलाड़ी प्रतिवर्ष क्रिकेट में लिए जाते हैं, लगभग उतने ही फुटबॉल लीग में प्रवेश करते हैं। देश में 600 से ज़्यादा युवा खिलाड़ी आस्ट्रेलियन रूल्स के लिए सबसे बड़ी लीग में खेलते हैं, जबकि फर्स्ट क्लास क्रिकेट में 100 से कम ही भाग लेते हैं।

आस्ट्रेलियन फुटबॉल लीग में शामिल जिन नए खिलाड़ियों को एकदम खेल में शामिल नहीं किया जा पाता, उन्हें भी 50 हज़ार अमेरिकी डॉलर प्रतिवर्ष का अनुबन्ध देकर पूर्णकालिक ट्रेनिंग प्रोग्राम में शामिल कर लिया जाता है। इसके विपरीत आस्ट्रेलिया के सर्वोत्तम 600 खिलाड़ियों में से 90 प्रतिशत को अपनी नौकरी या पढ़ाई के इर्द-गिर्द ट्रेनिंग या कभी-कभी खेलने से सन्तोष करना पड़ता है। क्रिकेट के लिए यह ज़रूरी है कि सम्भावनाओं से युक्त युवाओं को आकर्षक अवसर तथा सुविधाएँ देकर खिलाड़ियों का अपना आधार मज़बूत बनाए। इस समय ऐसा कुछ नहीं किया जा रहा है जिससे युवा खिलाड़ी इसमें अपना कैरियर तलाश कर सकें।

ट्वेंटी-20 और 5 दिवसीय टैस्ट मैच साथ-साथ चल सकते हैं। बशर्ते दोनों एक-दूसरे की आवश्यकताओं तथा शक्तियों को समझें। ट्वेंटी-20 टैस्ट क्रिकेट का आर्थिक आधार बनकर क्रिकेट की सीमाओं को और आगे बढ़ाता रह सकता है, जिसके बदले टैस्ट क्रिकेट खिलाड़ियों को अन्तिम चुनौतियों के अवसर प्रदान करके सच्चे क्रिकेट-प्रेमियों को सम्पूर्ण क्रिकेट के अनुभव के अवसर प्रदान कर सकता है। नए खिलाड़ी अल्पकालीन क्रिकेट में खेलते रहेंगे, लेकिन जब तक हम टैस्ट क्रिकेट के मौलिक महत्त्व को बनाए रखेंगे, तब तक खेल के रूप में क्रिकेट की महत्ता बनी रहेगी।

7 ट्वेंटी–20 और वन-डे क्रिकेट

यदि प्रबन्धक बढ़िया निर्णय करें, तो टेस्ट क्रिकेट, वन-डे और ट्वेंटी-20 तीनों मज़े से एकसाथ जीवित रह सकते हैं। लेकिन वन-डे को जगाने की ज़रूरत हैं। 20 और 50 ओवर खेलों को एक-दूसरे से आज की तुलना में और ज़्यादा जुड़ना चाहिए, जिससे टैस्ट क्रिकेट अपना महत्त्व पुनः प्राप्त कर सके।

प्रबन्धकों को यह समझना चाहिए कि यद्यपि ऐतिहासिक तौर पर यह एक लम्बा खेल है, और हम टैस्ट क्रिकेट को ही घुटनों के बल से चलने के दिनों से देखते और सुनते रहकर बड़े हुए हैं, जब सीमित ओवरों का खेल शुरू हुआ, तभी इस थके-थकाए खेल में नई जान आई। सत्तर के दशक के अन्त में जब कैरी पैकर की वर्ल्ड सीरीज़ क्रिकेट हुई, तब लगा था कि क्रिकेट में एक क्रान्ति हुई है, जिसे दर्शकों ने खूब सराहा, लेकिन अब इसको भी तीस वर्ष हो चुके हैं। और यह फार्मूला थककर पुराना पड़ चुका है।

अब ज़रूरत है कि 50 ओवर और 20-ओवर को मिलाने और 50 ओवर के रूप पर चर्चा की जाए। वन-डे क्रिकेट के नतीजे तो शुरू से ही समझ में आने लगते हैं कि शुरुआत में यह हुआ तो खेल कैसे चलेगा और अन्त में किसका क्या बनेगा। हमें देखना चाहिए कि यह खेल हम किस-किस नए ढंग से खेल सकते हैं। एक ढंग यह हो सकता है कि इसे हर पक्ष के दो इनिंग्स में हर एक के लिए 20 से 25 ओवर तक बाँट दिया जाए, इससे यह ट्वेंटी-20 जैसा खेल हो जाएगा और साफ कहा जाए तो इससे वन-डे क्रिकेट का बोरिंग हिस्सा भी

खत्म हो जाएगा। क्रिकेट के प्रबन्धकों को इन सम्भावनाओं की तलाश करनी चाहिए, नहीं तो 50 ओवर क्रिकेट—बल्कि पूरा क्रिकेट भी—खतरे में पड़ जाएगा। पिछले दिनों इसमें कुछ प्रगति ज़रूर हुई है और बैटिंग पक्ष को यह चुनने की सुविधा मिली है कि वे तीसरा बैटिंग पॉवरप्ले कब करें। इससे खेल के युद्धनीतिक पहलू में कुछ जान आई है।

सीमित ओवरों के खेल में एक और दूसरे देश की प्रतियोगिता की कुछ परम्पराएँ हैं, जिन्हें बनाए रखना चाहिए। लेकिन वन-डे क्रिकेट में कुछ समय से परिवर्तन की ज़रूरत महसूस की जा रही है और मेरा ख्याल है कि इसमें 20-ओवर का उपाय टॉनिक का काम करेगा।

अगर प्रबन्धक सही निर्णय लें, तो टैस्ट, वन-डे और ट्वेंटी-20 क्रिकेट, सब एकसाथ चल सकते हैं।

वन-डे खेल की हर इनिंग में 50 ओवर को घटाकर 40 करने से वह 20 ओवर खेल की झलक देगा—यानी एक मैच में 100 ओवर की जगह 80 ओवर—जिसे दो इनिंग्स में बाँटकर प्रति टीम 20 ओवर किया जा सकता है। ऐसा करने से नए और पुराने का मानो मेल हो जाएगा और खेल की अवधि 90 मिनट कम हो जाएगी। टैस्ट क्रिकेट हमेशा की तरह, जैसे वह पिछले 130 वर्षों से खेला जाता रहा है, पारम्परिक ढंग से गेंद और बल्ले की लड़ाई, अपरिवर्तित खेला जाता रहेगा।

लेकिन भविष्य के युवा खिलाड़ियों को लम्बी अवधि के क्रिकेट खेल को फिर से उसी कौशल के अनुसार सीखना पड़ेगा। आज 25 साल या ज़्यादा उम्र के खिलाड़ी टैस्ट क्रिकेट, या टैस्ट और वन-डे क्रिकेट के सहारे ही आगे बढ़े हैं। लेकिन हमारे भविष्य के खिलाड़ी सब से ज़्यादा ट्वेंटी-20 और वन-डे क्रिकेट के छोटे खेलों के द्वारा ही सीखेंगे और आगे बढ़ेंगे।

सत्तर के दशक के अन्त तक हम क्रिकेट को उसके लम्बे रूप में ही समझते थे—यानी टैस्ट या चार-दिवसीय घरेलू क्रिकेट के रूप में। लेकिन अब क्रिकेट के छोटे रूप—यानी टी-20 और एकदिवसीय क्रिकेट के संक्षिप्त रूप—जिनका ऊपर उल्लेख किया जा चुका है—ही भविष्य की पीढ़ियों को क्रिकेट से परिचित कराएगा।

उदाहरण के लिए, मैथ्यू हेडेन टैस्ट क्रिकेट में खेलने की आकांक्षा लेकर बड़ा हुआ और उसी दृष्टि से उसने अपने खेल का विकास किया। इसके सहायक के रूप में उसने वन-डे क्रिकेट की कुशलताएँ अर्जित कीं। लेकिन भविष्य का मैथ्यू हेडेन पहले ट्वेंटी-20 और सीमित ओवर्स के गेम खेलने की आकांक्षा करेगा,

और इसके बाद टैस्ट क्रिकेट खेलने के गुर सीखेगा। इसका परिणाम यह होगा कि हमें ऐसे कोचिंग और ट्रेनिंग प्रोग्रामों की आवश्यकता होगी जो पहले ट्वेंटी-20 और सीमित ओवर्स के खेल की शिक्षा दें और उन्हीं से टैस्ट क्रिकेट को कैसे खेला जाए, यह सिखाएँ—यानी पहले के प्रोग्राम का एकदम उलटा।

हमें क्रिकेट के दूसरे रूपों की बलि देने की ज़रूरत नहीं है, बल्कि यह निश्चित करना है कि वन-डे क्रिकेट ट्वेंटी-20 के साथ जुड़ जाए और टैस्ट क्रिकेट ज्यों-का-त्यों बना रहे। यदि हम टैस्ट की परम्पराओं के साथ छेड़खानी करेंगे तो वह नष्ट हो जाएगा। यदि हम वन-डे को ट्वेंटी-20 के साथ नहीं जोड़ेंगे, तो उसका भी यही हाल होगा और अगर हमने ऐसा किया तो खेल का प्रसार रुक जाएगा। ट्वेंटी-20 अपने पैरों पर अकेला नहीं खड़ा हो सकता। हमें तीन रूप वाले समग्र क्रिकेट को व्यापक बाज़ार तक पहुँचाना है और इस तरह खेल को बढ़ने का अवसर प्रदान करना है।

8 फैलाना है क्रिकेट को विश्व-भर में

यह साफ है कि क्रिकेट की यात्रा में अब ऐसा पड़ाव आ गया है जब उसे यह तय करना है कि भविष्य में वह क्या रूप लेगा कि समाज उसके बारे में क्या सोचता है। इस दृष्टि से 20 ओवर क्रिकेट में वह सामर्थ्य है जो इसे दुनिया-भर में फैला सकता है।

ट्वेंटी-20 क्रिकेट के लिए यह कहा जा रहा है कि इसे ओलम्पिक्स खेलों में शामिल किया जा सकता है और सन् 2020 के ओलम्पिक्स में यह सम्भव है। लेकिन इसके लिए यह ज़रूरी है कि इसे अमेरिका, भारत और चीन में खेला जाने लगे। अब चूँकि भारत में तो इसके पैर काफी जम गए हैं इसलिए इसे पहले अमेरिका और कनाडा में प्रवेश दिलाने की ज़रूरत है।

इस विषय में आस्ट्रेलिया के बेसबॉल कोच जॉन डीबिल का कहना है कि अमेरिका में क्रिकेट का प्रवेश हो सकेगा, इस बारे में वह निश्चित नहीं है, लेकिन क्रिकेट में फील्डिंग, थ्रोइंग, शक्ति और फुर्ती के प्रदर्शन के कुछ ऐसे गुण हैं, जो उनके प्रिय बेसबॉल से मेल खाते हैं। उसने माना कि ट्वेंटी-20 क्रिकेट अमेरिकनों को आकृष्ट कर सकता है।

'मैंने आई.पी.एल. का एक खेल देखा था और वह मुझे अच्छा लगा,' जॉन ने कहा। 'क्रिकेट में आप बॉल को फेंककर मारते हैं। बेसबॉल में भी आप जब भी बॉल मारते हैं, बहुत ज़ोर से मारने की कोशिश करते हैं। टैस्ट क्रिकेट में ऐसा नहीं होता। लेकिन ट्वेंटी-20 में आप ज़ोर-शोर से बॉल के पीछे दौड़ते हैं,

फील्डिंग करते और उसे बेसबॉल की ही तरह ज़ोर से मारते हैं। मेरा ख्याल है कि इस खेल में बड़ी सम्भावनाएँ हैं। यह बेसबॉल से बहुत ज़्यादा भिन्न नहीं है।

यदि हमें अमेरिका और कनाडा में क्रिकेट को पहुँचाना है, तो फ्रैन्चाइज़ का ढंग ही सबसे अच्छा है। सन् 2020 के ओलम्पिक्स में क्रिकेट को शामिल कराने के लिए निर्णय लेने का सबसे अच्छा समय सन् 2013 का वर्ष होगा; उस समय तक ट्वेंटी-20 की पूरी योजना तैयार हो जानी चाहिए और तुरन्त दुनिया के कुछ क्षेत्रों में उसे भेजना शुरू कर देना चाहिए। इनमें एक क्षेत्र अमेरिका में भी हो सकता है। भारत, पाकिस्तान, श्रीलंका और बांग्लादेश को पूर्व एशिया और पश्चिम एशिया के दो टुकड़ों में बाँटा जा सकता है और दुबई को पश्चिम एशिया में शामिल किया जा सकता है। आस्ट्रेलिया दक्षिण एशिया ज़ोन में मज़े से शामिल हो सकता है और डार्विन, केयर्न्स और टाउन्सविल में सिंगापुर कुआलालम्पुर और सम्भवतः हांगकांग के साथ भी मैच खेल सकता है।

अमेरिका और कनाडा में उसका प्रवेश इन देशों में बसे भारतीयों के माध्यम से हो सकेगा। इस समय भी जब वहाँ भारतीय टीम का दौरा होता है, तब वहाँ टेलीविज़न पर दर्शकों की सबसे बड़ी दूसरी संख्या उन्हीं की होती है। फ़िलाडेल्फ़िया और बोस्टन में क्रिकेट पहले से लोकप्रिय है। यहाँ ईस्ट कोस्ट और वेस्ट कोस्ट के अपने संगठन हैं। यदि फ्रैन्चाइज़ के आधार पर प्रयत्न किया जाए तो यहाँ क्रिकेट का प्रवेश हो सकता है और हाल ही में रिटायर हुए दुनिया के खिलाड़ियों को लेकर फ्रैन्चाइज़ों का गठन किया जा सकता है।

जहाँ तक चीन का सवाल है, हांगकांग इसका आरम्भिक आधार बन सकता है, क्योंकि ब्रिटिश शासन के कारण यहाँ क्रिकेट की जड़ें कुछ जमी हुई हैं। इन देशों में क्रिकेट आस्ट्रेलिया और आई.सी.सी. ने स्कूलों के माध्यम से प्रवेश कर लिया है, और विदेशियों का आधार लेकर इसे अब जमाया जा सकता है। मलेशिया और सिंगापुर भी आसानी से इसे ग्रहण कर सकते हैं क्योंकि यहाँ भी भारतीय हैं और ये दोनों ब्रिटिश उपनिवेश रहे हैं।

कनाडा में कुछ क्रिकेट है—पश्चिम में वैनकूवर से एलबर्टा के प्रेयरी प्रदेशों में होते हुए, पूर्व में टोरंटो तक यह फैली हुई है। इसका स्तर ज़रूर अच्छा नहीं है, लेकिन वेस्ट इंडियनों, भारतीयों, पाकिस्तानियों और एक-दो आस्ट्रेलियन के

कारण खेल जीवित है। मेरा ख्याल है कि यदि वेस्ट इंडियन खिलाड़ियों को सही सुविधाएँ प्राप्त हों तो बहुत-से टोरंटो पहुँच जाएँगे।

क्रिकेट को आगे बढ़ाने के लिए यह ज़रूरी है कि इससे सम्बन्धित सब लोग नए-नए विचार दें और उन पर चर्चा करें। ट्वेंटी-20 की खूबसूरती यह है कि इसमें तीन मैच रोज़ खेले जा सकते हैं और हफ्ते-भर में टूर्नामिन्ट खत्म किया जा सकता है। आज के नए बाज़ारों को यह सही लगता है क्योंकि उनके पास एक विदेशी खेल को समझने और पाँच दिन तक उसे ध्यान से देखने का समय और धीरज नहीं है।

छोटे रूप के क्रिकेट के आकर्षण के साथ, समग्र क्रिकेट के विकास की अपार गुंजाइश है। आई.पी.एल. खेल का दुनिया भर में निर्यात किया जाना चाहिए, जिससे हम एक वर्ल्ड सीरीज़ का विकास कर सकें।

आई.सी.सी. और राष्ट्रीय बोर्डों के प्रबन्धकों को दो सवालों के स्पष्ट जवाब देने चाहिए—कि उनका लक्ष्य क्या है और उसे प्राप्त करने के लिए उनकी क्या योजना है?

क्या प्रबन्धकों में दूर तक सोचने और महत्त्वपूर्ण परिवर्तन करने की योग्यता और क्षमता है? मेरा ख्याल है कि नहीं है। इसलिए मैं इनके स्वामियों से आशा कर रहा हूँ। यदि हम भारत में फ्रैन्चाइज़ों के नमूने विकसित करते रह सकते हैं और दिखा सकते हैं कि राष्ट्रीय बोर्डों के सहयोग से उचित लाभ कमा सकते हैं, तो दुनिया के नव उद्यमियों को इससे प्रेरणा और उत्साह प्राप्त होगा और अमेरिका जैसे नए देशों में फ्रैन्चाइज़ों के टेंडर भरे जाने शुरू हो जाएँगे।

मुझे क्रिकेट में विश्वास है। छोटे बच्चों की शारीरिक क्रियाशीलता को जगाने के लिए यह बहुत अच्छा खेल है—इसमें दौड़ना, फेंकना, पकड़ना और सन्तुलन स्थापित करना, सब शामिल है। इसमें सामाजिक प्रयत्न में व्यक्तिगत कुशलताओं का योगदान होता है—जो दूसरे खेलों में बहुत नहीं होता। अपने छोटे स्वरूप में यह बहुत व्यापक क्षेत्र में फैल सकता है। आई.पी.एल. के नमूने को दुनिया-भर में ले जाने की ज़रूरत है, जिससे एक वर्ल्ड सीरीज़ की आरम्भ किया जा सके। बी.सी.सी.आई. और आई.पी.एल. दोनों मिलकर दुनिया के बोर्डों के सहयोग से आठ प्रमुख क्षेत्रों में प्रतियोगिताओं का आयोजन कर सकते हैं। हर साल के अन्त में दो सर्वोत्तम टीमें वर्ल्ड सीरीज़ इनडोर स्टेडियम में खेलें—इससे यह निश्चित हो जाएगा कि खेल समय पर समाप्त भी हो जाएगा।

यह हमारा लक्ष्य होना चाहिए लेकिन प्रबन्धकों का अन्य सम्भावनाओं के प्रति भी जागरूक रहना ज़रूरी है। उन्हें अच्छे निर्णय करना चाहिए और यह सब घटित होने के लिए स्थान उत्पन्न करना चाहिए।

क्या प्रबन्धकों में दूर तक सोचने और महत्त्वपूर्ण परिवर्तन करने की योग्यता और क्षमता है? मेरा ख्याल है कि नहीं है। ...हमें क्रिकेट के प्रबन्धकों तथा नव उद्यमियों के बीच विचार और बातचीत को प्रेरणा देनी चाहिए। उनमें इसे प्रज्वलित करने की क्षमता है।

क्रिकेट प्रबन्धकों को ड्रेसिंग रूम से पारम्परिक भरती करना छोड़कर नए स्थानों से लोग लाने चाहिए। क्रिकेट आस्ट्रेलिया के वर्तमान बोर्ड पर मार्क टेलर और एलेन बोर्डर हैं। हमें ऐसा बाहरी प्रतिनिधित्व बनाए रखना चाहिए, खेल से अतिरिक्त खिलाड़ी तीन से पाँच वर्ष के लिए हों, जिससे ताज़गी की भावना बनी रहे। हमें क्रिकेट से सीधे जुड़े व्यक्तियों की ज़रूरत तो है ही, लेकिन हमें ऐसे लोग भी चाहिए, जिनमें इस काम की व्यापारिक बुद्धि भी हो। क्रिकेट पूर्व खिलाड़ियों को ही प्रबन्धन के लिए नियुक्त करके और उन्हीं पर ज़्यादा भरोसा करके भूल करती है। इससे कौटुम्बिक व्यभिचार जैसे निर्णय लिए जाते हैं। क्रिकेट को अपने ड्रेसिंग रूम्स में से निकलकर व्यावसायिक बोर्ड रूम्स में प्रवेश करना चाहिए।

यदि इस प्रकार हम सही ढंग से काम करेंगे, तो यह सम्भव होगा कि ये दुनिया भर की लीगें लगभग एक ही समय में खेलें और मार्च-मई तथा अगस्त-अक्टूबर के मुख्य खेल-कालों में उत्तरी और दक्षिणी गोलार्धों में विभाजित होकर मैच खेलें। इससे यह भी निश्चय हो सकेगा कि खिलाड़ी एक ही टीम का प्रतिनिधित्व करें जिससे आपसी लड़ाइयों से बचा जा सके—जैसा डेविड हसी के साथ हुआ जो नाइट राइडर्स और विक्टोरिया दो टीमों में खेलते थे।

यह सम्भव है कि आस्ट्रेलिया के खिलाड़ी भारत के फ्रैन्चाइज़ों से जुड़ें, इसलिए प्रबन्धकों को चाहिए कि वे सही निर्णय लें और खेल के लम्बे तथा अन्तरराष्ट्रीय रूपों को चलते रहने में सहायक हों—जो प्रोत्साहक कार्यों द्वारा सम्भव है। जब तक प्रबन्धक खेल के अन्तरराष्ट्रीय रूपों को बनाए रखेंगे, तब तक खेल की महत्ता कायम रहेगी।

नहीं तो आस्ट्रेलियन बेसबॉल के लिए भी बिलकुल इसी प्रकार की समस्या खड़ी हो जाएगी, जिसके वर्ल्ड बेसबॉल क्लॉसिक 2009 प्रतियोगिता के समय 8-9

खिलाड़ी उसमें इसलिए भाग नहीं ले सके, क्योंकि जिन मेजर लीग क्लबों के साथ वे खेलते थे, उन्होंने इन्हें छुट्टी देना स्वीकार नहीं किया। हमें यह निश्चय करना होगा कि क्लब/फ्रैन्चाइज़ योजना में उन्हें खिलाड़ियों पर सर्वाधिकार प्राप्त न हो, जो उन्हें अपने राज्य और देश के लिए खेलने से रोक सके। यह अधिकार प्रबन्धकों के पास होना चाहिए।

यदि जिस प्रकार के क्षेत्र-विभाजन का मैं प्रस्ताव कर रहा हूँ, उसके अनुसार काम किया जाए, तो ट्वेंटी-20 क्रिकेट के ओलम्पिक्स में जाने की सम्भावना काफी बढ़ जाती है। यह तो मेरा एक ही विचार है, इसमें उद्योगपतियों और दूसरे क्रिकेट-प्रेमियों को भी अपना योगदान करना चाहिए। मेरा ख्याल है कि आज हम इस स्थिति में पहुँच गए हैं, जब मेज़ पर पत्तों की तरह विचार फेंके जाएँ और प्रबन्धक उन्हें पकड़कर खेल को आगे बढ़ाने के काम में लग जाएँ।

बहुत-से लोग हैं जिनके पास मुझसे कहीं ज़्यादा विचार हैं। हमें करना यह है कि प्रबन्धकों तथा नए उद्यमियों के बीच विचार और बहस का माहौल उत्पन्न किया जाए। इन नए लोगों में कुछ कर दिखाने की क्षमता है। यदि क्रिकेट को पारम्परिक प्रबन्धकों और खिलाड़ियों के ऊपर ही छोड़ दिया जाएगा, तो वे विचार के पुराने तालों में ही बन्द रहेंगे—उनके विचार बहुत धीमे चलते हैं। इसे नए लड़के ही चुनौती दे सकते हैं।

आई.पी.एल. में यह कार्यक्रम बनाने की क्षमता है और वे दिखा सकते हैं कि खेल को कैसे बढ़ाया जा सकता है—और शायद इसे पुराने देशों से भी बाहर ले जा सकता है। आई.पी.एल. के आयोजक परिवर्तन और निरन्तर नवीकरण के इस विचार को ठीक से समझ पाते हैं अथवा नहीं, यह दो अगले टूर्नामेन्टों में स्पष्ट हो जाएगा। और जहाँ तक कार्यविधियाँ तथा नियम-कानून परिवर्तित करने की दिशा में उनके आगे बढ़ने का सवाल है, यह अगले 18 महीनों में सामने आ जाएगा।

जहाँ तक 2009 के टूर्नामेन्ट का सवाल है, आई.पी.एल. ने एक बिलकुल नए देश, द.अफ्रीका में, कुछ ही हफ्तों में प्रतियोगिता का सब प्रबन्ध करके अपनी क्षमता का अच्छा परिचय दे दिया है। 2010 तक हमें यह पता चल जाएगा कि लोग क्रिकेट के भविष्य के विषय में विचार करने को और ट्वेंटी-20 को खेल के दो अन्य रूपों के साथ—टैस्ट और वन-डे के साथ—मिलाने को तैयार हैं या नहीं। हमें खेल के तीनों रूपों को जारी रखना होगा, और यह कार्य प्रबन्धकों के सही निर्णयों पर ही निर्भर होगा।

9 दांव-पेंच

आस्ट्रेलिया के बैटिंग के लिए प्रसिद्ध महान् खिलाड़ी ग्रेग चैपल ने एक बार कहा था कि 1970 के दशक में जब 50 ओवर क्रिकेट का बोलबाला हुआ, तब टैस्ट के खिलाड़ियों को सीमित ओवरों के इस खेल की गति और दबावों पर काबू पाने के लिए काफी संघर्ष करना पड़ा था।

चैपल ने बताया कि टैस्ट क्रिकेट के ठंडे-दिमाग खिलाड़ियों को अपने विश्राम कक्षों से निकलकर एक-दिवसीय क्रिकेट के खेल में दौड़-दौड़कर ज़्यादा-से-ज़्यादा रन बनाने के उद्योग में जो श्रम करना पड़ा, उससे उनके छक्के छूट गए। उसने कहा कि उस समय तो यह पता नहीं था और बाद में पता चला कि 50 ओवर क्रिकेट में खिलाड़ियों ने उसी मानसिकता और उन्हीं नियमों का सहारा लिया जिनसे वे चार या पाँच-दिवसीय खेलों में भाग लेते थे। अब इस खेल में कहीं ज़्यादा जोखिमों का सामना करना पड़ता है फिर भी बॉल फेंके जाने के बाद खिलाड़ी उसी तरह बहुत-सी सम्भावनाओं के तहत खेलता है, टैस्ट से 50 ओवर की बैटिंग की ज़रूरतों में बदलाव की याद करते हुए उसने कहा :

ट्वेंटी-20 क्रिकेट के बारे में भी यही कहा जा सकता है कि पिछले एक दशक में भरपूर 50 ओवर इन्टरनेशनल्स के अभ्यास के कारण खिलाड़ियों को 20 ओवर स्पिरिट के लिए अपने को किस तरह बदलना होगा। वर्तमान ट्वेंटी-20 में दोनों पुराने रूपों की तुलना में कम विचार और योजना करनी पड़ती है, लेकिन ज़रूरत इस बात की है कि इसमें त्रुटि की सम्भावना को कम-से-कम करने के लिए तुरन्त इस दिशा में काम शुरू कर दिया जाए।

ट्वेंटी-20 में प्रत्येक बॉल एक इनिंग्स की लगभग 1 प्रतिशत का प्रतिनिधित्व

करती है। टीमों में केवल 120 क्षण होते हैं, और बॉल भी 120 होती हैं, जबकि 50 ओवर क्रिकेट की एक इनिंग्स में 300 डिलीवरीज़ की सुविधा होती है। इसलिए ट्वेंटी-20 क्रिकेट की कुंजी खिलाड़ियों से यह अपेक्षा करना है कि वे प्रति क्षण अविलंब सही क्रिया करके प्रति इनिंग्स कम-से-कम 120 क्षण हासिल करें। जो यह कर सकेंगे, उनके लिए जीत की संभावनाएं बढ़ जायेंगीं।

ट्वेंटी-20 के पहले छह ओवर सबसे महत्त्वपूर्ण होते हैं। क्योंकि आरंभ के 36 बॉल इनिंग्स की एक तिहाई होते हैं। इसलिए लगता है कि आई.पी.एल. में जीत के स्कोर की शुरुआत के लिए इस अवधि में कम-से-कम विकेट खोये जाएँ, भले ही रनों की संख्या बढ़ाने पर इस समय उतना ध्यान न दिया जाए।

आई.पी.एल. के विजेता राजस्थान में ग्रैम स्मिथ और स्वप्निल असनोदकर का जोड़ा बैटिंग कर रहा था, जिनके इस समय बँटवारे का औसत 59.71 था। दिल्ली डेयरडेविल्स का ओपनिंग जोड़ा गौतम गम्भीर और वीरेन्द्र सहवाग भी शुरू में जमकर खेले। खेलने वाली टीमों में, जैसे नाइट राइडर्स और रायल चैलेन्जर्स बंगलोर के शुरुआती रनों का औसत, केवल 18 था और सेमी-फाइनल में किंग्स XI पंजाब का औसत 40.73 था।

टैस्ट क्रिकेट और वन-डे के मुकाबले ट्वेंटी-20 में सोच-विचार और रणनीति बनाने की ज़रूरत नहीं है। ज़रूरत है तुरत-फुरत एक्शन की क्योंकि इसमें गलती की गुंजाइश न के बराबर है।

नाइट राइडर्स और बंगलोर ने शुरू में बहुत विकेट खो दिए, जिससे उन्हें सातवें से चौदहवें ओवरों के बीच स्वयं को मज़बूत करने पर ध्यान देना पड़ा, जबकि पहले-पहल अपने बैटर्स को सुरक्षित रखने वाली टीमें इस समय अपना स्कोर बनाने में लगी थीं। पहले कम विकेट खोने वाली टीमें अन्त में प्रहार करने में जुट गईं।

ट्वेंटी-20 का मुख्य लक्ष्य हर बॉल को स्कोर ऑफ़ करना होता है, लेकिन इसका अर्थ यह भी नहीं है कि बॉल को बाउंड्री की रस्सी तक धकेल दिया जाए। कुशल शॉट और विकेट्स के बीच चतुर दौड़ के द्वारा उसे इधर-उधर घुमाने से इनिंग्स में जान पड़ जाती है।

बॉलिंग की दृष्टि से, शुरुआती विकेट बैटिंग के पक्ष की गति का भी निर्धारण कर देते हैं। हमारी नाइट राइडर्स टीम ने अच्छी बॉलिंग पर बल दिया था, क्योंकि

दूसरी टीमों की अपेक्षा हम विकेट कैप्चरिंग में ज़्यादा प्रभावी थे, इस कारण जब हमारी बैटिंग कमज़ोर पड़ रही थी, हम मिड-टेबिल ईविन खत्म करने में सफल हुए।

कुछ मैचों का भाग्य-निर्धारण करने में टॉस और तात्कालिक स्थितियों का भी कुछ योग होता है। मैच की दोनों इनिंग्स के लिए सर्वोत्तम स्थिति तो यही होती है कि विकेट और भूमि दोनों की स्थितियाँ समान हों। लेकिन आई.पी.एल. के कुछ दिन और रात वाले मैचों में रोशनी के नीचे दूसरी बॉलिंग करने वालों के लिए ओस एक समस्या हो जाती है। गर्म भारतीय दोपहर के समय फील्डिंग करने वाली टीम के लिए ओस में गीली बॉल से निपटने की समस्या नहीं होती, लेकिन रोशनी में दूसरी बॉलिंग करने वालों को ओस से भीगी बॉल को पकड़ने और घुमाकर फेंकने में काफी परेशानी होती है। गीली बॉल बैट से फिसलने भी लगती है। इसलिए कैप्टन के लिए टॉस फेंकते समय यह निर्णय करना महत्त्वपूर्ण हो जाता है कि बैटिंग पहले करें या बाद में।

टॉस से हार या जीत का फैसला नहीं होता। यह बात भी सच है कि शेन वार्न की राजस्थान टीम ने 11 बार टॉस जीता और 9 बार जीत हासिल की। इसी तरह दूसरे फाइनलिस्ट चेन्नई सुपर किंग्स ने पाँच टॉस और तीन जीत, तथा किंग्स XI पंजाब ने पाँच टॉस और चार जीत हासिल कीं। इसी के साथ दिल्ली डेयरडेविल्स ने छह टॉस जीतकर भी फाइनल की तरफ बढ़ते हुए दो ही जीत हासिल कीं। टॉस जीतने पर किया गया हर निर्णय जीत नहीं दिलाता, लेकिन वार्न की जीतों से यही साबित होता है कि उसके निर्णय सही होते थे—कि बैटिंग करें या बॉलिंग। सामान्यतः उसकी टीम पहले बैटिंग करती थी जिससे खेल का रुख निश्चित हो जाता था। फिर भी, यही कहना सही होगा कि पहले बैटिंग से ट्वेंटी-20 में जीतना ज़रूरी नहीं है।

छह महीने पहले ट्वेंटी-20 वर्ल्ड कप के समय बाद में बैटिंग करने वाली टीमों में से जीतने वालों का प्रतिशत 57.1 था। टॉस जीतने से मैच की जीत निश्चित नहीं होती। खेल की योजनाएँ हर मैच में बदलती हैं, हर व्यक्ति के साथ बदलती हैं। मैंने एक दफ़ा नाइट राइडर्स को यह सूची भेजी जिससे मैचों की योजना पर रोचक प्रकाश पड़ता है—

बैटिंग : तुरन्त स्थितियों का जायज़ा लो।

— (यदि पहले बैटिंग करनी हो तो) सम्भव स्कोर का अन्दाज़ लगाओ।

– भागीदारी विकसित करो।
– केवल बाउंड्रियां ही नहीं, स्कोर बोर्ड का बढ़ना जारी रखो (यानी अगर चौका मारो तो सिंगिल नेक्स्ट बॉल की कोशिश करो)
– मैदान को नियन्त्रित करो।
– विकेट्स के बीच तेज़ी से दौड़ो (और बैकिंग अप भी करो, 20 ओवरों में यह जोखिम लेने योग्य है)।
– मिडिल ओवर्स में स्पिनर्स के विरुद्ध विकेट को सँभालो।
– गति बनाए रखो।
– नए बैटर दृढ़ता दिखाएँ।
– दबाव के समय 'छोटा सोचो', अर्थात् सिंगिल भी चलेगा, बाउंड्री नहीं–इससे दबाव कम हो जाता है और कोई खतरा नहीं होता।

बॉलिंग : विविधता और क्रियान्वयन
– छह भिन्न बॉलों तक।
– एंगिल्स का प्रयोग करें। (क्रीज़ के एंगिल्स, विकेट के ओवर/एराउन्ड)
– क्लोज़ ओवर्स नहीं। स्पिनर्स, अगर आपकी ओवर पर अच्छी शुरुआत हुई है तो उसे सिंगिल्स से क्लोज़ करो।

फील्डिंग : शक्तिशाली
– कैप्टन पर नज़र रखो।
– मैदान में दो रनों का रास्ता बंद कर दो।
– रिंग में दबाव बनाओ।

टी–20 एक युवा, विकसित होता हुआ खेल है, और आई.पी.एल. के उद्घाटन टूर्नामेन्ट में, टैस्ट के खिलाड़ी तथा कोचों सहित उपस्थित सभी व्यक्तियों को, आई.पी.एल. 2009 में उसके लिए और क्या आवश्यक है, और आई.पी. एल. 2010 में उससे क्या अपेक्षा की जा सकती है, इस सबकी अच्छी समझ प्राप्त हुई होगी।

इसमें यह स्पष्ट हो गया कि जो लोग मुख्यतः घरेलू क्रिकेट खेलते थे, वे अपने विश्वविख्यात खिलाड़ी साथियों की तुलना में न केवल अधिक कुशल थे बल्कि इस खेल के प्रति उनका नज़रिया भी ज़्यादा सही था। इसका एक कारण तो यही है कि उन्होंने अपने नए युग के साथियों की तुलना में ट्वेंटी-20 बहुत कम खेला है। साथ ही यह भी कि जिन लोगों ने ट्वेंटी-20 युग से पहले अपना

खेल-जीवन आरम्भ किया, उन्होंने ट्वेंटी-20 क्रिकेट को, कम-से-कम शुरू के दिनों में, अपने लिए कम महत्त्व का खेल समझा होगा। लेकिन अब यह सब बदलने वाला है—बदलना शुरू भी हो गया है।

द. अफ्रीका, पाकिस्तान और इंग्लैंड के अधिकारियों ने ट्वेंटी-20 को अपना लिया है, जिससे उनके अन्तरराष्ट्रीय खिलाड़ियों के अनुभव में वृद्धि हुई है। अब इसके बाद आस्ट्रेलिया, भारत और द. अफ्रीका के साथ एक सुपर सीरीज़ की सम्भावनाएँ बन रही हैं।

ट्वेंटी-20 में हर बॉल एक इनिंग्स की करीब एक प्रतिशत होती है। टीमों में केवल 120 क्षण होते हैं, और बॉल भी 120 होती हैं, जबकि 50 ओवर क्रिकेट की एक इनिंग्स में 300 डिलीवरीज़ की सुविधा होती है।

आस्ट्रेलिया के घरेलू धरातल पर भी ट्वेंटी-20 क्रिकेट के सीज़न से पहले की तैयारियों पर ज़्यादा ज़ोर दिया जाने लगा है। क्वींसलेंड टीम की सीज़न पूर्व तैयारियों से यह स्पष्ट हो गया। बुल्स के कैप्टन क्रिस सिंपसन ने कहा कि 2008-09 के ग्रीष्म सीज़न के लिए इसे भी खेल के अन्य रूपों के बराबर ही महत्त्व दिया गया, हालाँकि इससे पहले इस पर ज़्यादा ध्यान नहीं दिया जाता था। उसने कहा कि क्वींसलैंड और आस्ट्रेलिया को भी, ट्वेंटी-20 के साथ आगे बढ़ना पड़ेगा, नहीं तो वह पीछे पड़ जाएगा।

अब यह निश्चित हो गया प्रतीत होता है कि क्रिकेट खेलने वाले सभी देशों के खिलाड़ियों में, चाहे वे घरेलू हों या अन्तरराष्ट्रीय या क्लबों के खिलाड़ी, ट्वेंटी-20 क्रिकेट एक आम बात हो जाएगा।

10 परिवर्तन का दौर

अब क्रिकेट की ज़रूरत यह है कि वह रचनात्मक बने और स्वयं को सभी सम्भावनाओं के प्रति मुक्त कर दे। यदि ट्वेंटी-20 क्रिकेट का प्रबन्धन पारम्परिक क्रिकेट की तरह ही किया गया तो इसका आकर्षण खत्म हो जाएगा। इसके विपरीत, इसमें खेल का आकर्षण बढ़ाने की क्षमता है। इसके तीन विविध रूप आज भी एक ही खेल माने जाते हैं। इसके लम्बे स्वरूप की कुशलताओं से 50 ओवर क्रिकेट की कुशलताएँ विकसित हुईं, और कुछ समय बाद दोनों में आदान-प्रदान भी आरम्भ हो गया। ट्वेंटी-20 क्रिकेट के साथ भी यही हुआ, और मूल खेल से ही कुशलताएँ ग्रहण करके उनसे नए छोटे खेल की विधियाँ विकसित कीं। कुछ समय बाद इसमें भी परिवर्तन होगा और ट्वेंटी-20 अपने पूर्ववर्ती 50 ओवर को प्रभावित करेगा और यह प्रभाव टैस्ट क्रिकेट तक भी जा पहुँचेगा।

यह परिवर्तन हमें जूनियर धरातल से ऊपर उठता दिखाई देगा। बच्चे छोटे स्वरूप को अपनाएँगे और बड़े होकर इन्हीं की तकनीकें लम्बे खेल से जोड़ देंगे। ट्वेंटी-ओवर क्रिकेट घरों के पीछे या पार्क में खेले जाने वाले क्रिकेट का ही स्वाभाविक विस्तार है—इसमें बॉल मारने और मज़ा लेने पर ज़्यादा ध्यान दिया जाता है।

खेल की अवधि कम होने के कारण बच्चे इसे खेलने पर ज़्यादा ध्यान देंगे। शनिवार की सुबह 22 खिलाड़ियों द्वारा तीन-चार घंटे तक खेले जाने वाले खेल के स्थान पर अब इतने ही समय में तीन पालियों में 66 खिलाड़ी खेल सकेंगे। समय की कमी से परेशान माँ-बाप भी इसे स्वीकार करेंगे और शायद खुद भी

शामिल हो जाएँगे और स्कूल भी इसी तरह इसे स्वीकार करेंगे।

दर्शक और धनदाता दोनों इसका ज़ोरदार समर्थन कर रहे हैं। ट्वेंटी-20 ऐसा खेल है जिसे वे देखना चाहते हैं। प्रबन्धकों को अपनी अल्पदृष्टि त्यागकर सम्भावनाओं पर विचार करना चाहिए। कुछ लोगों के लिए ओलम्पिक्स में क्रिकेट के शामिल होने या अमेरिका में इसका प्रचार होने के विचार आसमान में पत्थर फेंकने के समान हो सकते हैं, लेकिन यदि इसे होना है तो यह ट्वेंटी-20 के द्वारा ही हो सकेगा, टैस्ट या वन-डे क्रिकेट द्वारा नहीं।

मुझे लगता है कि आस्ट्रेलिया छह से आठ तक फ्रैन्चाइज़ों की प्रतियोगिता स्थापित कर देगा, जिससे दो या तीन टीमें पूर्वी तट और एक पश्चिमी तट पर होगी, और दो द. अफ्रीका तथा एक न्यूज़ीलैण्ड से होगी। इसमें 20 भारतीय खिलाड़ियों की टूर्नामेन्टों में खेलने के लिए आवश्यकता होगी। इंग्लैंड में भी ऐसा ही कुछ होना चाहिए। टी.वी. अधिकारों से टूर्नामेन्ट की आय में वृद्धि होगी और यह पैसा फ्रैन्चाइज़ों तथा खिलाड़ियों को ही प्राप्त होगा। इससे आस्ट्रेलियाई खिलाड़ी कुछ अच्छे खिलाड़ी प्राप्त कर सकेंगे, हालाँकि इस मामले में वे भारतीय फ्रैन्चाइज़ों से कभी आगे नहीं बढ़ सकेंगे ।

ट्वेंटी-20 शक्ति और गति का खेल है, लेकिन इसमें कुछ कौशल की अब भी ज़रूरत है। पैनी नज़र और बॉल पर ध्यान रखने तथा मैदान में हिट गैप्स का महत्त्व कभी कम नहीं होगा।

जो हो, खेल में अभी भी कमियाँ हैं जिनके सुधार की अविलम्ब आवश्यकता है। ट्वेंटी-20 को ये सुधार करने ही होंगे। उदाहरण के लिए, विकेट्स के बीच में दौड़ना बहुत घटिया है। नॉन स्ट्राइकर्स, ऐसे दौड़ते हैं जैसे बैक-अप कर रहे हों, कहने का अर्थ है वह दौड़ना शुरू करने के सही स्थान पर नहीं होते। वे कमज़ोर निर्णय लेते हैं। विकेट कीपर को हर समय दौड़ने के लिए तैयार रहना चाहिए। नाइट राइडर्स के असिस्टेन्ट कोच क्वींसलैंड के पूर्व कीपर वेड सेकॉम्बे विविध प्रकार के दस्तानों पर परीक्षण कर रहा है, जिन्हें पहनकर कीपर सफ़ाई से बॉल फेंक सकें।

ट्वेंटी-20 दौड़ का ही खेल है—विकेट के बीच, ओवर्स के बीच, बॉल्स के बीच—जो अच्छी बात है क्योंकि दर्शक क्रिया पसन्द करते हैं। इसमें गति लाने के लिए हर सम्भव प्रयास किया जाना चाहिए। इसमें ढिलाई सही नहीं है। जुर्माने से कोई लाभ नहीं होता। हमें पीले और लाल कार्डों की ऐसी व्यवस्था विकसित

करनी चाहिए जिनकी सहायता से खिलाड़ियों के भावी अवसरों पर प्रभाव पड़े, और इस प्रकार सही दौड़ न करने वालों को दण्डित किया जा सके।

खेल जितना छोटा होता है, खिलाड़ियों को उतनी ही कम स्वतन्त्रता होती है। नाइट राइडर्स का फील्डिंग कोच जोन डीबिल वर्ल्ड बेसबॉल क्लॉसिक 2009 से लौटकर आया तो उसने शिकायत की कि आस्ट्रेलिया के पिचर्स अपने घमण्ड के कारण क्यूबा से 4-5 से मैच हार गए। मेजर लीग के इन खिलाड़ियों ने खेल की योजना का पालन नहीं किया जिसकी वजह से विरोधी जीत गए।

छोटी अवधि के खेल ज़्यादा नियोजित होते हैं। इसलिए उनमें यह सम्भव है कि निर्णय का अधिकार खिलाड़ियों से लेकर पहले ही पूरे खेल की योजना बना ली जाए और उसी के अनुसार खिलाड़ियों को खेलने दिया जाए। और यही मौलिक अन्तर है—लम्बे खेल में हर खिलाड़ी को नेता बनाना होता है, शायद यही कारण है कि सन् 2008 में शेन वार्न की रॉयल्स टीम जीत गई। उन्होंने हर खिलाड़ी का रोल तय कर दिया था, जिसके बाहर वे नहीं जा सकते थे, भले ही उन्होंने यह जान-बूझकर न किया हो।

आस्ट्रेलियन और अमेरिकन फुटबॉल, बेसबॉल और बास्केटबॉल जैसे खेलों में कोचिंग के पूरे पैनेल होते हैं जो खेल की रणनीति तथा युक्तियाँ तय करते हैं और मैदान में खड़ी होने वाली समस्याओं से भी उलझते हैं। उनका अपना सहायक स्टाफ़ भी होता है जो खेल के आँकड़े इकट्ठे करता और उनका विश्लेषण भी करते हैं। ए.एफ.एल. और एन.एफ.एल. में प्रमुख कोच तो होता ही है, जिस पर सारी ज़िम्मेदारी होती है, उसके अलावा फारवर्ड और डिफेन्सिव कोच भी होते हैं, और ए.एफ.एल के पास तो एक मिडफील्ड कोच भी है। एन.एफ.एल. के पास तो ऑफेन्सिव और डिफेन्सिव टीमें भी हैं, जिनके अपने कैप्टन भी हैं। क्रिकेट में इनके समान बैटिंग, बॉलिंग और फील्डिंग के कोच हो सकते हैं—और हाँ, कैप्टन भी क्यों नहीं हो सकता?

क्रिकेट के प्रबन्धकों को खेल की पारम्परिक सीमाओं से बाहर जाकर यह देखना चाहिए कि दूसरे देशों में खेलों का विकास किस प्रकार होता है। उदाहरण के लिए, अमेरिका को देखें कि वहाँ आइस हॉकी, बेसबॉल और बास्केटबॉल का प्रबन्ध कैसे किया जाता है। इन खेलों के खिलाड़ी खेल सीज़न के समय बहुत बड़ी संख्या में खेलों में भाग लेते हैं। बेसबॉल सीज़न में लगभग 180 खेल होते हैं। इसलिए खिलाड़ियों की थकान का उपाय करने के लिए, इन खेलों के फ्रैन्चाइज़

मालिक खेलों का एक लम्बा कार्यक्रम बनाते हैं और उच्च स्तरों पर सहायक टीमें भी रखते हैं, जिससे खेलों का भार सन्तुलित हो जाता है।

सॉकर की स्थिति भी इसी के समान है। फुटबॉल मैचों का बहुत बड़ा आयाम होने पर भी इंग्लिश प्रीमियर लीग और दूसरी बड़ी प्रतियोगिताओं के खेल का स्तर अभी भी काफी ऊँचा है, क्योंकि क्लबों से बहुत-से खिलाड़ी जुड़े हुए हैं जिन्हें जगह-जगह खिलाने से थकान की समस्या सुलझ जाती है। अब क्रिकेट में भी ऐसी व्यवस्था करने के लिए यह ज़रूरी है कि इन दूसरे खिलाड़ियों का स्तर इतना अच्छा होना चाहिए कि बड़े मुख्य खिलाड़ी जब आराम करें तब खेल का स्तर बना रहे।

खिलाड़ियों के लिए आराम करने की समस्या यह होती है कि इससे ये दूसरे खिलाड़ी कहीं उनकी जगह न चुरा लें। यहाँ हम प्रसिद्ध खिलाड़ियों की बात कर रहे हैं, उस स्तर पर प्रतियोगिता इतनी गलेकाट है कि कोई भी किसी दूसरे को अवसर नहीं देना चाहता। यदि इसके लिए बाकायदा व्यवस्था की जाए तो इस पर नियन्त्रण सम्भव है। टैस्ट मैच पवित्र माने जाने चाहिए, खिलाड़ियों को टैस्ट टीमों से इधर-उधर नहीं घुमाया जाना चाहिए और खेलों की तारीखें सालों पहले घोषित कर दी जानी चाहिए। दुनिया के क्रिकेट बोर्ड—जैसे क्रिकेट आस्ट्रेलिया—ऐसे प्रोग्राम बनाएँ जिनमें हर खिलाड़ी को पर्याप्त आराम, ट्रेनिंग तथा लंबे समय तक सर्वोत्तम खेल प्रदर्शित करने का अवसर मिले। उदाहरण के लिए, सन् 2007 में मैंने क्रिकेट आस्ट्रेलिया को सलाह दी कि रिकी पोंटिंग के साथ बैठकर उससे कहें, 'ठीक है, हम मिलकर ऐसा प्रोग्राम बनाएँ जिसमें तुम्हें 2011 के वर्ल्ड कप तक खेलने का अवसर मिले। हम तुम्हें सब टैस्ट और 50 ओवर के मुख्य टूर्नामेन्टों में खिलाना चाहते हैं, लेकिन तुम्हें ट्वेंटी-20 क्रिकेट नहीं खेलना चाहिए।

ट्वेंटी-20 क्रिकेट कुछ उसी ढंग से खेला जाता है जैसे गली-मुहल्ले के लड़के खेलते हैं या खाली पड़े मैदानों में इसे खेला जाता है, जहाँ बैट से बॉल मारी और तेज़ी से दौड़कर रन बनाना शुरू कर दिया—और इसका भरपूर मज़ा लिया।

हर खिलाड़ी के साथ यही करना चाहिए। यह काफी बड़ा कार्यक्रम होगा लेकिन इसे किया जाना चाहिए। राष्ट्रीय स्तर पर अनुबन्धित 25 से 30 प्रमुख

खिलाड़ियों के साथ चार वर्ष के लिए यह कार्यक्रम बनाया जाना चाहिए। इसमें प्रदर्शन और स्वास्थ्य के अनुसार समय-समय पर संशोधन करने पड़ सकते हैं, लेकिन एक दफ़ा पूरा खाका तैयार हो गया तो, परिस्थितियों के अनुसार इसमें आवश्यक फेरबदल किए जा सकेंगे।

हर प्रसिद्ध खिलाड़ी को सीज़न से बाद के दिनों में चार से पाँच हफ्ते का अवकाश मिलेगा, जिसके बाद अगले सीज़न की तैयारी में उसे छह हफ्ते का शारीरिक अभ्यास करना होगा। दस हफ्ते का यह समय प्रतियोगियों के विश्राम, तैयारी और स्वास्थ्य बनाने के लिए अत्यन्त महत्त्वपूर्ण है, लेकिन खिलाड़ियों को यह प्राप्त नहीं होता। उनके कार्यक्रम इतने गुँथे हुए होते हैं कि उन्हें कभी भी एक या दो हफ्ते से ज़्यादा का अवकाश नहीं मिलता। इसलिए इनके कार्यक्रमों का इस प्रकार प्रबन्धन आवश्यक है। आस्ट्रेलिया के ऑल-राउंडर शेन वार्न जैसे खिलाड़ी का प्रोग्राम जो अपनी दूसरी चोट से उभरकर फिर वापस आ रहा है, इस प्रकार बनाया जा सकता है कि उसमें कुछ क्लब क्रिकेट हो, क्वींसलैंड के साथ शेफील्ड शील्ड हो, राजस्थान रायल्स के साथ आई.पी.एल. और ट्वेंटी-20 वर्ल्ड कप और इनके आधार पर उसे इंग्लैंड टूर के लिए चुना जा सके। सर्वोच्च स्तर तक पहुँचने के लिए यह सर्वोत्तम मार्ग है, मगर यह तभी सम्भव है जब इसका सुगठित कार्यक्रम बनाया जा सके।

ट्वेंटी-20 क्रिकेट में खेल को पूरी तरह बदल देने की क्षमता है...इसमें जिन नई विधियों और कुशलताओं का विकास किया गया है, वे सब आने वाले समय में मानक बन जाएँगी।

अन्तरराष्ट्रीय क्रिकेट खिलाड़ियों को लम्बी अवधि तक लेने के स्थान पर एक-एक वर्ष के लिए लेने का विचार करता है। मेरी योजना भी पूर्ण नहीं कही जा सकती—खिलाड़ियों को चोटें लगती रहेंगी और किसी-न-किसी कारण से उनका प्रदर्शन भी सही परिणाम नहीं दे पाएगा—फिर भी किसी प्रोग्राम की आवश्यकता है। आस्ट्रेलियाई पेस बॉलर ब्रेटली को, जो चोट ठीक हो जाने के बाद फिर वापस आ रहा है, आई.पी.एल. 2009 में खेल कर अपनी स्थिति मज़बूत बनानी चाहिए जिससे उसे ऐशेज़ में धकेला जा सके। जब भारत ने 2009 में न्यूज़ीलैंड का दौरा किया, तब एक-दिवसीय टुकड़ी से अलग रहे खिलाड़ी—जैसे राहुल द्रविड़—ने न्यूज़ीलैंड के प्रान्तीय पक्ष

के साथ खेलकर टैस्ट के लिए अपनी तैयारी कर ली। यह खिलाड़ी अन्तरराष्ट्रीय और घरेलू प्रतियोगिताओं, दोनों के लिए अच्छा है।

खिलाड़ियों के प्रति, फ्रैन्चाइज़ों की पहुँच में सुधार होना चाहिए। नाइट राइडर्स ने 2009 सीज़न के लिए एन.एस.डब्ल्यू. के ऑल-राउंडर मोइसे हेनरीक को चुना, लेकिन उस तक पहुँचने में उन्हें 2008-09 शेफील्ड शील्ड सीज़न के बाद भी कठिनाई हुई, क्योंकि क्लब क्रिकेट से उसे छुट्टी नहीं मिली थी। अनेक युवा भारतीय खिलाड़ियों की भी, जो क्लब क्रिकेट से बँधे हुए हैं, यही कहानी है।

जब हमारी टुकड़ी, कैंपिंग करने गई, तब हेनरीक क्लब क्रिकेट फाइनल्स में खेलने और एन.एस.डब्ल्यू प्रदर्शनों में उपस्थित रहने के लिए सिडनी में रुका हुआ था। इसी तरह युवा भारतीयों ने अपना फर्स्ट-क्लास सीज़न खत्म कर लिया था लेकिन अपने मालिकों के लिए खेलने को वे बँधे थे। यह दोष उनका नहीं है—उन्हें अपने भावी कैरियर का ध्यान रखना है—और यही वह विषय है जिस पर नाइट राइडर्स, क्रिकेट आस्ट्रेलिया तथा विविध राष्ट्रीय, प्रादेशिक और स्थानीय संस्थाओं को एक-दूसरे के साथ मिलकर तय करना है। इसमें आई.पी.एल. भी अपना रोल अदा कर सकती है। यदि नाइट राइडर्स हेनरीक को 3 लाख अमेरिकी डॉलर प्रति सीज़न दे रही हो तो उसे उसकी सेवाएँ लेने का भी अधिकार है। इस सम्बन्ध में मेरा विचार यह है कि आई.पी.एल. का अनुबन्ध इतना मज़बूत नहीं है कि ज़रूरत पड़ने पर खिलाड़ियों की सेवाएँ ले सके। उसके अनुबन्ध में यह कहा गया है कि फ्रैन्चाइज़ अपने खिलाड़ियों के साथ टूर्नामेन्ट शुरू होने के दस दिन पहले ही सम्पर्क कर सकते हैं। यह समय खिलाड़ियों में टीम-भावना और उनकी संस्कृति विकसित करने के लिए पर्याप्त नहीं है—इस समस्या का उपाय किया जाना चाहिए।

वर्तमान क्रिकेट में एक व्यवस्था की समस्या भी है—अंशकालिक व्यक्ति (चयनकर्ता और बोर्ड के सदस्य) पूर्णकालिक अधिकारियों की नियुक्ति करते हैं। यह हास्यास्पद है। दरअसल पूरी व्यवस्था को ही संशोधित करने की ज़रूरत है। इस समय टीम को चलाने वाले बहुत-से लोग हैं—चयनकर्ताओं से लेकर कोच और कैप्टन और बोर्ड के सदस्यों तक। हमें एक ही व्यक्ति को इनका भार सौंपना चाहिए, और इनके नीचे एक विशिष्ट प्रोग्राम तैयार करना चाहिए, जिसमें आस्ट्रेलिया जैसी सेंटर ऑफ एक्सिलेंस हो, राज्यों के और राष्ट्रीय कोच हों, और उसी अन्तिम व्यक्ति को राष्ट्रीय टीम के चयन का पूरा अधिकार होना चाहिए। अन्य देशों

में भी ऐसी ही व्यवस्था की जानी चाहिए। परन्तु दुर्भाग्य से ऐसा लगता है कि यह कभी नहीं हो पाएगा क्योंकि क्रिकेट बहुत पुरातन अधिकारवादी और पैतृक व्यवस्था से जकड़ा हुआ है और हर बात को पुरानी क्रिकेट के ढंग से ही देखा-समझा जाता है, यानी हर काम हमेशा की ही तरह किया जाता रहेगा। लेकिन अब उस पुराने ढाँचे को तोड़ने का हथियार हमारे पास आ गया है।

आई.पी.एल. को क्रिकेट पर शासन करना चाहिए। इस समय यह दन्तहीन चीते-जैसा है। फ्रैन्चाइज़ी केवल अपने बारे में ही सोच रहे हैं। लेकिन भविष्य में वे खेल विश्व-स्तर पर खेले और नियंत्रित किए जाएंगे। यह एक बहुत बड़ी चुनौती है जिसमें उन्हें एक महत्त्वपूर्ण भूमिका अदा करनी होगी। ट्वेंटी-20 के रूप में इस समय हमारे हाथ में ऐसा साधन आ गया है जिससे परिवर्तन का प्रयोग किया जा सकता है, जो बाद में दूसरी प्रतियोगिताओं में भी पहुँच सकता है।

हमें अपने क्रिकेट की चौहद्दी से आगे बहुत से सबक सीखने हैं, जिनमें अपने वर्ल्ड कप का संयोजन करना भी शामिल है। क्रिकेट को वर्ल्ड कप सॉकर के नमूने पर क्यों नहीं आयोजित किया जा सकता? क्रिकेट भी चार वर्षों तक क्षेत्रीय प्रतियोगिताओं का आयोजन कर सकता है, जिनसे फाइनल्स के लिए राष्ट्रों का निश्चय किया जा सके। इसके बाद टूर्नामेन्ट एक ही स्थान पर एक ही छत के नीचे खेला जा सकता है, जिससे खेल की शान-बान निश्चित की जा सकेगी और टी.वी. तथा स्पांसरशिप की सुविधाएँ भी प्राप्त हो सकेंगी।

यह सच है कि क्रिकेट सॉकर की तुलना में बड़े छोटे स्तर पर खेला जाता है, जिसमें सौ से अधिक देश वर्ल्ड कप फाइनल्स के 32 देशों में एक स्थान प्राप्त करने का प्रयत्न करते हैं। क्रिकेट में भाग लेने वाले देशों की संख्या बहुत कम है। फिर भी, यदि हमें खेल को आगे बढ़ाना है, तो हमें बड़ा सोचना होगा, और क्रिकेट के छोटे खिलाड़ी देशों को काफी बड़े पैमाने के खेल में शामिल होने का आकर्षण शायद उन्हें खेलते रहने की प्रेरणा भी देगा। इन देशों में खेल को उस समय और भी उत्साह प्राप्त होगा, जब पहला कनाडियन, अमेरिकी या चीनी क्रिकेटियर आई.पी.एल. फ्रैन्चाइज़ द्वारा अनुबन्धित किया जाएगा। मैं उस दिन की प्रतीक्षा कर रहा हूँ।

आई.पी.एल. के आयोजकों ने टूर्नामेन्ट से पहले की स्थिति का जायज़ा लेने और इसके बाद उद्घाटन टूर्नामेन्ट की समीक्षा के लिए अलकेमी की जो

नियुक्ति की थी, उसकी अधिकृत रिपोर्ट में भी निरन्तर परिवर्तन का समर्थन किया गया है।

रिपोर्ट में कहा गया है—'आई.पी.एल. का पहला सीज़न बहुत सफल सिद्ध हुआ है, यद्यपि कुछ लोगों का कहना यह है कि यह सफलता उसे अपनी नवीनता के कारण प्राप्त हुई है। लेकिन इससे हमारा तीव्र मतभेद है। मीडिया तथा कॉरपोरेट जगत के अनेक व्यक्तियों के साथ इस विषय पर गहराई से बात करने के बाद हम इस निर्णय पर पहुँचे हैं कि आई.पी.एल. मैचों में लोगों की जो रुचि और घनिष्ठता देखने में आई, वह सालों तक चलती रहेगी। हम यह भी मानते हैं कि आई.पी.एल. को नवीनता पैदा करनी होगी और प्रतिद्वन्द्विता से निबटना होगा।

रिपोर्ट में यह स्वीकार किया गया कि ट्वेंटी-20 के प्रतिद्वन्द्वी आज भले ही दिखाई न दें, लेकिन वे सामने आएँगे, और यह भी कि आई.पी.एल. द्वारा ज़्यादातर खिलाड़ियों को अनुबन्धित कर लिया गया और भारत क्रिकेट-प्रेमियों का सबसे बड़ा देश होने तथा काफी पैसा खर्च करने के कारण इन सबका लाभ उसे प्राप्त हुआ।

वर्तमान में क्रिकेट व्यवस्था की समस्या से जूझ रहा है। हमारे पार्ट-टाइम लोग (सेलेक्टर और बोर्ड के सदस्य) फुल टाइम पेशेवरों के कैरियर का फैसला करते हैं।

इस सम्बन्ध में आँखें बन्द रखना गलत होगा। हमें दृष्टि सम्पन्न, विचारवान और क्रियाशील होना होगा। मैंने आई.पी.एल. के ज़रिए ट्वेंटी-20 में परिवर्तन करने के जो भी सुझाव दिए हैं, वे ललित मोदी के लिए नए नहीं होंगे। जिस क्षण मैंने नाइट राइडर्स के अनुबन्ध पर हस्ताक्षर किए, मैंने उन्हें लिखा—'मैं क्रिकेट का अंग बनना चाहता हूँ, लेकिन ऐसा अंग जो खेल की दुनिया को अपने बँधे हुए घेरों से बाहर ले जाए। आई.पी.एल. ऐसा एक कदम है जिसमें यह कर सकने की सामर्थ्य है।'

मैंने यह स्पष्ट कर दिया था कि मैं नाइट राइडर्स के साथ एक इतिहास-निर्माता ट्वेंटी-20 टूर्नामेंट के कोच का काम करने के लिए ही अनुबन्ध नहीं कर रहा हूँ। मैं आरम्भिक आई.पी.एल. प्रतियोगिता का आनन्द लेना चाहता हूँ और उसी के साथ क्रिकेट के विकास का अंग भी बनना चाहता हूँ। मैं टूर्नामेन्ट 2009 के बाद इस पर चर्चा आरम्भ करना चाहता हूँ। समय ही बताएगा कि मैं इसमें सफल हुआ हूँ या नहीं।

मेरे पास हर प्रश्न का उत्तर तो नहीं है परन्तु विचार हैं जो मेरी दृष्टि में चर्चा और बहस के योग्य हैं और जिनके आधार पर कुछ समय बाद खेल में सुधार लाया जा सकता है। जहाँ तक वर्तमान का प्रश्न है, आई.पी.एल. का उद्‌घाटन अत्यन्त अद्‌भुत रहा और इसमें अविलंब कई अच्छे परिवर्तन किए जा सकते हैं।

11 क्रिकेट का बदलता रूप

मुझे कभी यह उम्मीद नहीं थी कि सन् 2008 में बैंकॉक में सन् 2009 सीरीज़ के लिए आयोजित प्रथम आई.पी.एल. सम्मेलन में उनके विचार्थ मैंने जो सुझाव भेजे थे, वे सभी स्वीकार कर लिए जाएँगे। लेकिन आई.पी.एल. 2008 ही में सामने आ गया, जिससे इसमें सुधार लाने की मेरी इच्छा को दूरदृष्टि मिली। मैंने अपने पूर्व बेसबॉल कोच माइक यंग से जो ऑस्ट्रेलियन फील्डिंग कोच भी रह चुका था, विचार विमर्श करके आई.पी.एल. के आयोजकों को आई.पी.एल. के नियमों और खेलने की परिस्थितियों में किये जा सकने वाले परिवर्तन की सूची भेजी।

सबसे पहले हमें यह समझना चाहिए कि खेल में मनोरंजन होता है इसलिए क्रिकेट के स्टेडियम को मनोरंजन की दृष्टि से डिज़ाइन करना चाहिए। हमें ऐसे बल्लेबाज़ चाहिए जो खाली समय में भी बल्लेबाज़ी करते रहें और ऐसे बॉलर चाहिए जो खेलने के समय अपने कंधे क्रियाशील रखने के लिए खाली समय में भी गेंद से खेलते रहें। इसी तरह फील्डर भी मैदान में अपने काम करते रहें।

मेरा प्रस्ताव यह है कि बेसबॉल की तरह बैटिंग और बॉलिंग इत्यादि के लिए निश्चित स्थान होना चाहिए। इन्हें खेल-मैदान के किनारों पर नहीं बनाया जा सकता क्योंकि इससे दर्शकों के लिए बाधा उत्पन्न होगी, इसलिए ऐसे तहखाने बना दिए जाने चाहिए जिनमें दर्शक ऊपर से देख सकें, या जिनमें टी.वी., कैमरे लगे हों।

लोग कहेंगे कि यह तो क्रिकेट को बेसबॉल जैसा बना देना होगा। दरअसल क्रिकेट को अपने जैसे खेलों के समान भी दिखना चाहिए, और उनसे भिन्न भी—उसे

उनके सर्वोत्तम विचार अपना लेने चाहिए। स्टेडियम का रूपरंग बदलना काफी खर्चीला हो सकता है, लेकिन यह खर्चा ज़रूरी है। एक और काम जो अविलम्ब किया जाना चाहिए, वह है स्टेडियम को ढका हुआ बनाना।

एक और परिवर्तन मैं यह कराना चाहूँगा, फील्डिंग सर्किल का आकार कम करना। इस समय यह तीस गज़ अर्धव्यास का होता है, मैं इसे 25 गज़ का करना चाहूँगा। इस समय फील्डर्स को सर्किल पर काफी दूर रहना होता है, और प्रायः हमेशा उन्हें भागना पड़ता है। यदि इसे छोटा कर दिया जाए तो यह जजमेन्ट का सवाल बन जाएगा। और बैटर को घिरे हुए होने का एहसास देगा जिससे उसे मैदान के भीतर या बाहर हिट मारने की चुनौती प्राप्त होगी। इससे फील्डिंग पक्ष को कुछ लाभ ज़रूर मिलेगा लेकिन बैटर की परीक्षा भी होगी। और इस तरह, जो फील्डर किसी भी हाथ से थ्रो कर सकते हैं, ज़्यादा अच्छी तरह खेल सकेंगे।

सबसे पहले हमें यह स्वीकार करना चाहिए कि यह खेल मनोरंजन का साधन है, फिर क्रिकेट के स्टेडियमों को इस दृष्टि से परिवर्तित करना है।

फील्डिंग की बात करते समय, हमें इसके आँकड़ों का भी रिकार्ड और प्रदर्शित करने का महत्त्व समझना चाहिए। कैचों को औसत, अच्छे और अधिकतम, इन तीन श्रेणियों में बाँटा जाना चाहिए। फील्डर जितने रन बचाता है, उनका भी रिकार्ड रखना और स्कोर बोर्ड पर प्रदर्शित किया जाना चाहिए। फील्डिंग के आँकड़ों और पुरस्कारों को आई.पी.एल. का अंग बना दिया जाना चाहिए।

अन्य सुझाव इस प्रकार हैं–

स्लो ओवर रेट्स के लिए पीले रंग के कार्ड–अगर इसके लिए आपको दण्ड देना है तो वह तुरन्त और यथासम्भव खेल के बाद होना चाहिए। रेफ़री और अम्पायर यह काम करते तो हैं लेकिन वे स्लो प्ले के लिए खिलाड़ियों को दरगुज़र भी कर देते हैं। क्रिकेट के खेल में हम प्रति ओवर चार मिनट देते हैं। मेरा प्रस्ताव है कि यदि टीम इससे एक या दो मिनट पीछे हो जाती है तो चेतावनी के रूप में उसे एक पीला कार्ड दे दिया जाना चाहिए। यदि टीम चार मिनट या एक ओवर पीछे हो जाती है तो यह लाल कार्ड का मामला बनता है, यानी बॉलर ने एक ओवर गँवा दिया या खेल से बाहर हो गया।

इसका अर्थ यह होगा कि फास्ट बॉलर्स को अपने रन-अप छोटे करने होंगे

और ऐसी तकनीकें अपनानी होंगी जिनसे ये लोग छोटे रन में ज़्यादा तेज़ी पैदा कर सकें। यदि वे ऐसा नहीं कर पाएँगे तो उन्हें निश्चित समय में ओवर पूरे करने के लिए अपने लम्बे रन-अप में पीछे जॉग करना होगा। ट्वेंटी-20 में टीम को अपने ओवर बॉल करने के लिए 80 मिनट दिए जाते हैं। उन्हें यही मिलना भी चाहिए और चोट, बारिश या बिजली चली जाने के अलावा और किसी तरह की छूट नहीं मिलनी चाहिए। इसके अलावा निश्चित समय में ओवर पूरे करने की ज़िम्मेदारी फील्डिंग कैप्टन पर होनी चाहिए।

इनडोर स्टेडियम–अब वर्ल्ड क्रिकेट में मुख्य गेमों के लिए यह ज़रूरी हो गए हैं। मैं वर्ल्ड कप 2007 और चैम्पियन्स ट्रॉफी 2006 फाइनल्स दोनों के साथ जुड़ा था और दोनों में वर्षा और बिजली की समस्या पैदा हुई। लोग कहते हैं कि 'यह तो क्रिकेट है' यानी मौसम की मार खाने के लिए यह खुला है। लेकिन मैं किसी तरह यह समझ नहीं पाता कि टेलीविज़न और टूर्नामेन्ट के अधिकारी यह कैसे कहते रह सकते हैं कि 'यह खेल मौसम के अधीन है और हमें यह स्वीकार कर चलना पड़ेगा।' अन्तरराष्ट्रीय क्रिकेट और आई.पी.एल. जैसे प्रादेशिक टूर्नामेन्टों में बहुत पैसा व्यय किया जाता है, फिर भी क्रिकेट के आयोजक इसे समझ पाने में इतनी देर लगा रहे हैं। इनडोर स्टेडियम से यह सुनिश्चित हो जाएगा कि खेल खेले भी जाएँगे और समय पर खत्म भी होंगे।

15 खिलाड़ियों की टीमें–मेरा प्रस्ताव है कि ट्वेंटी-20 और वन-डे मैचों में खेलने वाली टीमों में 15 या 16 खिलाड़ी हों। बेसबॉल को देखिए। इस खेल में पिचर सब पर हावी रहता है। हर तीन पिचों में बैटर औसत एक सफल हिट मार पाता है। यहाँ से बेस रन या होम रन बनाने का प्रतिशत और भी कम होता चला जाता है। लेकिन बेसबॉल को यह स्वीकार है। इसके विपरीत, क्रिकेट में बैट का प्रभुत्व होता है। ट्वेंटी-20 के दर्शक इसी का सबसे ज़्यादा मज़ा लेते हैं, कि बॉल चीखती हुई मैदान में चली जा रही है और कभी-कभी बाउंडरी से बाहर भी निकल जाती है। इसलिए आयोजक कहते हैं कि यदि उपभोक्ता यही चाहता है–बैटिंग का कमाल–तो हम उसे यही देंगे। फिर भी, हमें बैट और बॉल की प्रतियोगिता भी चाहिए। इसलिए खेल में डालने के लिए यदि 15-16 खिलाड़ी होंगे, तो आप बराबर सर्वोत्तम आक्रामक बैटिंग टीम और उतनी ही श्रेष्ठ रक्षक बॉलिंग टीम को खिलाड़ी मुहैया करा सकेंगे। इसमें और ज़्यादा स्वस्थ सन्तुलन पैदा करने के लिए मैचों के समय रक्षक टीम जब ठीक समझे अपने प्रमुख बॉलरों

और फ़ील्डरों के स्थान पर नए खिलाड़ियों से काम ले सकता है। सम्भावना यही है कि खेल पर बैट्समैनों का ही बोलबाला रहेगा, लेकिन नये बॉलिंग खिलाड़ियों के शामिल होने से कुछ सन्तुलन पैदा हो जाएगा, और सामयिक रूप से फील्डिंग करने वालों की थकान को कम किया जा सकेगा। लम्बे समय की दृष्टि से, खिलाड़ियों का कार्यभार भी कम होने लगेगा।

बैटिंग के पिंजड़े/बॉलिंग के बाड़े–बैटिंग और बॉलिंग के विकास को सुनिश्चित करने के लिए बैटिंग के पिंजड़ों और बॉलिंग के बाड़ों का निर्माण करना पड़ेगा। ट्वेंटी-20 क्रिकेट में 80 मिनट की सीमा तय होती है, इसलिए ज़रूरत यह होती है कि बैटर अपने समय पर जाने के लिए एकदम चाक-चौबन्द और शारीरिक रूप से तैयार हों, जो प्रवेश करते ही अपना काम शुरू कर दें और निकलने से पहले कुछ कर दिखाएँ। यही योजना बॉलरों और थ्रोअर्स के लिए भी ज़रूरी है और उनकी तैयारी के लिए बाड़े बना दिए जाएँ। इनसे निकलकर वे खेलते-खेलते मुख्य खेल में शामिल हो जाएँगे और कुछ कर दिखाएँगे।

थ्रोन बॉल–फील्डर्स को कौशल-प्रदर्शन के लिए स्टंप्स पर बॉल मारने की सुविधा दी जानी चाहिए, जिससे प्रभाव भी पड़ेगा और मनोरंजन भी होगा। बॉल को सदैव चलायमान रहना चाहिए। उदाहरण के तौर पर विरोधी खिलाड़ी द्वारा खेली गई बॉल तब तक जीवंत रहती है जब तक स्टंप से न टकरा जाए, गिल्लियाँ न उड़ा दे, या अंपायर को न छू जाए।

डबल प्ले–अगर कोई टीम एक ही बॉल पर दो विकेट ले लेती है तो यह अच्छा है, ऐसा किया जा सकता है। उदाहरण के तौर पर बॉल पहले डिस्मिसल पर मृत नहीं होती, अंपायर के निर्णय करने तक खेल जारी रहता है।

खेल को रफ़्तार देना–सब निर्णय खेल के दौरान ही लिए जाने चाहिए। बाउंडरी के बारे में फैसला न हो पाने की स्थिति में उसे ओवर के समय ही तीसरे अम्पायर को सौंप देना चाहिए, जिसे एनाउंसर घोषित कर दे–खेल के आखिरी ओवर को छोड़कर, क्योंकि उसका खेल के परिणाम पर असर पड़ सकता है। फील्डिंग में लगने वाली चोटों में समय बर्बाद नहीं किया जाना चाहिए, घायल खिलाड़ी को मैदान से बाहर इलाज के लिए ले जाया जाए और उसके स्थान पर किसी दूसरे को रख दिया जाए। चोट लगे बैट्समैन को दस सेकिण्ड का समय दिया जाए जिसमें वह बता दे कि खेल सकता है या नहीं और उसके स्थान पर दूसरे को रख दिया जाए।

बॉलरों के रन-अप की सीमा 15 मीटर हो; खेल के लिए कम-से-कम दो बॉल हों और दर्शकों से बॉल वापस लाने के लिए साइडों में अतिरिक्त चीयरलीडर्स हों।

बॉल-आउट–अगर स्कोर का अन्त बराबरी से होता है, तो कम विकेट खोने वाली टीम की जीत मानी जाती है। यदि वह भी बराबर हो, तो ज़्यादा बाउंडरी मारने वाली टीम जीती मानी जाती है और ज़्यादा रन बनाने वाली आउट हो जाती है। यदि समय इजाज़त दे, तो यह देखने के लिए कि कौन-सी टीम ज़्यादा रन बनाती है, एक ओवर खेलकर यह देख लिया जाता है।

'मैं यह बिलकुल नहीं समझ पाता कि टेलीविज़न और टूर्नामेन्ट के स्पांसर्स कैसे यह कहते हैं कि यह खेल प्राकृतिक तत्त्वों पर निर्भर है।'

सिक्के से टॉस–खेल शुरू होने से कम-से-कम 45 मिनट पहले टॉस किया जाना चाहिए, जिससे दोनों टीमों को तैयारी के लिए काफी समय मिल जाए। 30 मिनट पहले टॉस करने से उनको ज़्यादा समय नहीं मिलता क्योंकि उन्हें कई इन्टरव्यू देने पड़ते हैं और लोगों से बात करनी पड़ती है। खेल के मैदान में जो बहुत से बेकार के लोग इकट्ठे हो जाते हैं, उन्हें यदि वहाँ से हटाया जा सके, तो तैयारी करने वालों को बड़ी मदद मिलती है।

अम्पायर की सहायता करना–अम्पायरों को निरन्तर जानकारी देते रहने के लिए तकनीक की ज़्यादा सहायता लेनी चाहिए। लेकिन किसी निर्णय के सही या गलत होने का अन्तिम फैसला करने के लिए उनके पास नहीं जाना चाहिए। सभी फैसले मैदान में ही करने का नियम पालन करना ज़रूरी है और समाज भी इसी तरह चलता है। फिर इससे खेल का समय बढ़ेगा, जबकि हम उसे तेज़ करना चाहते हैं। टेनिस में तकनीक ज़्यादा अच्छा काम करती है क्योंकि उसका क्षेत्र छोटा होता है और कैमरा एक-एक मिलीमीटर स्थान को पकड़ लेता है। बॉल भी भीतर होती है या बाहर। क्रिकेट में इस तरह काला या सफेद नहीं होता। रिप्ले देखते हुए कई दफ़ा यह जानना मुश्किल होता है कि कैच लेते हुए फील्डर की उँगलियाँ बॉल के ऊपर हैं या नीचे।

ग्राउंड डिज़ाइन–जो डिज़ाइन बनाए जाएँ वे सुरक्षा, सुविधा और पहुँच की दृष्टि से खरे उतरने चाहिए। पर लगे संकेत सुरक्षित होने चाहिए। टेलीविज़न, स्पांसर्स, दर्शक और क्रिकेट से लगाव न रखने वाले विदेशी दर्शकों में बेहतर प्रचार

के लिए बरसाती मौसम का सामान, अच्छी ड्रेनेज और छतदार स्टेडियम—जहाँ फाइनल और अन्तरराष्ट्रीय खेल आयोजित किए जा सकें—बहुत ज़रूरी हैं।

डकवर्थ-लेविस—अंग्रेज़ सांख्यिकीविद् फ्रैंक डकवर्थ और टॉनी लेविस ने वर्षा से प्रभावित मैचों में विजेता का निश्चय करने के लिए एक गणितीय फार्मूले की रचना की थी, ऐसा ही फार्मूला उन्हें आई.पी.एल. की दृष्टि से भी बनाना चाहिए। यह डी/एल फार्मूला बारिश या अँधेरे में खेल की नियति जानने का कार्य बड़े रचनात्मक ढंग से कर सकता है—यूँ ही बातचीत के द्वारा नहीं। यह आपको बता सकता है कि मैच में किस समय कौन-सी टीम गणित की दृष्टि से फ्रंट में है। (मेरे ख्याल से क्रिकेट ही ऐसा खेल है जिसमें, दर्शकों के रूप में, मैं यह नहीं जान पाता कि फ्रंट में कौन-सी टीम है और खेल में किस क्षण कौन लीड कर रहा है।)

फील्ड में माइकिंग—व्यक्तिगत रूप से मुझे फील्ड में खिलाड़ियों का माइक से बुलाया जाना पसन्द नहीं है, और डग-आउट में भी माइकिंग से मैं आंशिक रूप से ही सहमत हूँ। लेकिन चूँकि यह होता ही है, इसलिए मैं कोच के लिए भी माइकिंग करवाना चाहूँगा जिससे वह अपने सहकारी कोचों और उन सबसे जुड़ा रहे जो खेल के कई पक्षों का नियन्त्रण करते हैं।

ये सब सुझाव जूनियर क्रिकेट तक भी आसानी से पहुँचाए जा सकते हैं। ट्वेंटी-20 क्रिकेट खेलकर और वन-डे क्रिकेट को 80 ओवर के मैच में परिवर्तित कर, जिसमें 20 ओवर के चार इनिंग्स हों, भविष्य का क्रिकेट ऐसे छोटे स्वरूप में सामने आएगा, जो तेज़, जानदार और उत्तेजक होगा, लेकिन जो साथ ही अद्भुत टैस्ट क्रिकेट की परम्परा को भी जीवित रखेगा, जिसमें भविष्य के खिलाड़ी अपना मानसिक, तकनीकी और खेल-कौशल का प्रशिक्षण लेकर खेल के लम्बे स्वरूप में भी सफल हो सकेंगे।

12 नए खिलाड़ी

आई.पी.एल. की फ्रैन्चाइज़ व्यवस्था राज्य, प्रदेश और ज़िलों की अब तक चली आ रही व्यवस्था से एकदम भिन्न है—इसमें नगर-केन्द्रित प्राइवेट संगठन सर्वोपरि हैं। फिर भी मेरा मानना है कि जो नव उद्यमी आई.पी.एल. फ्रैन्चाइज़ों के मालिक हैं, इसकी अपार सम्भावनाओं को और ट्वेंटी-20 क्रिकेट में सुधार लाने की अपनी शक्ति से परिचित नहीं हैं—और इसके लिए उन्हें एकजुट होकर कार्य भी करना होगा।

आरम्भ में जब इन मालिकों ने इस तरह कुछ काम किया, तो मुझे कुछ निराशा ही हुई। मैं उनसे आग्रह कर रहा था कि शुरू से ही मसलों पर संयुक्त होकर कार्य करें। मालिक, जितना सोचते हैं, वे उससे कहीं ज़्यादा शक्तिशाली हैं और आई.पी.एल. 2009 सीज़न से पहले उन्होंने जो अपनी संस्था बनाई वह सही दिशा में एक कदम था।

आई.पी.एल. के उद्घाटन टूर्नामेन्ट में फ्रैन्चाइज़ों के मालिकों की चिन्ता सिर्फ यह थी कि उनकी टीमें उठकर खड़ी हो जाएँ, अच्छी तरह खेलने लगें और उसका जुनून उन पर सवार हो जाए। साथ ही मुझे यह भी लगता है कि ये उद्यमी इस कारण इतने धनी नहीं हैं कि उन्हें अपने उद्यमों से भावात्मक लगाव है, बल्कि इसलिए हैं क्योंकि वे समझदार हैं, चतुर हैं और शायद निष्ठुर व्यापारी है। इस निर्दयता का पहला नमूना तब देखने को मिला जब बंगलौर टीम के मालिक विजय माल्या ने, अपने फ्रैन्चाइज़ के कमज़ोर प्रदर्शन से नाराज़ होकर चीफ एक्ज़िक्यूटिव अफसर चारु शर्मा को निकाल दिया और सार्वजनिक रूप से अपनी

टीम के चयन की आलोचना की। डेक्कन चार्जर्स ने इसी तरह वी.वी.एस. लक्ष्मण को कैप्टन पद से हटा दिया और कोच रॉबिन सिंह को आई.पी.एल. 2009 के लिए दुबारा नियुक्त नहीं किया। एडम गिलक्रिस्ट को नया स्किपर और डेरेन लेहमान को नया कोच नियुक्त किया गया; और शर्मा की पुरानी जगह टिम राइट को दी गई। बाद में राइट ने भी इस पद को छोड़ दिया।

अपनी फ्रैन्चाइज़ का पूरा मालिक विजय माल्या टीम के काम में इतना मशगूल हो गया कि उसने न खिलाड़ियों को खेलने दिया और न कोच को अपना काम करने दिया—दरअसल उसने इसीलिए इन्हें नियुक्त भी किया था। माल्या और उस जैसे उद्यमियों का व्यवहार खेल को किस प्रकार प्रभावित करेगा और वे आई.पी.एल. के नियमों के अन्तर्गत किस सीमा तक सफल हो पाएँगे, यह अभी कहा नहीं जा सकता।

मेरा विचार है कि ये व्यापारी ऐसे लोग हैं जो अपने व्यापार को सफल बनाने के लिए जो चाहते हैं, स्वयं करते हैं, और दूसरों को भी वही करने पर बाध्य करते हैं। मैं नहीं जानता कि कार्य करने का यह ढंग ट्वेंटी-20 क्रिकेट के भविष्य को किस तरह प्रभावित करेगा।

अक्टूबर 2008 में बैंकॉक में हुई आई.पी.एल. की कान्फ्रेंस में यह साफ़ नज़र आया कि बहुत सारे प्रश्नों पर फ्रैन्चाइज़ों ने खुलकर बात की, एजेंडा आई.पी.एल. के ही हाथ में रहा, जो बोर्ड ऑफ कंट्रोल फॉर क्रिकेट इन इण्डिया की ही एक शाखा है। उदाहरण के लिए, एक यह सुझाव सामने आया कि फ्रैन्चाइज़ों के सब मालिक अपनी बैठक करके उन सब विषयों पर एक मत प्राप्त कर लें, जो उनकी दृष्टि से न केवल आई.पी.एल. के लिए ज़रूरी है, बल्कि उनके अपने स्वास्थ्य और फ्रैन्चाइज़ों में लगाए धन के लिए भी ज़रूरी हैं। हालाँकि, यह बैठक नहीं हुई और आई.पी.एल. के सम्मेलन में सभी फ्रैन्चाइज़ स्वतन्त्र संचालकों के रूप में ही शामिल हुए।

फिर भी मेरा यह विचार है कि यह तीन-दिवसीय सम्मेलन आई.पी.एल. और फ्रैन्चाइज़ों में वार्तालाप का अच्छा माध्यम है। इससे प्रकट होता है कि आई.पी.एल. की दृष्टि में फ्रैन्चाइज़ इस कार्य के वर्तमान और भविष्य के लिए बहुत कुछ योगदान कर सकते हैं।

मैं 6 फरवरी 2009 को गोआ में हुई मालिकों की एक बैठक में, जो खिलाड़ियों की नीलामी के लिए आयोजित की गई थी, शामिल हुआ था। भारत में व्यापार

बहुत नम्रतापूर्वक किया जाता है और मैंने महसूस किया कि मालिक आई.पी.एल. को ज़रूरत से ज़्यादा अधिकार तथा शक्ति सौंप रहे हैं। मैंने उनसे पूछा—आप हिस्सेदार हैं या नौकर? मैंने उनसे कहा कि फ्रैन्चाइज़ों को आई.पी.एल. के सहयोगी के रूप में कार्य करना चाहिए जिससे लीग का दर्शन और विकसित किया जा सके। उन्हें ज़रूरत है कि वे निर्णय करने वाली पद्धति का अंग बनें, न कि आई. पी.एल. जो भी कहे, उसे सिर झुकाकर स्वीकार कर लें। ये ही वे लोग हैं जिन्होंने अपने धन का इतना महत्त्वपूर्ण भाग खतरे में डाला, और मुझे लगा कि उसके समुचित उपयोग के लिए उन्हें ज़्यादा खुलकर बात करनी चाहिए। क्रिकेट के विकास तथा उसके साथ इस धन की रक्षा का उपाय यही है कि क्रिकेट की दुनिया से बाहर के लोगों की सहायता से इसका समुचित विकास करें। पारम्परिक बोर्डों को यह कभी स्वीकार न होगा कि बाहरी लोग उनके 'शिशु' का भविष्य निश्चित करें, लेकिन आवश्यकता इसी की है।

माल्या अपनी टीम के काम में इतना ज़्यादा दखल देने लगा कि न वह खिलाड़ियों को खेलने देता था और न कोच को कोचिंग करने देता था और इसी के मद्देनज़र उसने इनका चुनाव भी किया था। माल्या और अन्य मालिक भविष्य में कैसा व्यवहार करेंगे, यह देखना दिलचस्प होगा...

इसलिए जब मैंने देखा कि फ्रैन्चाइज़ों के मालिक अपनी संस्था बना रहे हैं जो निर्णय लिए जाने के स्तर पर कार्य करेगी, तो मुझे बड़ी प्रसन्नता हुई। प्रबन्धकों के सहयोग से वे बिलकुल आरम्भ से इसकी शुरुआत करेंगे। यह आशा करनी चाहिए कि सब पक्ष मिल-जुलकर कार्य करेंगे। मालिकों से बात करने पर मुझे लगा था कि उनमें परस्पर कुछ अविश्वास है, परन्तु अब चूँकि उन्होंने संस्था बना ली है, इसलिए उनके अपने और आई.पी.एल. के बीच ज़्यादा सहयोग से कार्य हो सकेगा और अधिक सही निर्णय लिए जा सकेंगे।

नए उद्यमियों के क्रिकेट के नौकरशाहों से सम्बन्धों का एक उदाहरण उस समय सामने आया जब मैंने टीमों में 15 खिलाड़ियों को रखने का विचार पेश किया। चर्चा इसकी सम्भावनाओं को लेकर उठती-गिरती रही कि नए अन्तरराष्ट्रीय खिलाड़ियों को लेकर उसके वर्तमान स्वरूप में यह कैसे संभव हो सकेगा, जबकि आई.पी.एल. 2009 के सीज़न के लिए अन्तरराष्ट्रीय खिलाड़ियों की संख्या आठ से बढ़ाकर दस कर दी गई है।

मैंने महसूस किया और अनेक अवसरों पर मैंने सेमिनार में यह कहा भी, कि अन्तरराष्ट्रीय खिलाड़ियों की संख्या बढ़ाने का सर्वोत्तम उपाय यह है कि मैच में खेलने के लिए उपलब्ध खिलाड़ियों की संख्या बढ़ा दी जाए। मेरे विचार का समर्थन तो किया गया लेकिन ज़्यादातर लोग यह नहीं समझ पा रहे थे कि यह कैसे कार्य करेगा। इससे मुझे दो बातों का ज्ञान हुआ। एक यह कि सम्मेलन में भाग लेने से पहले फ्रैन्चाइज़ों ने आपस में सलाह-मशवरा नहीं किया था और दूसरा यह कि प्रबन्धक परम्पराओं से बँधे थे और परिवर्तन के लिए तैयार नहीं थे। आई.पी.एल. के प्रबन्धकों ने यह विषय अपनी तकनीकी समिति को सौंप दिया, जिसके अध्यक्ष सुनील गावस्कर थे, कि वह इस पर आगे विचार करें। इसका अर्थ यह हुआ कि ट्वेंटी-20 किस प्रकार खेला जाए, इस सम्बन्ध में सभी विचार ऐसी समिति को सौंप दिए जाएँगे जिसका अध्यक्ष परम्परा और पूर्वाग्रह से ग्रस्त है।

हम देख चुके हैं कि एक शक्तिशाली व्यापारी जो चाहे कर सकता है। टैक्सास के अरबपति एलेन स्टेनफर्ड का ट्वेंटी-20 में प्रवेश का उद्देश्य स्वयं अपना टूर्नामिन्ट चलाना था, जिसे वह वेस्ट इंडीज़ के द्वीप एण्टिगुआ पर स्टेनफर्ड 20/20 के नाम से आरम्भ करना चाहते थे। तीन साल तक यह टूर्नामिन्ट सफलतापूर्वक चलता रहा और इसमें वेस्ट इंडीज़ के सभी द्वीपों की टीमें क्रम से भाग लेती रहीं। अब स्टेनफर्ड पर अमेरिका में ज़बरदस्त आर्थिक धोखा-धड़ी का मुकदमा चल रहा है, लेकिन उसने करके दिखा दिया कि क्या किया जा सकता है।

धोखा-धड़ी के आरोप को छोड़ दिया जाए, तो स्टेनफर्ड को कैरी पैकर का अमेरिकी अवतार माना जाएगा। वह ट्वेंटी-20 क्रिकेट को वेस्ट इंडीज़ लाया, और उसके साथ उसका रंग, काले बल्ले और खेल के छोटे स्वरूप का उत्साह लाया, और यह सब उसने कैरी पैकर की ही तरह किया जो 1970 के दशक के अन्तिम वर्षों में रंगीन कपड़े और रात-दिन भिड़न्त के एकदिवसीय इण्टरनेशनल को अमेरिका में लाया था।

लेकिन ट्वेंटी-20 के अन्तर्द्वीपीय टूर्नामिन्ट की सफलता से असन्तुष्ट स्टेनफर्ड ने राष्ट्रों को इसके लिए भी फुसलाया कि वे वेस्ट इंडीज़ की आल-स्टार टीम को लेकर खेलें। शुरू में तो उन्हें सफलता नहीं मिली। यह ऐसा प्रस्ताव था जिसे आई.सी.सी. सन्देह की नज़र से देखता था, लेकिन उसने अपना प्रयत्न जारी रखा और वेस्ट इंडीज़ में इस साहसपूर्ण ट्वेंटी-20 प्रतियोगिता के कारण और आई.पी.एल.

2008 द्वारा उत्पन्न ज़बरदस्त वातावरण के कारण स्टेनफर्ड ने इंग्लिश प्रीमियर लीग के ट्वेंटी-20 टूर्नामेन्ट की सहायता की, जिसका आई.सी.सी. ने सिद्धान्ततः समर्थन किया था, परिणाम यह निकला कि सन् 2010 के ई.पी.एल. में एक स्टेनफर्ड का पक्ष भी शामिल करने का निश्चय किया गया।

अब इस सबके ऊपर धोखाधड़ी के बादल छा गए हैं, लेकिन इससे यह स्पष्ट है कि स्टेनफर्ड ने ट्वेंटी-20 को कैरिबियन सागर के पार ले जाने का सपना देखा था। आरम्भ में तो यही लगता था कि वह अकेला यह उद्योग चला रहा है, लेकिन उसने क्रिकेट के सर्वोच्च संस्थान में प्रवेश का मार्ग ढूँढ़ लिया था। हमने देखा कि मिडिल सेक्स, ट्रिनिडाड और टोबागो, और इंग्लैंड, ये सब उसके विलक्षण, 2 करोड़ अमेरिकी डॉलर मूल्य के इंग्लैंड और स्टेनफर्ड सुपर स्टार्स मैच में प्राप्त सफलता के कारण सम्भव हुआ।

'मालिक ऐसे लोग होते हैं जो अपनी बात मनवाना जानते हैं और ऐसी माँगें रखते हैं जिनसे सफलता मिलती है...मैं इस दृश्य पर सोचता हूँ कि ट्वेंटी-20 के भविष्य पर उनके इस व्यवहार का क्या प्रभाव पड़ेगा...

ट्वेंटी-20 क्रिकेट को ऐसे उद्यमी चाहिए, आई.पी.एल. फ्रैन्चाइज़ मालिकों की तरह 'मैदान में उतरे नए लड़के' जो समान विचार वालों को एक साथ जोड़कर अपना रास्ता खुद बनाते हुए ट्वेंटी-20 को आगे बढ़ाकर ले चलें। भारतीय और आस्ट्रेलियन खिलाड़ियों से हुई चर्चा के आधार पर मैं यह कहूँगा कि—ललित मोदी को छोड़कर किसी के पास ऐसा कोई विज़न नहीं है कि 20-ओवर के इस आई.पी.एल. स्वरूप को किस दिशा में ले जाना चाहिए। इसलिए नए उद्यमियों का योगदान खेल का मार्गदर्शन कर सकता है।

आई.पी.एल. का नियन्त्रण इस समय केन्द्रीय प्रतिष्ठान के हाथ में है, जिसके कुछ लाभ भी हैं। लेकिन इसके बढ़ते हुए प्रेमियों और सम्भावनाओं के तहत इसके विकास की क्षमता इस समय इसमें नहीं है। इसलिए नए साहसी उद्यमियों के प्रवेश की आवश्यकता है।

मैं यह नहीं कह रहा कि इनके पास सभी प्रश्नों के उत्तर हैं, लेकिन इन्हें प्रबन्धकों के साथ मिलकर बातचीत करनी चाहिए, कि ट्वेंटी-20 को आकार देकर किस प्रकार ऐसा उत्पाद तैयार करें जो बहुत विशिष्ट तथा आकर्षक हो और जिसे ओलम्पिक्स 2020 में सम्मिलित होने के योग्य बनाया जा सके।

ज़ाहिर है कि अभी तो आई.पी.एल. ही नेतृत्व करेगा लेकिन कुछ समय में समान भागीदारी का विकास किया जा सकता है। टीमों के उद्यमी मालिक–क्रिकेट के मैदान में उतरे नए लड़के–पारम्परिक प्रतिष्ठानों की तरह खेल का भविष्य तय करने में उनके बराबर हिस्सा लेंगे। अपने अरबों रुपये के साथ वे क्रिकेट के अतिरिक्त व्यवसायों में सफलता का अनुभव और दृष्टि भी अपने साथ लाए हैं। उन्होंने अपने उद्योगों में विशेष सफलता प्राप्त की है, इसलिए वे जानते हैं कि उत्पाद को कैसे सही करना चाहिए और उसके लिए बाज़ार कैसे बनाना चाहिए। क्रिकेट को चाहिए कि उनके इस ज्ञान का उपयोग करे।

हम खेल के प्रेमियों को नहीं भूल सकते, जो कि आई.पी.एल. और ट्वेंटी-20 को जोड़ने का काम कर रहे हैं। ट्वेंटी-20 बॉक्स ऑफिस की सनसनी सिद्ध हो चुका है, लेकिन इसको उनके लिए कभी भी नहीं छोड़ा जा सकता जो इसको सफल बनाने में सहायता कर रहे हैं। और क्रिकेट को हम उनके प्रेमियों से अलग करके पैसे वालों, प्रसिद्ध व्यक्तियों और कारपोरेट जगत् का खेल नहीं बना सकते।

मैदान में जाकर किसी परिवार के लिए अंतरराष्ट्रीय मैच देखना एक महंगा सौदा है परन्तु आई.पी.एल. की सबसे बड़ी उपलब्धि यह रही है कि उसने टिकटों का मूल्य बहुत कम रखा है। इसलिए यह सामान्य लोगों की पहुँच में है। इससे जहाँ अधिक से अधिक लोग खेल का आनन्द ले सकेंगे वहीं टिकटों की अधिक बिक्री होगी। भविष्य में पैसे कमाने का प्रलोभन और दर्शकों के बीच उचित तालमेल होगा।

भारत के फ्रैन्चाइज़

चेन्नई सुपर किंग्स–इंडियन सीमेंट्स लिमिटेड का स्वामित्व, जिसके एक ट्रस्टी क्रिकेट के उत्साही समर्थक एन. श्रीनिवासन हैं। वे 1950 से क्रिकेट को आर्थिक सहायता दे रहे हैं। इस फ्रैन्चाइज़ के लिए 9.1 करोड़ अमेरिकी डॉलर दिए गए।

डेक्कन चार्जर्स–मीडिया के नेता 'डेक्कन क्रानिकिल' ने 10.7 करोड़ अमेरिकी डॉलर में इसे खरीदा।

दिल्ली डेयरडेविल्स–जी.एम.आर. होल्डिंग्स, जो एयरपोर्ट बनाने का काम करते हैं, इसके स्वामी हैं। इस कम्पनी के चेयरमैन और मैनेजिंग डायरेक्टर ग्रन्धि मल्लिकार्जुन राव की सम्पत्ति 6.2 बिलियन अमेरिकी डॉलर मानी जाती है। कम्पनी ने 8.4 करोड़ अमेरिकी डॉलर में इसे खरीदा।

किंग्स XI पंजाब–इस फ्रैन्चाइज़ के चार संयुक्त स्वामी हैं। अभिनेत्री प्रीति ज़िंटा और नेस वाडिया, जो पाकिस्तान के संस्थापक मुहम्मद अली जिन्ना की बेटी के नाती हैं, इस फ्रैन्चाइज़ के दो विख्यात स्वामी हैं। शेष दो हैं करन पॉल और मोहित बर्मन, जो संयुक्त व्यापारी हैं। इन्होंने 7.6 करोड़ अमेरिकी डॉलर की कीमत चुकाई।

कोलकाता नाइट राइडर्स–इसके संयुक्त स्वामी हैं प्रसिद्ध फिल्म अभिनेता शाहरुख खान और व्यापारी जय मेहता (मेहता ग्रुप का विविध प्रकार का व्यापार अफ्रीका, भारत, कनाडा और अमेरिका में फैला है और उसकी कुल परिसम्पत्ति 35 करोड़ अमेरिकी डॉलर है) तथा उसकी अभिनेत्री पत्नी जूही चावला। एक चौथा गुप्त भागीदार है। चारों ने मिलकर इसे 7.509 करोड़ अमेरिकी डॉलर में खरीदा।

मुंबई इण्डियन्स–इसके मालिक हैं रिलाएंस इन्डस्ट्रीज, जिसके मुकेश अम्बानी (जो दुनिया के पाँचवें धनी व्यक्ति हैं–की सम्पत्ति लगभग 43 बिलियन अमेरिकी डॉलर) हैं। मुकेश ने 11.19 करोड़ अमेरिकी डॉलर में इसे खरीदा।

राजस्थान रॉयल्स–इसके स्वामी हैं एमर्जिंग मीडिया, जिसके एक प्रमुख व्यक्ति रूपर्ट मरडोक के बेटे लैक्लेन मरडोक हैं। इन्होंने 6.7 करोड़ अमेरिकी डॉलर में इसे खरीदा–जो सबसे सस्ता सौदा रहा।

रॉयल चैलेन्जर्स बंगलोर–यू-बी ग्रुप का स्वामित्व, जो विजय माल्या की केन्द्रीय फर्म है–शराब के व्यापार में अग्रणी जिनकी व्यक्तिगत सम्पत्ति 1.2 बिलियन अमेरिकी डॉलर बताई जाती है। उन्होंने 11.16 करोड़ डॉलर में इसे खरीदा।

13 'मैं क्रिकेट को चाहता नहीं, प्यार करता हूँ'

टैस्ट मैच और एक-दिवसीय मैच में दर्शकों की घटती संख्या के जवाब में ट्वेंटी-20 क्रिकेट की शुरुआत इंग्लैंड एण्ड वेल्स क्रिकेट बोर्ड के द्वारा की गई थी। सन् 2002 में बेन्सन एण्ड हेजेज़ कप खत्म हुआ और इसकी जगह लेने के लिए ई.सी.बी. को किसी और एकदिवसीय प्रतियोगिता की आवश्यकता महसूस हुई, कुछ ऐसी चीज़ जो नई पीढ़ी को आकृष्ट कर सके। किसी तेज़-रफ्तार प्रचलित खेल में ई.सी.बी. के मार्केटिंग मैनेजर स्टुअर्ट राबर्टसन् ने सन् 2001 में काउंटी चेयरमैन को प्रति इनिंग्स 20-ओवर खेल का सुझाव दिया था। इसके पक्ष में 11/7 मतदान हुआ और इस प्रकार ट्वेंटी-20 क्रिकेट का जन्म हुआ।

ट्वेंटी-20 का पहला मैच 13 जून 2003 को खेला गया, और ट्वेंटी-20 कप के लिए जो टूर्नामेन्ट हुआ उसमें 18 काउंटियों ने भाग लिया। खेल के इस स्वरूप को तुरन्त सफलता प्राप्त हुई। इस टूर्नामेन्ट के प्रचार का नारा था–'मैं क्रिकेट को चाहता नहीं, प्यार करता हूँ', जो 10 सीसी के प्रसिद्ध पॉप गीत 'ड्रेडलॉक हॉलीडे' की एक पंक्ति से बनाया गया था। इसमें सरे लायन्स को जीत हासिल हुई। कई खेल शाम के झुटपुटे में खेले गए जिससे परिवार आनन्द ले सकें और दफ्तरों तथा स्कूलों के लोग भी देख सकें। खेल में संगीत भी डाला गया जो डिसमिसल और बाउंडरी मारने के उत्तेजक अवसरों पर बजाया जाता था।

इस नए खेल में कुछ पुराने नियम बरकरार रखे गए और तेज़ रफ्तार भाग-दौड़ और स्कोरिंग जैसी क्रियाओं के अनुकूल कुछ नए नियम भी बनाए गए। मैदान

के प्रतिबन्ध तथा छोटी बाउंडरियों के कारण बैटिंग आक्रामक हुई; नो-बॉल के बाद 'फ्रीहिट' से बॉलर्स को ओवर स्टेपिंग के लिए दण्डित किया गया। ज़ोरदार हिटर्स की बन आई और बॉलर्स को अपनी गति और लम्बाई में तेज़ी लानी पड़ी नहीं तो उन्हें हटना पड़ता था।

ट्वेंटी-20 कप तीन साल तक दर्शकों में बहुत प्रिय रहा। फिर दुनिया के दूसरे छोर पर एलेन स्टेनफर्ड ने वेस्ट इण्डीज़ में स्टेनफर्ड ट्वेंटी-20 कप स्थापित करके खेल में और जान डाल दी। जनवरी-फरवरी 2008 में जब दूसरा ट्वेंटी-20 टूर्नामिन्ट आयोजित किया गया, तब उसे टेलीविज़न पर देखने वालों की संख्या 30 करोड़ तक पहुँच गई थी। स्टेनफर्ड का यह वेस्ट इंडीज़ में शुरू किया गया उद्योग सारी दुनिया में टेलीविज़न पर देखे जाने के कारण क्रिकेट को विश्वव्यापी बना गया।

ट्वेंटी-20 का अब भारत में इतना ज़्यादा प्रचार हो गया है, कि मोदी के अनुसार सन् 2011 में आई.पी.एल. का विस्तार करते समय नया फ्रैन्चाइज़ शुरू करने का खर्च 250 से 300 मिलियन अमेरिकी डॉलर तक हो जाएगा।

सन् 2007 में जब अनेक राष्ट्रों और दर्शकों ने ट्वेंटी-20 वर्ल्ड कप को अपनाया, तब खेल की गति जारी थी। टूर्नामिन्ट में भारत की विजय ने देश में इस नई कल्पना को हवा दी। इंडियन क्रिकेट लीग—जिसका आई.सी.सी. या बी.सी.सी.आई. किसी ने समर्थन नहीं किया था—वर्ल्ड कप के बाद बड़ी लोकप्रिय हुई, फिर आई.पी.एल. ने अप्रैल-मई 2008 के अपने टूर्नामिन्ट द्वारा इसमें अपना झण्डा गाड़ दिया।

दिसम्बर 2008 में चैम्पियन्स लीग का उद्घाटन टूर्नामिन्ट मुम्बई में खेला जाना था। क्रमानुसार खेले जाने वाले इस हफ्ते भर के टूर्नामिन्ट में आस्ट्रेलिया, भारत, पाकिस्तान और द. अफ्रीका की सर्वोत्तम घरेलू टीमों को भाग लेना था। इसके व्यापारिक अधिकार ई.एस.पी.एन. ने 97.5 करोड़ अमेरिकी डॉलर में खरीदे। लेकिन, दुर्भाग्य से नवम्बर में मुम्बई में हुए आतंकी हमलों के कारण इसे अनिश्चित काल के लिए स्थगित करना पड़ा।

यह मानव त्रासदी तो थी ही, क्रिकेट के लिए भी शर्म की बात थी। मोदी ने पहले ही चैम्पियन्स लीग का उससे भी श्रेष्ठ आयोजन का प्रोग्राम बना लिया था और दूसरी प्रतियोगिता के लिए, जो सितम्बर-अक्टूबर 2009 के लिए निश्चित थी, आठ से बढ़ाकर बारह घरेलू टीमों को खिलाने की योजना बनाई थी। मोदी

ने दावा किया था कि यह नए किस्म का टूर्नामेन्ट 'क्लब, राज्य और काउंटी क्रिकेट-खिलाड़ियों की नई पीढ़ियों को प्रेरित और प्रोत्साहित करेगा, और साथ ही दुनिया भर में क्रिकेट के खेल को विकसित करेगा।' उसने कहा कि उसे विश्वास है कि चैम्पियन्स लीग क्रिकेट ऐसी घटना होगी जिसकी तुलना वर्ल्ड कप से ही की जा सकेगी।

ट्वेंटी-20 का भारत में इतना ज़्यादा प्रचार हो चुका है कि मोदी के अनुमान के अनुसार सन् 2011 के सीज़न में आई.पी.एल. में किसी नए फ्रैन्चाइज़ के जुड़ने का अर्थ होगा 250 मिलियन से 300 मिलियन अमेरिकी डॉलर तक का खर्च। इसे ज़बरदस्त वृद्धि ही कहा जाएगा, क्योंकि सन् 2008 के आई.पी.एल. के सबसे महँगे फ्रैन्चाइज़ की कीमत 11.1 मिलियन अमेरिकी डॉलर ही थी—उस समय टूर्नामेन्ट की पहली बॉल भी फेंकी नहीं गई थी।

पहले साल में आई.पी.एल. को 1 करोड़ अमेरिकी डालर का लाभ हुआ। ब्रॉडकास्ट अधिकारों के विजेता एम.एस.एम. सोनी ने पहले दस वर्ष के अनुबंध के लिए 1.026 बिलियन डालर दिया, फिर 2009 में उसे बढ़ाकर 1.615 बिलियन डालर कर दिया।

मोदी ने बी.सी.सी.आई. की वार्षिक मीटिंग में यह भी बताया कि फ्रैन्चाइज़ों के मालिकों ने आई.पी.एल. के प्रथम वर्ष के लिए बोर्ड को जो धन दिया था, उसका 80 प्रतिशत टेलीविज़न तथा स्पांसरशिप से प्राप्त रकम से वसूल हो चुका है।

आई.पी.एल. ने पहले वर्ष में 1 करोड़ अमेरिकी डॉलर का लाभ कमाया। उसने क्रिकेट में इतना ज़्यादा पैसा लगाया है जितना अभी तक कभी नहीं लगाया गया। ब्राडकास्टिंग के अधिकार के लिए एम.एस.एम./सोनी ने आरम्भ में दस वर्ष के अनुबन्ध के लिए 1.026 बिलियन डॉलर का सौदा किया था, लेकिन अगले वर्ष इस पर पुनर्विचार करके शेष रहे नौ सालों के लिए इसे 1.615 बिलियन डॉलर कर दिया गया। वर्ष 2009 के लिए एम.एस.एम./सोनी ने 10 सेकिंड विज्ञापन के रेट 8000 डॉलर के लगभग कर दिए। कहा जा रहा है कि टूर्नामेन्ट के विकास के साथ ये रेट भी बढ़ते चले जाएँगे।

आस्ट्रेलिया में नेटवर्क टेन ने पाँच वर्ष के लिए टेलीविज़न प्रसारण के अधिकार 10 से 15 करोड़ अमेरिकी डॉलर के बीच कीमत देकर खरीदे। आई.पी.एल.

को मिडिल ईस्ट, यूनाइटेड किंगडम, आयरलैंड, उ. अमेरिका, द. अफ्रीका, पाकिस्तान और कनाडा के घरों में भी दिखाया गया।

केवल छह वर्षों में, क्रिकेट का वह रूप जिसे इंग्लैंड के घरेलू खेल के घटते दर्शकों को फिर से रिझाने के निराशापूर्ण प्रयत्न के रूप में आरम्भ किया गया था, अब दुनिया-भर में फैलकर बिलियनों डॉलर का व्यापार बन गया है। पैसे की सहायता से क्रिकेट आगे बढ़ती चली जा रही है।

14 5 मिलियन डॉलर के खिलाड़ी

जब मैंने नाइट राइडर्स के लिए हस्ताक्षर किए, तब मैं फ्रैन्चाइज़ से जुड़े एक ही व्यक्ति, जीत बनर्जी को जानता था। यह खिलाड़ियों का एजेंट था जो गेमप्लान नामक एक कम्पनी के माध्यम से स्टीफेन वॉग, रिकी पोंटिंग और ग्लेन मैकग्रॉ से और बहुत से आस्ट्रेलियाई खिलाड़ियों से सम्बद्ध था। जीत आस्ट्रेलियाई क्रिकेट टीम और उसके कैप्टन स्टीफेन वॉ और मार्क टेलर से इतना सम्बद्ध था कि उसने अपने दोनों बेटों के नाम भी यही रखे।

इसके बाद एक दूसरा व्यक्ति, एन्ड्रयू लीपस, हमारे स्टाफ़ में आया। यह पहले भारतीय फ़िज़ियोथेरापिस्ट था जिससे मैं भारत और आस्ट्रेलिया के खेल के समय मिला था। इसके बाद हमारे स्वास्थ्य-प्रशिक्षक की घोषणा हुई—यह था द.अफ्रीकी एड्रियन एन्ड्रूली रॉक्स, इससे भी मैंने आस्ट्रेलियाई टीम के साथ अपनी यात्राओं के दौरान हाथ मिलाया था। इसने पहले भी द.अफ्रीका और भारत में यही काम किया था। एन्ड्रयू और एड्रियन दोनों बहुत सज्जन और अच्छे नागरिक थे और सहायक स्टाफ़ के रूप में उत्तम सहयोगी थे, जो अच्छा लक्षण था।

एन्ड्रयू और एड्रियन दोनों को नीलामी से पहले ही चर्चाओं में बहुत व्यस्त रहना पड़ा। खिलाड़ियों की बिक्री से दो दिन पहले उन्हें रात-भर चलने वाली हमारी मीटिंगों में चयन का सारा इन्तज़ाम सँभालने के लिए नियत किया गया—यह मीटिंगें हमारे सह-स्वामी शाहरुख खान के शानदार बँगले में हुई थीं।

आरम्भ में एन्ड्रयू और एड्रियन दोनों को आश्चर्य हुआ कि उन्हें इस सब

में इतना ज़्यादा क्यों लगाया जा रहा है, क्योंकि उनका काम खिलाड़ियों को स्वस्थ बनाए रखना था, उनके खेल की जाँच करना नहीं था। लेकिन यह सही ही था क्योंकि वे सब भारतीय खिलाड़ियों को जानते थे और अन्तरराष्ट्रीय खेलों में भाग भी लेते रहते थे। हमारे फ्रैन्चाइज़ के लोग भी क्रिकेट के प्रदर्शनों के बारे में उनसे कुछ जानने की अपेक्षा खिलाड़ियों के स्वभाव, उनकी शारीरिक बनावट, उन्हें लगी चोटों वगैरह के बारे में जानकारी प्राप्त करने में ज़्यादा ध्यान देते थे।

मैं स्वयं दो ओपनर्स की तलाश में था–श्रीलंका के विकेट कीपर बैटिंग स्टार कुमार संगकारा, द.अफ्रीकी ए.वी. डीविलियर्स जो जब विकेट कीपिंग नहीं करता था तो फील्ड के लिए बहुत मूल्यवान था–और ब्रेन्डन मैककुलम इन तीनों में से उन्हें प्राप्त करना चाहता था। नीलामी से पहले मैंने कहा–'हमारे विकेट कीपर को स्टंप्स पर बहुत वक्त देना होगा और हमें ऐसा बैट्समैन चाहिए जो बैटर के रूप में खेल को प्रभावित करे।'

पैसा बोलता है, तो क्रिकेट की आवाज़ में जान पड़ जाती है।

कुल मिलाकर मेरी सूची में एन्ड्रयू सायमण्ड्स, डेनियल विट्टोरी, ब्रेट ली और जेकब ओरम के ग्रुप में से एक आदमी चाहिए था। इनमें से सायमंड्स मेरी पहली पसन्द था, लेकिन मेरा विश्वास था कि विक्टोरिया का डेविड हसी भी, जो आस्ट्रेलियन स्टार माइकेल का भाई था, बहुत उपयुक्त था। वह न सिर्फ बहुत अच्छा बैट्समैन है, जिसने आस्ट्रेलिया और इंग्लैंड की घरेलू क्रिकेट में बढ़िया रिकार्ड बनाया है, लेकिन वह बॉलिंग भी अच्छी करता है, मेरा सुझाव था; विकेट स्लो और टर्निंग होंगे, इसलिए टर्निंग और स्टॉपिंग बाल्स के अच्छे हिटर उपयोगी सिद्ध होंगे।

बॉलिंग हमलों को सँभालने के लिए, मेरे ख्याल से चार विशेषज्ञ तेज़ गेंदबाज़ों की 'जिनको यथासम्भव बैक-अप दिया जाए–ज़रूरत थी। तगड़े फील्ड्समैन भी चाहिए थे।

हमें तत्काल की खरीद के साथ उद्घाटन के आई.पी.एल. के बाद की स्थिति में भी सन्तुलन का विचार करना था। मैंने कहा, 'हमें इस वर्ष अगले वर्षों की खरीद भी करनी है। ऐसे खिलाड़ियों को पहचानो जो आगामी तीन वर्षों में उन्नति नहीं करेंगे या उन्हें जो उपलब्ध ही नहीं हैं, हमें वे खिलाड़ी चाहिए जो ट्वेंटी-20 के साथ-साथ दौड़ेंगे।'

मेरे विचार के ढंग को मेरे उस नोट की सहायता से समझा जा सकता है जो मैंने कोलकाता नाइट राइडर्स के प्रबन्ध के सम्बन्ध में उन्हें लिखा था—'मुझे दो मुख्य खिलाड़ी इनमें से चाहिए—मुरली (यदि यह न मिल सके तो ये स्पिनर देखे जाएँ—आफरीदी, विट्टोरी, ह्वाइट या हसी, सायमंड्स, स्मिथ), संगकारा (यदि यह न मिले तो मेककुलम या डिविलियर्स का जोड़ा), स्मिथ (बैक-अप गेल के साथ) गिब्स, आफरीदी, डिविलियर्स, ब्रेकेन)।'

ग़ैर भारतीय चयनों में केवल चार विदेशी एक साथ खेल सकते थे। हमारी टुकड़ी में 19 साल से कम के दो भारतीय भी होंगे, और हर फ्रैन्चाइज़ को एक प्रख्यात भारतीय खिलाड़ी को रखने का अधिकार था—जो हमारे लिए भारतीय कैप्टन सौरभ गांगुली था। उसे ही अपने नगर की फ्रैन्चाइज़ का नेतृत्व करना था।

प्रसिद्ध खिलाड़ियों में ये भी चुने गए—'वीरेन्द्र सहवाग, जो दिल्ली को मिला; महान् खिलाड़ी सचिन तेन्दुलकर जो मुम्बई के साथ रहा; शानदार राहुल द्रविड़ जो बंगलोर से जुड़ा; और मोहाली के लिए था युवराज सिंह! जिन टीमों को ऐसे खिलाड़ी नहीं मिले वे थीं, चेन्नई, राजस्थान रॉयल्स और डेक्कन चार्जर्स।

हमें आस्ट्रेलियाई कैप्टन रिकी पोंटिंग बहुत सस्ते में मिल गया। हमारी पहली सूची में उसका नाम नहीं था, लेकिन सिर्फ 4 लाख अमेरिकी डॉलर में यह सौदा बहुत अच्छा रहा—हसी और सेमी-रेगुलर आस्ट्रेलियन खिलाड़ी केमरुन व्हाइट इससे महँगे थे। क्रिस गेल और डेविड हसी के साथ उसने बहुत शानदार बैटिंग की। बॉलिंग के मोर्चे पर हमें शोएब अख्तर, उमर गुल, मुरली कार्तिक, इशान्त शर्मा और अजित आगरकर प्राप्त हुए, और मैककुलम हमारा नम्बर एक विकेट कीपर था। मैककुलम भी बहुत बढ़िया प्राप्ति था और वेस्ट इंडियन ताकतवर हिटर गेल मेरी योजना में इन सब के ऊपर खेल को झटका देने वाला खिलाड़ी था और उभरता खिलाड़ी हसी भी ऐसा ही था। हमारे बॉलिंग गांगुली ने तेज़ बॉलिंग के सनसनी पैदा करने वाले इशांत शर्मा के लिए दबाव डाला, जो बहुत अच्छा खिलाड़ी था और जिसने 2007-08 की टैस्ट सीरीज़ में आस्ट्रेलिया को बहुत परेशान किया था। लेकिन इसके लिए हमें 9 लाख 30 हजार अमेरिकी डॉलर चुकाने पड़े।

पहले दौर की बोली में विदेशियों का चयन समाप्त करते हुए हमने ज़िम्बाब्वे के संघर्षशील विकेट कीपर टाटेन्डा तायबू को चुना। इसे सबसे अन्त में खरीदा गया क्योंकि हम सोचते थे कि हमें सारा धन खर्च करना है। यह मेरे लिए, खिलाड़ी के लिए नहीं, कुछ परेशानी का भी कारण बना, क्योंकि इस पहली नीलामी में ही हमें 50 लाख अमेरिकी डॉलर खर्च करने थे।

20 फरवरी 2008 को हुई यह नीलामी एक महत्त्वपूर्ण घटना थी। यह भारतीय मीडिया के लिए एक विशेष तमाशा था और पत्रकार मुम्बई के हिल्टन होटल में नीलामी के पहले की जानकारियाँ पाने के लिए बेहाल हुए घूम रहे थे। लेकिन एक दफा हिल्टन के कान्फ्रेन्स हाल में जाकर बैठ जाने के बाद सब आराम से गुज़र गया। बी.सी.सी.आई. का एक सर्वज्ञानी बैठा चाय पी रहा था। प्रसिद्ध भारतीय खिलाड़ी सौरभ गांगुली, राहुल द्रविड़ और वी.वी.एस. लक्ष्मण ने प्रवेश किया तो खिलाड़ियों के एजेण्टों ने उन्हें घेर लिया।

नीलामी शुरू होने की प्रतीक्षा करते हुए एन्ड्रयू और एड्रियन को अनगिनत बार पूछा गया कि या तो वे अपने अनुबन्ध खत्म कर दें नहीं तो सहायक स्टाफ के लिए दूसरे अच्छे व्यक्तियों का सुझाव दें। नीलामी का काम भद्रतापूर्वक हुआ। बोली बोलने वालों ने सिर्फ पैडिल उठाकर अपनी बोली दर्ज कराई, और जैसे कलाकृतियों की नीलामी होती है, उसी प्रकार एक से ज़्यादा ऊँची दूसरी बोलियाँ लगाकर काम होता रहा। जिस खिलाड़ी के नाम पर बोली लगाई जाती, उसका चित्र और सम्बन्धित सूचनाएँ एक बड़ी स्क्रीन पर दिखाई जातीं और नीलामी का संयोजन करने वाला उसकी तत्कालीन विजयों पर रोशनी डालकर भाव बढ़ाने की कोशिश करता। जिन खिलाड़ियों को शुरू में कोई नहीं चाहता था, वे भी दूसरी बिडिंग में सामने आ जाते थे।

यह व्यावसायिक प्रक्रिया थी और इसमें चतुराई से खेल खेला जाता था। यह हमें पता होता कि किसी खिलाड़ी को कोई फ्रैन्चाइज़ लेना चाहता है, तो हम उसे खुद न लेना चाहते हुए भी उस पर बोली लगाते, जिससे उसकी कीमत बढ़ती चली जाए और प्रतिस्पर्धी फ्रैन्चाइज़ का 50 लाख डॉलर के बजट में कमी होती चली जाए।

मेरी दृष्टि में, जो टीम हमने 50 लाख डॉलर खर्च करके तैयार की, वह वन-डे या टैस्ट क्रिकेट खेलने के लिए ज़्यादा उपयुक्त थी और खेल के इस नए रूप के लिए उसकी कुछ सीमाएँ थीं। कागज़ पर तो हमारे पास कई अच्छे नाम थे, लेकिन मैककुलम के बारे में यह जानते हुए कि वह तीन खेलों के लिए ही उपलब्ध है, पोंटिंग भी तीन के लिए और गेल आठ के लिए, इसलिए अपने अन्तरराष्ट्रीय कार्यक्रमों के कारण में हमारे लिए कम समय दे सकेंगे, इसलिए मुझे लग रहा था कि इस नए खेल के लिए पूरी तरह शक्ति-सम्पन्न नहीं हैं। और इसके बाद हुआ यह कि गेल तो हमारे लिए एक बार भी नहीं खेल सका

क्योंकि श्रीलंका के विरुद्ध एकदिवसीय मैच में उसकी जाँघ में चोट लग गई।

इसलिए मैंने अपनी टीम की शक्ति बढ़ाने का निश्चय किया। मैंने यह भी सोचा कि इंग्लिशमैन मार्क रामप्रकाश के साथ अपनी झड़प को भूल जाऊँ जिसके साथ एक दशक पहले, जब वह कैप्टन और मैं इंग्लिश काउंटी मिडिल सेक्स का कोच था, मेरी भिड़न्त हो गई थी।

जब मैंने पुर्तगाल में एक प्री-सीज़न कैम्प करके मिडिल सेक्स की कोचिंग शुरू की थी, रामप्रकाश मिडिल सेक्स टीम के शान-बान वाले अपने साथी एंगस फ्रेज़र और फिल टफ़नेल के साथ इंग्लैंड के लिए दौरे पर बाहर थे। कैम्प में मैंने खिलाड़ियों का इन्टरव्यू लिया और यह जाना कि उनकी अपने लिए तथा अपनी टीम के लिए क्या आशाएँ और अपेक्षाएँ हैं, और इस विचार-विमर्श से मुझे लगा था कि यहाँ एक सांस्कृतिक परिवर्तन अपेक्षित है।

इनमें कैपधारी और कैपविहीन खिलाड़ियों के बीच एक सीमा-रेखा थी, सीनियर और जूनियर के बीच भी दूरियाँ थीं। उदाहरण के लिए, जब मिडिल सेक्स दौरे पर होता तो कैपधारी खिलाड़ियों को अलग कमरा दिया जाता था, वे कैप विहीनों के साथ कमरे में रहने को तैयार नहीं होते थे। इसी तरह कैपधारी खिलाड़ी स्पांसरों की गाड़ियों में शहर-भर में दनदनाते घूमते थे। इसके अलावा, यद्यपि कैपविहीन खिलाड़ी कैपधारी खिलाड़ियों के समान वस्त्र ही पहनते थे, कैपविहीन खिलाड़ियों के वस्त्रों पर काउंटी के चिह्न के नीचे रोमन संख्या II लिखी होती थी, जिसका अर्थ था कि वे दोयम दर्जे के व्यक्ति हैं।

इस प्रकार स्थापित और उभरते मिडिल सेक्स के क्रिकेट-खिलाड़ियों के बीच इस भेदभाव से परेशान मैंने प्रस्ताव किया कि पूरे कमरे या तो हरेक को दिए जाएँ या किसी को भी न दिए जाएँ और स्पांसरों की गाड़ियों का सब खिलाड़ी समान रूप से उपयोग करें। मैं इस संस्कृति को समाप्त करना चाहता था कि कैपधारी खिलाड़ी कैपविहीन खिलाड़ियों से श्रेष्ठतर हैं, और उसके स्थान पर यह भावना कि 'हम सब खिलाड़ी एक साथ हैं' फैलाना चाहता था। मैं इस सम्बन्ध में कोई भेद नहीं बरतना चाहता था।

लेकिन जब रामप्रकाश विदेशों के दौरे से मिडिल सेक्स वापस आया और उसे मेरे विचारों का पता चला, तो उसने मुझसे कहा, 'नहीं, यहाँ तुम अपना नियम नहीं चलाओगे, तुम मेरे ही ढंग से काम करोगे।' उसके इस प्रतिरोध के बावजूद मेरा यह विश्वास था कि यदि मैंने मार्क के साथ काम किया, तो मैं

उसे यह समझा पाने में सफल होऊँगा कि हम क्या हासिल करने का प्रयत्न कर रहे हैं और अन्त में व्यक्ति के रूप में उसे ही इससे लाभ होगा।

परन्तु मार्क इंग्लैंड की टीम में अपना स्थान बनाए रखने और स्वयं अपने आप में ही व्यस्त था, उसे काउंटी टीम की भी ज़्यादा परवाह नहीं थी। व्यक्ति के ही ऊपर उसका केन्द्रीकरण मेरे इस विचार के बिलकुल विपरीत था कि टीम को कैसा व्यवहार करना चाहिए। मैंने उससे कहा कि टीम के समग्र सुधार की दिशा में कार्य करने से अन्ततः उसके व्यक्तिगत लक्ष्य भी प्राप्त हो सकेंगे। मैं काउंटी सीज़न के पहले छह-सात हफ्तों में उसे समझाने की चेष्टा करता रहा, लेकिन इसका कोई परिणाम नहीं निकला और मार्क अपने में ही घिरा रहा।

ट्रेनिंग में मार्क ने माँग की कि उसे पहला बैट्समैन होने का अवसर दिया जाए और सर्वोत्तम होने का अवसर दिया जाए और सर्वोत्तम बॉलर्स ही उसके सामने बॉलिंग करें। फिर एक दिन जब खेल शुरू हुआ तो मैंने उसे पहले बैटिंग करने देने से इन्कार कर दिया। मैंने कहा, 'तुम पहले बॉलिंग और अन्त में बैटिंग करोगे।' यह सुनकर वह धड़धड़ाता हुआ बाहर निकल गया।

ट्रेनिंग खत्म होने के बाद मुझे रामप्रकाश, इंग्लैंड के पूर्व स्किपर और मिडिल सेक्स के धुरन्धर माइक गैटिंग तथा पुराने मिडिल सेक्स कैंपेनर कीथ ब्राउन के साथ मीटिंग में बुलाया गया। इस तिकड़ी ने मुझसे कहा कि मैं मार्क की मनोव्यथा को इस हद तक बढ़ा रहा हूँ कि उससे उसके कैप्टन-जीवन में परेशानियाँ उत्पन्न हो रही हैं और इंग्लैंड टीम में उसके लक्ष्यों तथा महत्त्वाकांक्षाओं में भी बाधा आ रही है। मिडिल सेक्स के तीनों धुरन्धर परिवर्तन के पक्ष में नहीं थे।

मिडिल सेक्स समिति मुझे यहाँ परिवर्तन के ही उद्देश्य से लाई थी परन्तु वहाँ के इन तीन सीनियरों—रामप्रकाश, गैटिंग और ब्राउन को सही ढंग से यह उद्देश्य समझाने में सफल नहीं हुई थी। इस संघर्ष में जीत एक ही व्यक्ति की होनी थी—कैप्टन की। मेरे कोचिंग जीवन का यह सबसे निचला बिन्दु था।

इस नकारात्मक अनुभव में से एक सकारात्मक परिणाम भी प्रकट हुआ, एक ऐसा अनुभव जो एक दशक बाद अब जब मैं नाइट राइडर्स की संस्कृति विकसित करने में लगा था, तब मेरे साथ खड़ा मेरी सहायता कर रहा था। यहाँ भी कुछ बहुत शक्तिशाली व्यक्तित्व थे, जैसे रिकी पोंटिंग और सौरभ गांगुली, जो अपने अन्तरराष्ट्रीय कैरियर के दौरान कई दफ़ा आपस में लड़े-भिड़े थे। इसी तरह पाकिस्तानी शोएब अख्तर बड़े शक्तिशाली व्यक्तित्व थे। लेकिन प्रबन्धकों,

मालिकों और खिलाड़ियों को यह श्रेय जाता है कि हम उसी संस्कृति का विकास करने में सफल हुए जिसे रामप्रकाश ने बिलकुल स्वीकार नहीं किया था। इसलिए अब यह आश्चर्य की ही बात थी अपनी टीम पूरी करने की तैयारी करते हुए मुझे रामप्रकाश का नाम याद आया।

मैंने अपने एक अंग्रेज़ परिचित को लिखा—'मैं एक ऐसे युवा गुणी ओपनर की तलाश में हूँ, जो फील्ड में भी अच्छा हो, स्पिन या मीडियम पेस बॉलिंग करता हो, जो कोई महत्त्वपूर्ण सफलता प्राप्त न कर सका हो और अभी तक ए-टीम या काउंटी क्रिकेट में ही हाथ-पैर मार रहा हो। क्या तुम कोई ऐसे नाम सुझा सकते हो? यदि हाँ, तो उनके साथ सम्पर्क कैसे किया जाए? और यह विचार आश्चर्यजनक तो है...लेकिन रैम्प्स की आजकल क्या स्थिति है? क्या वह ट्वेंटी-20 के इस खेल में दो साल कुछ कर सकता है? क्या वह अब भी अच्छी फील्डिंग करता है? क्या वह ट्वेंटी-20 खेलता है? अब भी ओपिनिंग कर सकता है?

मेरा मत है कि जो टीम हमने 50 लाख डालर देकर गठित की, वह वन-डे और टेस्ट क्रिकेट के लिए तो ठीक थी, लेकिन खेल के इस रूप के लिए उसकी सीमाएँ थीं। इसमें हमारी शक्ति कम हो जाती थी।

यदि हम इस दिशा में आगे बढ़े होते, तो क्या हुआ, यह बताना रोचक होता, लेकिन अन्त में हमने एक और दिशा पकड़ ली। टूर्नामेन्ट के आरम्भ में विक्टोरिया के ब्रेड हॉज ने हमारे लिए खेला, और दूसरी नीलामी में, जब हमारे पास बहुत थोड़े पैसे बचे थे, हमने पाकिस्तानी सलमान बट और मुहम्मद हफ़ीज़ को ले लिया। मैंने स्वीकार किया कि ट्वेंटी-20 का बचपन होने के कारण, ऐसे खिलाड़ियों का चयन मुश्किल हो रहा था जो इस खेल के लिए उपयुक्त हों। इस समय यह स्पष्ट नहीं था कि आई.पी.एल. उद्घाटन में नाइट राइडर्स का क्या हश्र होगा। यह तो भविष्य में ही छिपा था।

यदि हमें पता होता कि खिलाड़ियों की दूसरी नीलामी भी होगी, तो हम ज़्यादा अच्छा कर दिखाते। दूसरे सात फ्रैन्चाइज़ों की तरह नाइट राइडर्स भी वेतन के लिए 50 लाख अमेरिकी डॉलर की सीमा के अन्तर्गत काम कर रहे थे। पहली नीलामी में हमने सब खर्च कर दिया था और हमारे पास अब 1 लाख 7 हजार अमेरिकी डॉलर ही शेष बचे थे।

पहली नीलामी के बाद मुझे यह जानकर ताज्जुब हुआ कि राजस्थान रॉयल्स के कैप्टन-कोच शेन वार्न पर इस रकम में से 20 लाख डॉलर बचा लेने के लिए जुर्माना किया गया। मैं सोचने लगा कि उसने ज़्यादा खर्च क्यों नहीं किया। मोहाली की टीम भी, जिसका कोच पश्चिम आस्ट्रेलिया का टॉम मूडी था, उसने भी 5 लाख डॉलर की रकम बचा ली थी। क्यों?

नीलामी के समय टॉम पर्थ में मेरे साथ था। छाती के कैंसर के लिए पैसा जमा करने के लिए आयोजित एक कार्यक्रम में, कुछ अन्य लोगों के साथ, हम दोनों भी अतिथि वक्ता थे। जब शान्ति हो गई, मैंने उससे पूछा, 'मोहाली की वेतन राशि में से 5 लाख डॉलर क्यों खर्च नहीं किए गए?'

टॉम का उत्तर था, 'क्या पता चलता है, बाद में भी किसी और को खरीदने की ज़रूरत पड़ सकती है।'

यह बात मेरी समझ में नहीं आई। मैं सोचने लगा 'बाद में कब? खिलाड़ियों को खरीदने का यही तो एक अवसर था...नहीं था क्या?'

और कुछ दिन बाद सचमुच दूसरी नीलामी हुई, जिसके बारे में न मुझे, न मेरी टीम को, और ज़्यादातर फ्रैन्चाइज़ों को भी कोई सूचना नहीं थी–कम से कम उस समय मेरी जानकारी यही थी। राजस्थान और मोहाली को छोड़कर बाकी सब फ्रैन्चाइज़ अपना पैसा खर्च कर चुके थे। इस आश्चर्यजनक दूसरी नीलामी में क्वींसलैंड के ऑल-राउण्डर जेम्स होप्स और शेन वाटसन भी दोनों अच्छे खिलाड़ी जिनको मैं चाहता था कि पहली नीलामी में शामिल हों, सामने आए।

वाटसन, जिसे भावी आई.पी.एल. चैम्पियन राजस्थान ने अनुबन्धित किया, टूर्नामेन्ट के प्रमुख खिलाड़ी घोषित किए गए। राजस्थान की जेब में इंग्लैंड के दिमित्री मास्करे हैस को खरीदने के लिए भी पैसा था।

टॉम की मोहाली टीम ने इस दूसरी नीलामी में होप्स को खरीदा, जो बहुत अच्छा साबित हुआ क्योंकि वह पिछले बारह महीनों में एक अन्तरराष्ट्रीय लिमिटेड-ओवर्स में खेलकर इसकी कुशलता प्राप्त कर चुका था। मैंने टॉम से कहा, 'तुम्हारी योजना बढ़िया थी।' वह चुप रहा।

15 नाइट राइडर्स के बढ़ते कदम

जिस तरह सॉकर के लिए मानचेस्टर यूनाइटेड सर्वोपरि है और बेसबॉल के लिए न्यूयार्क यांकीज़, उसी तरह क्रिकेट के लिए कोलकाता नाइट राइडर्स हो सकता है। मानचेस्टर यूनाइटेड और यांकीज़ ऐसी खेल-संस्थाएँ हैं जो दुनिया भर में मान्य हैं और जिन्हें सबका समर्थन प्राप्त है। मैं मानता हूँ कि क्रिकेट के लिए नाइट राइडर्स भी उतना ही महत्त्व प्राप्त कर सकता है।

हमारे फ्रैन्चाइज़ का उद्देश्य यह है कि आस्ट्रेलिया, दुबई और द. अफ्रीका जैसे स्थानों में खिलाड़ी और समाज का पारस्परिक सम्बन्ध विकसित किया जाए। इसे प्राप्त करने की दिशा में हमने अपने पंख तब फैलाए जब सितम्बर 2008 में नाइट राइडर्स ने मेरे गृह-नगर ब्रिसबेन के सेन्टर ऑफ एक्सिलेंस में पहला अन्तरराष्ट्रीय खेल और कोचिंग का कैम्प आयोजित किया। हमारी टीम के युवा खिलाड़ियों के लिए यह क्रिकेटिंग जीवन का अमूल्य अनुभव था।

इस कैम्प में हमने छह ट्वेंटी-20 मैच खेले लेकिन खेलने और सीखने के अतिरिक्त भी हमने कुछ किया। इसमें नेतृत्व और शिक्षा के सेशन आयोजित किए गए और नगर के उत्तर सनशाइन कोस्ट में प्रचार-प्रसार के लिए भी एक कार्यक्रम किया। इस तरह कोलकाता-आधारित नाइट राइडर्स एकेडेमी का विज़न दुनिया भर में अपना जाल फैलाना है। मानचेस्टर यूनाइटेड और यांकीज़ नए खिलाड़ियों का चयन करने के लिए संसार में घूमते हैं और फिर उन लोगों को अपने संगठन के माध्यम से शिक्षित तथा वितरित करते हैं।

आस्ट्रेलिया में प्रतिवर्ष मानचेस्टर यूनियन सॉकर स्कूल मेलबोर्न, सिडनी और ब्रिसबेन में अपने कार्यक्रम आयोजित करता है। इनमें युवा खिलाड़ियों को न केवल और अच्छे ढंग से खेलने की शिक्षा दी जाती है, बल्कि यह भी सिखाया जाता है कि अच्छे मनुष्य कैसे बनें। हर सेशन के अन्त में हर बच्चा हर एक से और कोचों से, जिन्होंने उन्हें दिन भर सिखाया है हाथ मिलाता है। व्यवहार के नियम और खेल की शिक्षां दोनों एक साथ दी जाती हैं।

अपने आस्ट्रेलियाई दौरे के अन्त में एक लकी नम्बर निकाला गया और ब्रिसबेन की एक लड़की को एक सप्ताह के लिए मानचेस्टर यूनाइटेड की एकेडेमी की यात्रा करने का अवसर मिला। इस युवा खिलाड़ी के लिए यह जीवन का एक महत्त्वपूर्ण अनुभव था। यह ऐसी योजना है जिसे मैं नाइट राइडर्स में भी आरम्भ करना चाहूँगा।

लेकिन इससे पहले फ्रैन्चाइज़ को भारत में अपने पैर जमाने होंगे। इस उद्देश्य को प्राप्त करने के लिए पहला कदम अगस्त-सितम्बर 2008 में उठाया गया, जब प्रतिभाशाली खिलाड़ियों का चयन करने के लिए हमने देश में चार स्थानों का दौरा किया।

मुम्बई के गोरेगाँव स्थित वर्षा से गीले स्पोर्ट्स क्लब की बहुत संक्षिप्त भेंट में मुझे 125 युवा प्रतिभाओं से मिलने का मौका मिला। दो दिन बाद हमारा प्रतिभा खोजी कारवाँ दिल्ली जा पहुँचा जहाँ विजय दहिया एकेडेमी के सहयोग से, हमें नाइट राइडर्स में भाग लेने के इच्छुक 465 खिलाड़ी मिले। इसके बाद हम अहमदाबाद गए जहाँ, विजय पटेल के नेतृत्व में कई कोचों के साथ हमने 85 और खिलाड़ियों से भेंट की। हमारी सड़कों से हुई यह यात्रा कोलकाता में आकर खत्म हुई जहाँ लौटकर हमने बंगाल क्रिकेट टीम की क्षमताओं का जायज़ा लिया।

मुम्बई में हमें क्रिकेट का मैदान नहीं प्राप्त हुआ और हमें बास्केटबॉल के डामर से बने कोर्टों से काम चलाना पड़ा। मानसून का मौसम होने के कारण हमें पिसी हुई ईंट और धूल-मिट्टी से विकेट बनाने पड़े। लेकिन लड़के अपनी खेल-कुशलता दिखाने के लिए आतुर थे, भले ही उन्हें दो-चार बार ही बैटिंग या बॉलिंग करने का अवसर क्यों न मिले।

हमने एकदम सवेरे शुरुआत की और अँधेरा होने तक खेलते रहे। नाइट राइडर्स के डायरेक्टर जॉय भट्टाचार्य और स्थानीय कोचों ने दुभाषियों का काम

किया और हमने पहले दिन लड़कों से कैचिंग और ग्राउण्ड फील्डिंग करवाकर देखी, फिर दूसरे दिन बैटिंग और बॉलिंग करवाई। खिलाड़ियों की उम्र 14 से 30-35 तक थी। बॉलर्स को दो या तीन डिलीवरी देनी पड़ती थीं। इनमें हमें सब तरह के लोग मिले, कुछ बहुत उत्साही लेकिन खेल में मध्यम लेकिन कुछ ऐसे जो आई.पी.एल. अनुबन्ध के योग्य थे।

कोलकाता-आधारित नाइट राइडर्स का उद्देश्य एम.ए. एकेडमी की स्थापना करना है जिसका सारी दुनिया से संपर्क हो—हमारा फ्रैन्चाइज इसका प्रयत्न कर रहा है।

लेकिन मैं यहाँ जो देखने आया था, वह कुछ और था। बैटर तो यह दिखाना चाहते थे कि वे कितनी तरह से बैटिंग कर सकते हैं और उन्हें आउट करना कितना कठिन है, लेकिन मैं यह देखना चाहता था कि वे बॉल मार सकते हैं या नहीं। हमें कुछ सचमुच बहुत मनोरंजक ढंग से खेलने वाले मिले जिनके बारे में हमने नाइट राइडर्स के साथ ले जाने के लिए नोट्स भी लिए। हमने 10-12 खिलाड़ी ऐसे पाए जो भले ही 2009 या 2010 में खेलने योग्य भले ही न हों लेकिन जिनका विकास किया जा सकता था। लड़कों और उनके घरवालों के चेहरों पर मुस्कानें देखना भी विशेष अनुभव था।

हमने एक बॉलिंग मशीन लगाई और उसकी गति निश्चित कर दी जो लड़कों के लिए काफी तेज़ थी। भारतीयों की आदत के अनुसार वे हल्के से मुस्कराते और दूसरी बॉल गुजरने का इन्तज़ार करते। लेकिन यह काम आसानी से नहीं हो रहा था। बार-बार बिजली चली जाती, जिससे मशीन रुक जाती, या इससे भी बुरी बात—उसकी गति धीमी हो जाती, और जब फिर बिजली आती तो बॉल की गति भयंकर तेज़ हो जाती।

भारत देश ऐसा ही है। यहाँ के लोग निभा लेते हैं क्योंकि वे इसके अभ्यस्त हो गए हैं। लोग रचनात्मक हैं और नई-नई बातें सोचते भी हैं क्योंकि उन्हें इसकी आवश्यकता है। जो बातें हमें पश्चिमी लोगों की गलत या अद्‌भुत लगती हैं, उन्हें सामान्य लगती हैं, और कमियों को ठीक करने में लग जाते हैं। यह सर्वोत्तम हल तो नहीं होता, लेकिन काम चलता रहता है। और यही भारत है—काम रुकता नहीं, चलता रहता है।

बहुत सारे लड़के ऐसे थे जिन्हें हम आस्ट्रेलिया में 'बातूनी' कहते हैं। ये बहुत कुछ बोलते रहते थे और हमें यह बताकर प्रभावित करने की कोशिश करते

थे कि वे किस-किस को जानते हैं और वे खुद कितना अच्छा खेलते हैं। लेकिन जब उनको खिलाकर देखा जाता तब पता चलता था कि इन्हें कुछ नहीं आता।

हमें 15 साल की उम्र के दो लड़के मिले, एम.ई. सनुथ और विकास चौहान, जो दोनों हाथ से बॉलिंग कर लेते थे। इनमें से सनुथ को हमने दो साल के लिए अनुबन्धित कर लिया, कि उसका विकास किया जाए। दाएँ हाथ से वह ऑफ-स्पिन करता है और बाएँ हाथ से आरथोडाक्स—उसके दाएँ हाथ का कार्य ज़्यादा अच्छा है—और दोनों हाथों से थ्रोइंग भी कर सकता है। धीरे-धीरे ऐसे भिन्न ढंगों से खेलने वाले और भी मिलेंगे और उन्हें हम प्रोत्साहित करेंगे, क्योंकि उन्हीं में हम क्रिकेट का भविष्य देखते हैं।

भारतीयों में क्रिकेट की प्रतिभाओं की तलाश करने में हमारे उद्देश्य तीन थे। आरम्भ में हम उसी साल के अन्त में ब्रिसबेन के अपने कैम्प में शामिल होने के लिए तीन से पाँच तक खिलाड़ियों का चयन करना चाहते थे। दूसरे, हमारा फ्रैन्चाइज़ सन् 2009 में से शुरू होने वाले खिलाड़ी विकास कार्यक्रम के लिए 20 से 40 तक लड़के तलाश करना चाहते थे। तीसरे, हम चाहते थे कि नाइट राइडर्स के खिलाड़ियों में आधे तो हम कोलकाता के समाज से प्राप्त करें और शेष आधे देश के अन्य भागों से चुनकर लाएँ।

अच्छे तथा प्रतिभाशाली खिलाड़ियों की हमारी तलाश इसलिए भी आवश्यक थी, क्योंकि क्वींसलैंड के अपने नई जमीन तोड़ने वाले दौरे के इंडिया ए कमिटमेन्ट्स में हमारे आठ खिलाड़ी कम हो गए थे। इसके अलावा क्रिकेट एसोसिएशन ऑफ बंगाल ने अन्तिम क्षणों में यह निर्णय लिया था कि 'क्वींसलैंड के सेन्टर ऑफ एक्सिलेंस में होने वाले कार्यक्रम में भाग लेने के लिए चुने गए नाइट राइडर्स के खिलाड़ियों को उसमें शामिल न होने दिया जाए, क्योंकि उनका मानना था कि नए कोचिंग प्रबन्ध के सीज़न पूर्व प्रशिक्षण में उनकी पूरी टीम को शामिल होना चाहिए। इसलिए क्वींसलैंड जाने वाली हमारी टुकड़ी के लिए आरम्भ में कुछ युवा लिए जाने का जो कार्य शुरू हुआ, वह बहुत जल्द बाढ़ में बदल गया।

ब्रिसबेन ट्रेनिंग कैंप और क्वींसलैंड के विरुद्ध ट्वेंटी-20 मैचों की सीरीज़ तो शुरुआत भर था। इसके बाद हमें दुनिया के अनेक बन्दरगाहों पर वहाँ की स्पोर्ट संस्थाओं से सम्बन्ध स्थापित करने जाना था जिसका ब्रिसबेन पहला पड़ाव था। हमारा मूल विचार यह था कि यदि हम उन विदेशी समाजों को अपनी

भारत-आधारित एकेडेमी में नहीं ला सकते तो हमारी एकेडेमी स्वयं उनके पास जाएगी।

आरंभ में हमारी अन्तरराष्ट्रीय एकेडमियाँ क्रिकेट पर केन्द्रित केवल खेल-कौशल तक स्वयं को सीमित रखने वाली थीं। लेकिन इसका भी कोई कारण नहीं था कि वे क्रिकेट के अलावा और किसी खेल में दिलचस्पी न लें—उदाहरण के लिए नाइट राइडर्स भविष्य में कभी सॉकर या हॉकी का विकास केन्द्र भी क्यों नहीं बन सकेगा?

नाइट राइडर्स होम एकेडेमी भारत में रहेगी। इसमें खेलों का एक मेडिकल सेन्टर भी होगा। मेरा उद्देश्य पूरे समाज को इसका लाभ पहुँचाना होगा, केवल बड़े लोगों को नहीं। कोलकाता के केन्द्र में डॉक्टरों से प्रशिक्षकों तक सभी प्रकार के लोग होंगे, और छोटे बच्चों के लिए भी यह उनके माता-पिता तथा शिक्षकों के सहयोग से विशेष कार्यक्रम चलाएगा। एकेडेमी में खिलाड़ियों को स्वास्थ्यवर्धक भोजन, मानसिक विकास तथा खेल-कौशल की शिक्षा दी जाएगी।

हमारे क्वींसलैंड ट्रेनिंग कैम्प में जॉन डीबिल ने, जो आस्ट्रेलिया के बेसबॉल कोच होने के साथ-साथ बोस्टन रेड सॉक्स के लिए प्रतिभाओं की तलाश का काम भी करते हैं, अतिथि के रूप में भाग लिया था। उनका विश्वास है कि हमारे फ्रैन्चाइज़ के लक्ष्य प्राप्त किए जा सकते हैं और कार्यक्रम की सफलता के लिए उन्होंने तीन कदम उठाने का सुझाव दिया था।

'पहला, प्रतिभा को कम-से-कम मूल्य पर प्राप्त कीजिए। दूसरा, उसका विकास कीजिए और तीसरा, जीतिए। हम इसी प्रकार काम करते हैं। ये विदेशी एकेडमियाँ क्रिकेट के लिए बहुत बड़ा सहारा सिद्ध हुई हैं। बोस्टन रेड सॉक्स यह काम बहुत अच्छा करता है। क्रिकेट पर भी यही लागू होता है। इसका ढंग यही है कि आप जाइए, चुनाव कीजिए और उन्हें ले आइए।'

जैसा हमने अपने कैम्पों में किया, रेड सॉक्स भी खेल के विविध पक्षों की जाँच के लिए जगह-जगह खेमे लगा देते थे—जैसे दौड़ने, हिटिंग, थ्रोइंग, फील्डिंग और शक्ति की जाँच के लिए। 'और यहाँ हम उन्हें खेलना सिखाते हैं,' जोन ने कहा। 'नाइट राइडर्स भी सही ढंग से काम कर रहा है, इसमें मुझे सन्देह नहीं है।'

जनवरी 2008 में, आई.पी.एल. द्वारा मुझसे बात किए जाने के कई महीने बाद, आई.पी.एल. ने मुझसे पहली बार सम्पर्क किया। ललित मोदी ने, जो उस

समय बी.सी.सी.आई. की मार्केटिंग सब कमेटी के चेयरमैन थे, मुझसे बातचीत की।

'मैं दो घंटे में आपको कोचिंग कार्य की ज़रूरतों पर एक नोट भेज रहा हूँ और यद्यपि मैं जानता हूँ कि कोच के रूप में आपको पूरे अधिकार प्राप्त हैं, फिर भी यदि आप यह महसूस करें कि कुछ और भी आपके अधिकार में होना चाहिए, तो निस्संकोच मुझे सूचित करें। हमारी फ्रैन्चाइज़ और टीम आपके अनुभव तथा विशेषता का पूरा लाभ उठाना चाहती है,' मोदी की पर्सनल असिस्टेंट ने मुझे पत्र में लिखा।

उत्तर में मैंने लिखा, 'मैं इसका अंग बनना चाहूँगा, ज़मीनी स्तर पर इससे जुड़ना चाहूँगा और इसके भावी विकास में पूरा योगदान देना चाहूँगा।'

ट्वेंटी-20 फ्रैन्चाइज़ की कोचिंग मात्र करने से कहीं ज़्यादा मेरी आकांक्षा थी। मैंने मोदी से कहा कि 'मैं नाइट राइडर्स को दुनिया की सबसे बड़ी फ्रैन्चाइज़ बनाना चाहूँगा।' इस विज़न की पूर्ति के लिए मैं अगले तीन सालों में दुनिया के सभी फ्रैन्चाइज़ों द्वारा प्रयुक्त प्रबन्ध व्यवस्थाओं का अध्ययन करना चाहूँगा, जिससे मैं सर्वोत्तम प्रबन्धन, सर्वोत्तम व्यक्ति और सर्वोत्तम संस्कृति प्राप्त कर अपने फ्रैन्चाइज़ का निर्माण कर सकूँ। मैंने मोदी को चेतावनी भी दी कि आई.पी.एल. के आरम्भिक दिनों में, जब हम मैदान के भीतर और बाहर दोनों के लिए सर्वोत्तम व्यक्तियों का चयन करने में ध्यान देंगे, आई.पी.एल. में उसकी सफलता सीमित भी हो सकती है।

यह समय ही बताएगा कि खिलाड़ियों को विकसित करने की मेरी योजना कामयाब होगी या नहीं, या हम उनकी सामान की तरह खरीद फ़रोख्त करते रहेंगे...

लेकिन, शीघ्र ही मुझे विश्वास होने लगा कि युवा भारतीय खिलाड़ियों को प्रशिक्षित करने और राष्ट्रीय खेलों में उन्हें भेजने के साथ-साथ हमारा फ्रैन्चाइज़ विजय भी प्राप्त कर सकेगा। मैं चाहता था कि नाइट राइडर्स ऐसी फ्रैन्चाइज़ बने जिसका अनुकरण अन्य संस्थाएँ करें।

भारत तथा आस्ट्रेलिया दोनों देशों में प्रशिक्षण कैम्पों का आयोजन करके नाइट राइडर्स एक ऐसी व्यवस्था का विकास करने का प्रयत्न कर रहा है जिससे प्रतिभा के चयन का कार्य किया जा सके। जनवरी 2009 में हमारे कैम्प में 58 खिलाड़ी थे और हम दो ऐसे खिलाड़ी ढूँढ़ पाने में सफल हुए जो आई.पी.एल. में भाग ले सकते हैं।

भारत की अव्यवस्था को देखते हुए इसे काफी महत्त्वाकांक्षी योजना कहा जा सकता है। इस अव्यवस्था पर क्या व्यवस्था आरोपित की जा सकेगी? यहाँ के संसाधनों को देखते हुए क्रिकेट को बहुत शक्तिशाली होना चाहिए था, लेकिन यहाँ व्यवस्था का एकदम अभाव है। यह देश एक प्रकार के अव्यवस्था-प्रबन्धन के अन्तर्गत कार्य करता है, और यहाँ पाश्चात्य व्यवस्था सफल होगी, यह मैं नहीं समझ पाता। नाइट राइडर्स में हम यही परिवर्तन करना चाहते हैं और इसमें यदि हमें सफलता प्राप्त हुई, तो बहुत बड़ी बात होगी।

जिस देश में हम काम कर रहे हैं, वहाँ के लिए हमारी व्यवस्था विदेशी है। आई.पी.एल. की सबसे बड़ी समस्या यही है और इसकी वृद्धि की महत्त्वाकांक्षाएँ इसकी सफलता पर निर्भर हैं। क्या कोई ऐसी व्यवस्था विकसित की जा सकती है जो अमेरिका, आस्ट्रेलिया और अन्य देशों में सफलतापूर्वक लागू की जा सकती है?

हमें आशा है कि हम जो करना चाहते हैं, वह तीसरे और चौथे वर्षों में परिणाम देने लगेगा। मैंने अपने दिमाग में पाँच वर्ष का कार्यक्रम बनाया है और उसी के अनुसार मैं काम करने का प्रयत्न कर रहा हूँ। पहले पाँच सालों के लिए मैंने यह योजना निर्धारित की है–

पहला वर्ष–दिशा-निर्धारण

दूसरा वर्ष–अन्वेषण

तीसरा वर्ष–विकास-कार्य

चौथा वर्ष–लाभ-संरक्षण

पांचवां वर्ष–विस्तार

यदि हम सही ढंग से सब काम करेंगे तो अवश्य सफल होंगे। प्रश्न यही कि यदि हमें शीघ्र सफलता प्राप्त न हुई तो क्या मालिक लोग और क्रिकेट प्रेमी आगे भी हमारी सहायता करते रहेंगे?

हम अभी तक कैप्टन की नियुक्ति नहीं कर सके हैं, जो गांगुली के समर्थकों की भी पसन्द हो। मैच के दिन, क्रिकेट के नियमों के अनुसार एक अस्थायी कैप्टन काम करेगा, और हम कुछ भिन्न ढंग से काम करेंगे। असिस्टेन्ट कोच मैथ्यू मॉट एक कैप्टन होगा जो बैटिंग का नियन्त्रण करेगा और ज़रूरत के अनुसार फील्ड में सन्देश प्रसारित करेगा। सवाल यही है कि खेल की गति कम न होने

पाए। लेकिन इस क्रिकेट की जबरदस्त तेज़ी के मद्देनज़र एक और व्यक्ति की जरूरत पड़ सकती है जो फील्ड से बाहर रणनीति, युक्ति और खिलाड़ियों सम्बन्धी विविध निर्णय कर सके।

हम सन् 2009 में, फील्डिंग और बॉलिंग के नेताओं की सहायता से, इसके और प्रयोग करना चाहते हैं। हम स्टेरिक कोच चार्ल्स वर्थ और आस्ट्रेलिया की वुमेन्स हॉकी टीम से मिलकर यह जानना चाहते हैं कि जब उनकी टीम में कैप्टन तो था लेकिन हर खिलाड़ी नेता भी था, उस स्थिति में उन्होंने क्या किया था।

खेल जितना लम्बा होता है, उतना ही कम उसका कोच प्रभावी होता है, लेकिन मुझे लगता है कि अब क्रिकेट में उसका महत्त्व बढ़ेगा—खास तौर से कम समय के खेलों में। मेरे विचारों पर मिली-जुली प्रतिक्रियाएँ व्यक्त की गई हैं, और पारम्परिक रूप से क्रिकेट को चलाने वाले और स्थापित शक्ति-केन्द्रों से उनका ज़बरदस्त विरोध भी हुआ है। ये आलोचक ही अन्त में सफल होंगे, परन्तु जैसा जॉन मेनर्ड केन्स ने 1935 में कहा था, 'कठिनाई नए विचारों के साथ नहीं होती, पुराने विचारों से मुक्ति पाने में ही होती है।'

मैं इस नतीजे पर पहुँच गया हूँ कि मुझे भारतीय अव्यवस्था के अनुकूल बनना होगा, लेकिन मुझे यह भी आशा है कि आई.पी.एल. और नाइट राइडर्स मेरे विचारों का महत्व समझेंगे। समय ही यह बताएगा कि खिलाड़ियों को विकसित करने का मेरा दृष्टिकोण सफल होगा या नहीं, या हम खिलाड़ियों को वस्तु मानकर उनकी, अपनी ज़रूरतों के अनुसार खरीद-फ़रोख्त ही करते रहेंगे।

16 ट्वेंटी–20 की बढ़ती लहर

क्रिकेट आस्ट्रेलिया ट्वेंटी-20 खेल को सही-सन्तुलित रूप में विकसित करके जनता के सामने प्रस्तुत करने में धीमा सिद्ध हुआ। लेकिन 2008-09 के आस्ट्रेलियन समर मैच में ऑल-स्टार टीम बनाकर और हमारे घरेलू फाइनलिस्टों, विक्टोरिया तथा वेस्टर्न आस्ट्रेलिया, के लिए आई.पी.एल. चैम्पियस ट्राफी में भाग लेने का निमन्त्रण स्वीकार करके–जो भारत, पाकिस्तान, इंग्लैंड और द.अफ्रीका की घरेलू टीमों के साथ खेला जाना था–इस कमी को काफी हद तक पूरा कर दिया। ये खेल नवम्बर 2008 में मुम्बई में खेले जाने तय हुए थे, लेकिन उस समय मुंबई पर आतंकी हमले हो जाने के कारण चैम्पियन्स लीग का यह कार्यक्रम सितम्बर-अक्टूबर 2009 के लिए स्थगित कर दिया गया।

यह आतंकी घटना न हुई होती तो भारत और द.अफ्रीका के साथ हुए अपने अनुबन्धों का आस्ट्रेलिया को लाभ प्राप्त हो गया होता, जब उसने अपने 2007-08 के घरेलू चैम्पियन्स और रनर-अप को 60 लाख अमेरिकी डॉलर की चैम्पियन्स लीग में शामिल होने के लिए अनुमति दे दी थी। ब्राडकास्टर ई.एस.पी.एन. ने आई.पी.एल. के साथ अनुबन्ध करके शायद वह 96 करोड़ डॉलर में दस साल के लिए इसके टेलीविज़न अधिकार खरीदे थे, जिसका 50 प्रतिशत भारत को, 20 प्रतिशत द.अफ्रीका को तथा 30 प्रतिशत आस्ट्रेलिया को प्राप्त होना था। यदि ये आँकड़े सही हों, तो अगले दस साल तक आस्ट्रेलिया को 1.44 करोड़ अमेरिकी डॉलर प्रतिवर्ष मिलते रहते।

भविष्य की 2009-10 और या 2010 मैचों के उपयोग के लिए क्रिकेट आस्ट्रेलिया ने एक प्रस्ताव तैयार किया है जिसके द्वारा वे अपनी घरेलू प्रतियोगिताओं

में विदेशी खिलाड़ियों को शामिल करना चाहते हैं। इस योजना से ललित मोदी इतने उत्साहित हुए कि उन्होंने क्रिकेट आस्ट्रेलिया के प्रति अपनी सद्भावना व्यक्त करने के लिए भारत के सचिन तेन्दुलकर, हरभजन सिंह और महेन्द्रसिंह धोनी जैसे महान् खिलाड़ियों को अतिथि खिलाड़ियों के रूप में उनके यहाँ भेजने की पेशकश कर दी। मोदी ने कहा कि उनकी ओर से यह आभार के रूप में वहाँ जाएँगे, क्योंकि जब बी.सी.सी.आई., आई.पी.एल. के लिए आस्ट्रेलियन खिलाड़ियों की माँग कर रहा था, उस समय, शीघ्र आ रहे टैस्ट क्रिकेट तथा वेस्ट इंडीज़ के वन-डे टूर के बावजूद, क्रिकेट आस्ट्रेलिया ने बहुत सहयोग दिया था।

इंग्लैंड की तरह आस्ट्रेलिया का अहं भी भारतीय आई.पी.एल. की सफलता से घायल हुआ। इंग्लैंड ने सन् 2011 में ई.पी.एल. स्थापित करने का निश्चय किया है जिससे ज़ाहिर होता है कि वह 20-ओवर क्रिकेट की लहर पर सवार होना चाहता है।

मज़े की बात यह है, कि मोदी के प्रस्ताव से पहले विवादास्पद खिलाड़ी हरभजन खुद आस्ट्रेलियाई घरेलू क्रिकेट के साथ जुड़ने की इच्छा जता रहा था। यह ऑफ़-स्पिनर चैम्पियन्स लीग में वेस्टर्न आस्ट्रेलिया या विक्टोरिया की तरफ से अतिथि खिलाड़ी के रूप में खेलना चाहता था, लेकिन क्रिकेट आस्ट्रेलिया ने यह कहकर उसे अस्वीकार कर दिया था कि वह 2007-08 के डोमेस्टिक सीज़न में इन दोनों में से किसी भी राज्य के लिए नहीं खेला है।

एक सम्भावना यह है कि एक सुपर सीरीज़ का आयोजन किया जाए जिसमें आस्ट्रेलिया, न्यूज़ीलैंड और द.अफ्रीका की टीमें शामिल हों। इस रचना में छह या आठ टीमें भाग ले सकती हैं और आस्ट्रेलिया की टीमें पर्थ, सिडनी और ब्रिसबेन से आ सकती हैं और बाद में मेलबर्न तथा उत्तरी क्वींसलैंड भी शामिल हो सकते हैं। लोकप्रिय रग्बी यूनियन की त्रिदेशीय प्रतियोगिता के नमूने पर आधारित इस योजना की एक विशेषता यह है कि यह इन तीनों देशों की स्वाभाविक प्रतिस्पर्धा का लाभ उठा सकता है।

जो भी हो, इन योजनाओं से आस्ट्रेलिया के लिए निश्चित घरेलू ट्वेंटी-20 की दुर्बलताओं को छिपाना सम्भव नहीं है। इस नवीन ट्वेंटी-20 के क्षेत्र में प्रवेश करने के आस्ट्रेलिया के प्रयत्नों का एक पक्ष यह भी है कि प्रदेशों की टीमें पहले

तो आपसी खेलों में ही लड़ें-भिड़ें और फिर एकदम मिल-जुलकर दूसरों के विरुद्ध खेलें। लेकिन ट्वेंटी-20 मारो और भागो खेल की तुलना में कहीं ज़्यादा रचनात्मक तथा मनोरंजक खेल है।

क्या यह सम्भव है कि छहों राज्यों को एक साथ लाकर एक नगर में राउंड-रोबिन ढंग का, जिसमें नेता का पता नहीं चलता, टूर्नामेन्ट आयोजित किया जाए, फिर रोड-शो की तरह इसे देश भर में घुमाया जाए और हर सप्ताहांत एक नए सेन्टर में प्रदर्शन किया जाए? क्या हम वास्तव में बुश रेंजर्स वर्सस बुल्स वन-ऑफ मैच ही देखना चाहते हैं? शायद नहीं। आवश्यकता यह है कि समय-निर्धारण के विषय में पुनर्विचार किया जाए और यह भी सोचा जाए कि आस्ट्रेलिया में खेल का विस्तार किस प्रकार किया जाएगा, जिसमें वर्तमान 70 के लगभग घरेलू क्रिकेट के लिए खेलने वाले खिलाड़ियों के अलावा ज़्यादा विस्तृत आधार पर युवाओं को कैसे शामिल किया जा सकेगा। 1990 के दशक के मध्य में आस्ट्रेलिया ने सुपर-8 नाम से एक प्रयोग किया था, जिसमें केयर्न्स और राउन्सविल जैसे स्थानों में सर्दी के दिनों में बिजली की रोशनी में सभी राज्य खेलते थे। नए ढंग से काम करने की भावना अब कहाँ लुप्त हो गई है?

क्रिकेट आस्ट्रेलिया को फ्रैन्चाइज़ के किसी नए स्वरूप पर विचार करने की आवश्यकता है, जैसा आई.पी.एल. में बहुत सफल सिद्ध हुआ है। साथ ही उसे खिलाड़ियों तथा सहायक स्टाफ़ के मामले में आई.पी.एल. के साथ ज़्यादा घनिष्ठ होकर काम करने की ज़रूरत है।

विस्तार की इस योजना में पुरुषों के मैचों के आरम्भ में परदा उठाने वाले कार्यक्रम के रूप में स्त्रियों के लिए ज़्यादा मैच आयोजित करने की ज़रूरत है, और प्रदेशों में भी मैच खेले जाने चाहिए। जब मैंने क्रिकेट आस्ट्रेलिया का 2008-09 का प्रोग्राम देखा, तो मुझे लगा कि अभी तक वे यहाँ तक नहीं पहुँचे हैं। उन्होंने घरेलू ट्वेंटी-20 टूर्नामेन्ट को संक्षिप्त तो कर दिया लेकिन पुरानी राज्यों की प्रतिद्वन्द्विता कायम रखी। जबकि मेरी दृष्टि में उन्हें यह अवसर प्राप्त हुआ था जिसका लाभ उठाकर वे देश भर में नगर और राज्यों को परस्पर एकजुट कर सकते थे। दूसरी बात यह कि यह भी पारम्परिक घर और बाहर खेलों का प्रोग्राम है, यानी एक स्थान पर एक समय में एक खेल। इसके विपरीत ट्वेंटी-20 क्रिकेट में सप्ताहान्त में आठ-नौ टीमें अनेक मैच खेलती हैं।

मेरा मानना है कि आरम्भ में क्रिकेट आस्ट्रेलिया इसमें शामिल न हो सका।

इसमें सन्देह नहीं कि ट्वेंटी-20 क्रिकेट के प्रति आस्ट्रेलिया की प्रतिक्रिया पारम्परिक ही रही, नए ढंग से वह इसे स्वीकार नहीं कर सका। उनका यह नवीन प्रायोजित कार्यक्रम भी इंग्लैंड की तरह आस्ट्रेलियन क्रिकेट का अहं भी भारत की आई.पी.एल. सफलता से आहत महसूस कर रहा था। इंग्लैंड ने 2010 के लिए ई.पी.एल. का गठन कर लिया है जिससे वह भी 20-ओवर क्रिकेट की लहर में शामिल हो सके और आस्ट्रेलिया का यह नया प्रायोजित कार्यक्रम भी इंग्लैंड के वर्तमान घरेलू ट्वेंटी-20 प्रतियोगिता का थोड़ा ही परिवर्तित स्वरूप है और इंग्लैंड में ई-पी-एल भी इस प्रकार विकसित नहीं हो सकेगा जैसा भारत में आई.पी.एल. हो रहा है।

इससे यह स्पष्ट है कि इंग्लैंड भारत की सफलता का प्रतिकार करने का प्रयत्न कर रहा है, और अपने देश में ऐसी व्यवस्था निर्मित करने की कोशिश कर रहा है कि उसके खिलाड़ी आई.पी.एल. में खेलने जाने के बजाय अपने ही देश में होने वाले टूर्नमिंटों में भाग लेने के लिए प्रोत्साहित हों।

शायद वेस्ट इंडीज़ क्रिकेट से भी एक सबक सीखा जा सकता है। वे एलेन स्टेनफर्ड की ट्वेंटी-20 प्रतियोगिताओं से आरम्भ में दूर ही रहे लेकिन शीघ्र ही उन्होंने इसे ट्वेंटी-20 को देश के खेल-जगत का अंग बना लिया और उसमें महारत हासिल करके वेस्ट इण्डिया के डोमेस्टिक सीज़न में अपनी विशेष जगह बना ली। अब स्टेनफर्ड पर धोखाधड़ी का मुकदमा चलाया जा रहा है और इसका खेल पर क्या असर पड़ेगा, यह देखने की बात होगी।

जो हो, खेल को कौन चलाएगा, इस विषय में कुछ संघर्ष ज़रूर है—यह भारत होगा, आई.सी.सी. होगा, ई.सी.बी या नव उद्यमी? इस प्रश्न का प्रतियोगी दलों को फैसला करना होगा, लेकिन यह महत्त्वपूर्ण बात है कि यह खेल समग्र क्रिकेट का आवश्यक अंग बन गया है, यह सब से स्वीकार कर लिया है। क्रिकेट प्रेमी और विज्ञापनदाता दोनों ने यह दिखा दिया है कि उन्हें यह चाहिए और जहाँ तक प्रबन्धकों का प्रश्न है, पैसा उनके लिए महत्त्वपूर्ण है। ट्वेंटी-20 के पैर अब जम गए हैं।

17 आई.सी.एल. का क्या होगा

वर्ल्ड कप 2007 में नेशनल कोच के रूप में अपने कार्यकाल के अन्तिम सप्ताहों में पूर्व आस्ट्रेलियन बैट्समैन और इंडियन क्रिकेट लीग के एजेन्ट डीन जोन्स ने मुझसे पहली बार सम्पर्क किया।

जोन्स मेरे पास प्रस्ताव लेकर आया कि मैं आई.सी.एल. की नवस्थापित ट्वेंटी-20 प्रतियोगिता में फ्रैन्चाइज़ कोच का कार्य करूँ। प्रख्यात कमेन्टेटर टोनी ग्रेग, पूर्व भारतीय विकेट कीपर किरन मोरे और प्रसिद्ध भारतीय ऑल-राउंडर कपिल देव के साथ, जो अच्छे खिलाड़ियों की तलाश में अब दुनिया भर में घूमता-फिरता है, इन सबके कारण यह प्रस्ताव आरम्भ में मुझे आकर्षक लगा, लेकिन इसमें कई अनिश्चय भी जुड़े थे।

यद्यपि एलेन स्टेनफ़र्ड ने वेस्ट-इण्डीज़ में आधारित ट्वेंटी-20 प्रतियोगिताओं के द्वारा इसकी महत्ता तो स्थापित कर दी थी, फिर भी यह टैस्ट क्रिकेट, वन-डे और फ़र्स्ट क्लास क्रिकेट की छाया में ही खड़ा माना जाता था।

मैं आई.सी.एल. के बारे में जिज्ञासु था, लेकिन उसकी व्यवस्था के प्रति दुविधा में था। देश की क्रिकेट में आई.सी.एल. का क्या स्थान है? क्या उसे आई.सी.सी. का समर्थन प्राप्त है? मैं, यद्यपि व्यवस्था को चुनौती देने के लिए तैयार रहने वाले व्यक्तियों में से हूँ, लेकिन यहाँ अपने अगले कदम के बारे में सतर्क रहना चाहता था।

आई.सी.एल. के बारे में जानकारी लेने पर मुझे भारतीय तथा आस्ट्रेलियाई

दोनों स्रोतों से यह पता चला कि आई.सी.सी. और बी.सी.सी.आई. कोई भी इस प्रतियोगिता को स्वीकृति नहीं दे रहा है। विद्रोही कैरी पैकर के वर्ल्ड सीरीज़ क्रिकेट की तरह ही इससे व्यवहार किया जाएगा। यदि विद्रोही आई.सी.एल. नहीं माना तो उसे देश भर में खेल के मैदान आदि की सुविधाएँ प्राप्त करने में कठिनाई होगी, क्योंकि बी.सी.सी.आई. ने उसे स्वीकृति नहीं प्रदान की है।

इसी समय क्वींसलैंड के पूर्व कैप्टन जिम माहेर ने फर्स्ट-क्लास क्रिकेट से अपना त्याग-पत्र देकर आई.सी.एल. में शामिल होने की घोषणा की। उसने कहा—'यह मीडिया और जनता दोनों में बहुत सफल रहा। मुझे आस्ट्रेलिया की तरफ से द. अफ्रीका में वर्ल्ड कप के लिए खेलने का सौभाग्य प्राप्त हुआ था, लेकिन यह टूर्नामेन्ट तो उससे भी ज़्यादा घनघोर साबित हुआ और भारत की क्रिकेट के लिए पागल जनता को इसने हिलाकर रख दिया। देखे बिना इस पर विश्वास करना कठिन है।'

सच कहा जाए तो आई.सी.एल. अब किसी के लाभ का नहीं है। उसने 60 युवा भारतीय खिलाड़ियों को बाहर निकाल दिया है और उनकी वापसी की संभावना नहीं है।

मैंने इस सम्बन्ध में क्रिकेट आस्ट्रेलिया के मुख्य प्रबन्धक जेम्स सदरलैंड से बातचीत की और उनका मत था कि मैं इस प्रस्ताव की उपेक्षा करूँ। सदरलैंड की पहले बी.सी.सी.आई. से बात हो चुकी थी जिसके आधार पर उसने बताया कि बहुत जल्द भारत में एक और ट्वेंटी-20 टूर्नामेन्ट की घोषणा होने की सम्भावना है, उसका मैं इन्तज़ार करूँ। जेम्स ने इस बारे में ज़्यादा जानकारी तो नहीं दी, लेकिन अब मुझे सन्देह नहीं है कि उन्हें इन्टरनेशनल क्रिकेट कौंसिल के समर्थन से बनने वाली आई.पी.एल. के बारे में बता दिया गया था।

आई.सी.एल. का निर्माण उस समय हुआ, जब भारत के केबिल नेटवर्क जी.टी.वी. ने भारतीय घरेलू क्रिकेट के टेलीविज़न अधिकार प्राप्त करने का प्रयत्न किया। लेकिन ये अधिकार सोनी टी.वी. को दे दिए गए। इससे नाराज़ होकर जी. टी.वी. के मालिक सुभाष चन्द्र ने आई.पी.एल. के नाम से अपनी क्रिकेट लीग चलाने का फैसला किया।

इससे आई.पी.एल. का गठन करने की प्रेरणा मिली और विद्रोही आई.सी.एल. तथा उसके खिलाड़ियों को मुख्यधारा से निकालने की कोशिश शुरू हुई। उदाहरण

के लिए, जेसन गिलेस्पी को, जिसने आई.पी.एल. में अहमदाबाद की तरफ से हिस्सा लिया था, आस्ट्रेलिया में सिर्फ इस कारण कि वह आई.सी.एल. के लिए खेला था, कोच बनने से रोक दिया गया। क्या यह उचित था? मेरे विचार में, नहीं था। दूसरा उदाहरण, केंट को चैम्पियन्स लीग के उद्‌घाटन में भाग लेने से इसलिए रोक दिया गया कि उसकी टीम में आई.सी.एल. के लोग थे। न्यूज़ीलैंड क्रिकेट ने अपना सबसे बढ़िया फास्ट बॉलर, शेन बांड, सिर्फ इसलिए खो दिया क्योंकि उसने आई.सी.एल. के साथ अनुबन्ध किया था। मनोरंजक बात यह है कि आई.पी.एल. में वह ज़्यादा पैसा प्राप्त कर सकता था, बशर्ते उसे पता होता कि यह भी शीघ्र बनने वाली है, या यह कि उसे आई.सी.एल. के लिए खेलने के कारण अपने देश की क्रिकेट से भी अलग कर दिया जाएगा। वह पेशेवर खिलाड़ी है, उसकी उम्र हो चली है और उसे एक परिवार पालना है। उसकी जगह कोई और होता तो वह क्या करता?

अच्छा तो यही होगा कि दोनों प्रतियोगिताएँ मिलकर एक हो जाएँ, और यह सम्भव भी है। परन्तु लगता नहीं यह हो पाएगा।

इन प्रतिबन्धों की एक समस्या यह भी है कि इनमें कुछ निश्चित नहीं है। जिम माहेर को आई.सी.एल. में शामिल होने के बाद भी ब्रिसबेन में क्लब क्रिकेट खेलने दिया जाता है। टॉनी ग्रेग, जो आई.सी.एल. का प्रचार करने वालों में एक हैं, चैनेल नाइन पर हमेशा की तरह कमेन्टरी करता है।

आस्ट्रेलिया का पूर्व फास्ट बॉलर एण्डी विशेल भी आई.पी.एल. में शामिल होने का प्रयत्न कर रहा था, लेकिन गिलेस्पी और माइकेल कैस्प्रोविज़ का हश्र देखकर वह इससे बचकर निकल आया। अब वह नाइट राइडर्स के साथ बॉलिंग कोच का काम कर रहा है। इसी तरह कई पुराने प्रतिभाशाली, युवा खिलाड़ी भी बाहर आने को मजबूर हुए हैं।

यह स्थिति सही नहीं है, इसको सुधारने का उपाय किया जाना चाहिए। खेल की भलाई के लिए दोनों पक्षों के लोगों को अपने अहं पर नियन्त्रण करना होगा। यह भी हो सकता है कि दोनों विरोधी पक्ष मिलकर एक लीग बना लें जिसके दो विभाग हों, और जैसा सॉकर की लीगों में होता है, प्रसार तथा खिलाड़ियों की नियुक्ति का काम केन्द्रीय अधिकारियों द्वारा किया जाए। दोनों को साथ लाने

का यह सरल उपाय है। दूसरा उपाय यह हो सकता है कि 35 वर्ष की उम्र से बड़े खिलाड़ियों के लिए एक सीनियर टीम गठित कर दी जाए।

प्रबन्धकों को अपने चश्मे उतारकर क्रिकेट की पारम्परिक अधिकाधिक और पितृसत्तात्मक निर्णय लेने की प्रवृत्ति का त्याग कर अपने उत्पादों पर ध्यान देना चाहिए और उनके लिए बाज़ार की व्यवस्था करनी चाहिए।

आदर्श स्थिति तो यही होगी कि भविष्य में दोनों प्रतियोगिताएँ एक में ही मिल जाएँ। दुर्भाग्य से वर्तमान समय में यह होना सम्भव नहीं लग रहा है। आई.पी.एल. को बी.सी.सी.आई. का समर्थन प्राप्त है और उसके द्वारा नियन्त्रण खेल के मैदान तथा स्पांसर भी उन्हें उपलब्ध हैं। बी.सी.सी.आई. स्वयं इसकी पहल नहीं करेगा, दरअसल इसका बोर्ड तो आई.सी.एल. को नेस्तनाबूद करने पर आमादा है।

मुंबई में हुए आतंकी हमलों के कारण आई.सी.एल. को अपना टूर्नामिन्ट स्थगित करना पड़ा, और अब लीग आर्थिक कठिनाइयाँ भी झेल रहा है। मार्च 2009 में उसने बोंड जैसे व्यक्तियों को अपने अनुबन्ध से मुक्त करने का निश्चय भी किया है जिससे वह और उसका न्यूज़ीलेंडर साथी डैटिल टफ़े अपने देश जाकर अपने राष्ट्रीय खेलों में भाग ले सकें।

ईमानदारी से कहा जाए तो आई.पी.एल. से अब किसी का कोई लाभ नहीं हो रहा है। इसने भारतीय क्रिकेट से लगभग 60 खिलाड़ियों को अलग कर दिया है और उनके खेल में वापस लौटने का कोई रास्ता दिखाई नहीं दे रहा। मुझ जैसे बाहरी व्यक्ति के लिए, भारत में अक्सर ज़िन्दगी व्यर्थ चली जाती है—और इन क्रिकेटरों के साथ शायद यही हो रहा है।

18 क्रिकेट के मैदान में फिल्मी सितारे

कोलकाता–मार्च 10, 2008 नाइट राइडर्स के सह-स्वामी शाहरुख खान से मेरी यह पहली भेंट थी, और बॉलीवुड के इस बादशाह का जादू मैंने पहली बार महसूस किया और पहली ही बार मुझे आई.पी.एल. क्रिकेट टूर्नामेन्ट की शानदार सम्भावनाओं का ज्ञान हुआ।

इस मीटिंग की मैं उत्सुकता से प्रतीक्षा कर रहा था। यदि मुझे नाइट राइडर्स का कार्य करना था, तो मैं यह निश्चित कर लेना चाहता था कि वह और उसके दोनों सह-स्वामी जय मेहता और जुही चावला भी उसी ढंग से सोचते हैं जैसे मैं सोचता हूँ।

मैं नहीं जानता था कि शाहरुख से क्या अपेक्षा करूँ। ब्रिसबेन से कोलकाता की मैंने जिस विमान से यात्रा की, उसमें उसी की एक फिल्म, 'चक दे इण्डिया' चल रही थी, जिसमें उसने भारतीय स्त्रियों की एक हॉकी टीम के कोच का रोल अदा किया था। मैंने ध्यान से यह फिल्म देखी जिससे उस व्यक्ति के बारे में कुछ समझ सकूँ जो मुझे कोलकाता में मिलने वाला था।

कोलकाता के आई.टी.सी. सोनार होटल पहुँचने के बाद, जो आई.पी.एल. का केन्द्रीय स्थल था, मुझसे कहा गया कि मैं अपने कमरे में ठहरूँ, कुछ देर बाद मुझे उनसे मिलने को बुलाया जाएगा। यह क्षण आया तो मैं उनके कमरे का द्वार खोलकर भीतर गया। वह कान में फोन चिपकाए, एक हाथ में सिगरेट थामे खड़ा था, चारों तरफ बहुत से लोग थे, जिनमें उनकी सहायक करुणा बड़वाल,

बॉडीगार्ड और नाइट राइडर्स के सह-स्वामी जय मेहता भी थे। सच कहूँ तो यह दृश्य कुछ डराने वाला था।

लेकिन शाहरुख बहुत सहज थे और उन्होंने गर्मजोशी से मेरा स्वागत किया। वह प्रतियोगिता आरम्भ होने से पहले, मुझे वह सब दिखाना चाहते थे जो उन्होंने नाइट राइडर्स को आई.पी.एल. के स्तर तक पहुँचाने के लिए किया था।

उनका व्यक्तित्व आश्चर्यजनक है–स्वयं ही अपने को रात में 10 बजे से कम-से-कम सवेरे 4 बजे तक काम करने वाला उल्लू मानते हैं। फिर अपने बच्चों को स्कूल पहुँचाते हैं, इसके बाद सो जाते हैं और शाम को आँखें खोलते हैं। हर काम का समय नियत है।

उन्होंने खेलों के प्रति अपने प्रेम के कारण नाइट राइडर्स की शुरुआत की, क्रिकेट को वे प्यार करते हैं और चाहते हैं कि यह खेल आम लोगों तक पहुँचे।

उनके लिए नाइट राइडर्स का अर्थ है बहादुरी से खेलना और अच्छे-से-अच्छा खेलना। वह कहानी की शक्ति को जानते हैं और उनका विज़न नाइट राइडर्स

एस.आर.के.

शाहरुख खान *ने खेलों के प्रति अपने प्रेम के कारण नाइट राइडर्स की शुरुआत की, क्रिकेट से उन्हें प्यार है और इसे वह जनता तक पहुँचाना चाहते हैं। उनके लिए नाइट राइडर्स का अर्थ है बहादुरी से खेलना और अच्छा-से-अच्छा खेल दिखाना।*

वे जाने-माने सितारे हैं, लेकिन नम्र भी बहुत हैं। उन्होंने टीम के ऊपर खुद को कभी नहीं लादा। मालिक होते हुए भी वे कभी ड्रेसिंग रूम में अपने आप नहीं गए। हमेशा पूछा कि क्या मैं आ सकता हूँ। मुझसे उन्होंने यही कहा–'आप कोच हैं, लेकिन मैं आपको सहारा देने के लिए आपके साथ हूँ।'

फिर भी उनकी उपस्थिति उनके सन्देशों के द्वारा महसूस की जाती रही, जो समय बीतने के साथ ज़्यादा बड़े होने लगे और जल्द आने लगे–'अब कहानी का वक्त है, दोस्तों...मैं कह रहा हूँ कि अगर हारते ही रहोगे तो मेरे सन्देश लम्बे होते चले जाएँगे जिनसे तुम्हें बोरियत होगी। और यही होगी तुम्हारी सज़ा–यह थी एक प्रेरक सन्देश की भूमिका।

की एक ऐसी छवि तैयार करना है जो जनता की चैम्पियन बनकर कोलकाता के गृह स्टेडियम पर गलत ताकतों के हमलों का प्रतिकार करे, उसके खिलाड़ियों के विरोधियों का मुकाबला करे और अशुभ पर शुभ की विजय निश्चित करे। शाहरुख की इच्छा थी कोलकाता के इतिहास और कहानियों को आधुनिक मनोरंजन के साथ जोड़कर जिसमें रंग और दृष्टि दोनों हों, और जो खेल के प्रति युवाओं को आकृष्ट करे, प्रस्तुत करना। उनके आदर्श तथा मूल्य मेरे मूल्यों के अनुरूप हैं और इसलिए मुझे लगा कि यह संयोग बहुत अच्छा रहेगा।' मैं सोचता हूँ कि हम दोनों की इच्छाएँ नवीनता तथा रचनात्मकता की दृष्टि से, कि इन्हें हम अधिक-से-अधिक व्यक्तियों तक पहुँचा सकें, साथ ही परम्परा से भी आवश्यक रूप से जुड़े रहें, समान हैं। मैं यह भी सोचता हूँ कि हम दोनों यथास्थिति को चुनौती देने के मामले में भी समान हैं।

खेलों में उनकी उपस्थिति भी अद्भुत थी। शाहरुख गाते और नाचते भी हैं और खेल के बीच में भी अपने समर्थकों तथा टीम का उत्साह बढ़ाने के लिए स्टेज पर ही नाच भी सकते हैं, जो दर्शकों को बहुत प्रिय लगता है। उनके साथ अपने सम्बन्धों की मेरी एक बहुत मधुर याद बंगलोर में खेल का आरम्भ होने से एकदम पहले की है। मैं चाहता था कि आई.पी.एल. सीरीज़ के बहु प्रचारित रायल चैलेन्जर्स के खिलाफ पहली मुठभेड़ के समय वे टीम के खिलाड़ियों से मिलें।

उनके आने में कुछ देर लगी—जो भारत में आम बात है—जिसका कारण उनकी अपार लोकप्रियता ही थी। वे आए, मैंने बड़े जोश-खरोश से हर खिलाड़ी का उनसे परिचय कराया। मुझे महसूस हुआ कि वे बहुत खुश हुए हैं और खिलाड़ियों के बीच उनका दिल भर आया है।

वे जाने-माने स्टार थे लेकिन नम्र भी थे। उन्होंने अपने को कभी टीम के ऊपर लादने की कोशिश नहीं की। मालिक के रूप में वे कभी ड्रेसिंग रूम में यूँ ही नहीं गए। हमेशा पूछा कि क्या मैं आ सकता हूँ। मुझसे कहते थे; 'आप कोच हैं, लेकिन मैं आपको सहारा देने के लिए साथ हूँ।'

और जब भी वे वहाँ आते, टीम को उपहारों से भर देते—कम्प्यूटर, साउंड सिस्टम्स, फोन्स। इनके द्वारा वे यह सन्देश देते थे, 'हम जीतना चाहते हैं', लेकिन इनका अर्थ यह भी होता था कि प्रयत्न करो और हासिल करो। वे कहते थे, 'जीत और हार दोनों से सबक लेना सीखो।'

हम जीतें या हारें, वे साथ रहना चाहते थे। खेल का परिणाम कुछ भी होता, मैच के बाद हम जब सोनार जाते तो टीम के सब लोगों के लिए, सहायक स्टाफ के लिए भी, वहाँ उपहारों की भरमार होती। कोलकाता में हुए मैचों में नाइट राइडर्स और उनकी विरोधी दोनों टीमों के खिलाड़ियों को मध्ययुगीय कला के सोने के हेलमेट प्रदान किए जाते, जिनका खर्च शाहरुख द्वारा ही किया जाता था। यह अपनी तरह का अनोखा उपहार था।

एक दफा वे मुझे और टीम के डायरेक्टर जॉय भट्टाचार्य को तथा दो और लोगों को अपनी नई फिल्म 'बिल्लू बार्बर' में अपनी शुटिंग दिखाने ले गये। दिन भर हमने वहाँ शूटिंग देखी जो बाद में पता चला कि एक गाने के चौथाई हिस्से की ही शूटिंग थी। यह विशेष रूप से निर्मित मूवी सेट, जो मुम्बई से बाहर पहाड़ियों पर बनाया गया था, अहमदाबाद की सड़कों और गलियों का नमूना था। सेट तैयार करने में 40 दिन लगे और काफी बड़े इलाके में यह फैला था, लेकिन काम खत्म हो जाने के बाद इसे तोड़ दिया गया।

हम शाहरुख के अपने मूवी-ट्रेलर पर अतिथि थे, जिसका वे पिछले 15-20 साल से उपयोग कर रहे थे। यह उनकी साधारण शुरुआत का प्रतिबिम्ब था। और अभिनेता के वास्तविक व्यक्तित्व का परिचय देता था। यहाँ हमें वे लोग भी मिले जो 15-20 साल से उसके साथी रहे थे। इन लोगों से मिलकर मुझे लगा कि 'एस.आर.के.' मित्रों के लिए वफ़ादार हैं, नम्र हैं और अपना उद्‍गम कभी नहीं भूलते। उनको काम करते देखना अद्‍भुत था। शाहरुख विलक्षण व्यक्ति हैं। उनकी नैतिकता आश्चर्यजनक है। वे हर कार्य के प्रत्येक पक्ष पर पूरा ध्यान देते हैं।

गौरी से विवाहित, शाहरुख एक चलते-फिरते आदर्श हैं। वे जहाँ जाते हैं, लोग उनकी पूजा करते हैं। लोग उन्हें गले लगाते हैं। आस्ट्रेलिया के लोग मिलने पर हाथ मिलाते हैं। लेकिन भारत में परम्पराएँ भिन्न हैं। वे गले मिलकर एक-दूसरे का स्वागत करते हैं। वे हर किसी से गले मिलते है। शुरू में मुझे यह बड़ा रोचक लगा। आस्ट्रेलिया के लोग कुछ सीमा तक व्यक्तिगत सामीप्य पसन्द करते हैं, लेकिन भारत में ऐसा नहीं है। यहाँ के लोग एकदम घनिष्ठ हो जाते हैं—जैसे हमला कर रहे हैं। मुझे यही अनुभव हुआ—जैसे मेरे ऊपर हमला किया जा रहा हो—हालाँकि भारतीय इसे इस दृष्टि से नहीं देखते। भारत में हमेशा लोग आपसे

घनिष्ठ ही रहते हैं। इसलिए जब भी हमारी भेंट हुई, शाहरुख और मैं हमेशा गले ही मिले।

वे लोगों को प्रेरणा देते थे। प्रायः प्रत्येक खेल के पहले और बाद में वे हम सबको भावपूर्ण समर्थन के सन्देश भेजते—कई दफ़ा इनमें रुडयार्ड किपलिंग की कविता होती।

वे सफलता के हमारे क्षणों के लिए प्रसन्नता व्यक्त करते और आरंभिक खेल में मैकुलम द्वारा 158 रन बनाने पर मानो खुशी से पागल हो उठे। खेल से पहले, इनिंग्स की उत्तेजना से पहले ही शाहरुख चेन्ना स्वामी स्टेडियम के चारों ओर नाच रहे थे। मैच से पहले आतिशबाज़ी की गई, टूर्नामेंट को गति प्रदान करने के लिए यह ध्वनि और दृश्य का मनोरंजन कार्यक्रम था। और इस सबके साथ शाहरुख थे—वे मनोरंजन से भी ऊपर मनोरंजन थे। और सारे टुर्नामेंट में उनका यही व्यवहार रहा। उनकी भावनाएँ स्पष्ट, प्रखर और ज़बरदस्त प्रभावी होती थी।

मेरे सहायक कोच मैथ्यू मॉट ने कहा, हमारे मालिक तो चुंबक की तरह थे जिनकी हर कोई चिपकता चला जाता था। हर कोई उनसे प्यार करता था, वे जीवन से बड़े थे, लेकिन वे हर वस्तु में घुल-मिल जाते थे। वे सबसे बराबरी का व्यवहार करते थे और हमारे दल पर सबसे ज़्यादा प्रभाव उन्हीं का था। मैककुलम ने कहा, कितने शालीन हैं वे, किसी को उनसे डर नहीं लगता।

अजित आगरकर ने कहा, 'बहुत विलक्षण हैं वे। दूसरे मालिक भी ऐसे ही हैं। बीच में हमारा खेल बहुत खराब रहा लेकिन इतना पैसा लगाने के बावजूद सब खुश बने रहे। वे बहुत मशहूर सितारे हैं, सारी जनता उन्हें चाहती है, लेकिन टीम के साथ उनका व्यवहार, उनकी नम्रता, इस सबसे आपको अच्छा लगता है, कि मालिक लोग आपके साथ हैं।'

शाहरुख का उत्साह हमेशा सहायक भी नहीं होता था। डेक्कन के साथ अपने पहले घरेलू खेल के बाद हमें रात को 11.30 बजे होटल में एक कान्फ्रेंस रूम में बुलाया गया। शाहरुख एक स्पांसर को लेकर आए, उन्हें भाषण दिया और सभी को तोहफे दिए। हर खेल के बाद यह होता था। यदि ह्ययूलेट-पैकर्ड स्पांसर होता तो सबको कम्प्यूटर दिए जाते। हम हमेशा जीतते नहीं थे लेकिन शाहरुख इस तरह अपना समर्थन व्यक्त करते थे। हमको शर्म भी आती कि जीतने के बिना भी हमें तोहफ़े दिए जा रहे हैं। मैंने दो बार शाहरुख से इस बारे में

बात की। इसी के साथ टीम के लोग यह समझते थे कि पेशेवर खिलाड़ी होने के नाते उनके कुछ कर्तव्य भी हैं, और उनका इन कार्यक्रमों में भाग लेना ज़रूरी है, लेकिन एस.आर.के. ने माना कि आगे से वे इस बात का ध्यान रखेंगे।

भारत में अपनी प्रसिद्धि के बावजूद एक अवसर ऐसा भी आया जब हमारे शानदार सह-स्वामी को—बॉलीउड के इस चमत्कारी व्यक्ति को, जिसे वह जहाँ भी जाता, भीड़ घेर लेती थी, जिसकी नाइट राइडर्स शर्ट, खान-12, आई.पी.एल. द्वारा प्रचारित वस्तुओं में सबसे ज़्यादा बिकी—निश्चित परिचय-चिह्न के अभाव में, जिस टीम का वह मालिक था, उसी के ड्रेसिंग रूम में जाने से रोक दिया गया। आई.पी.एल. के इतिहास का यह सबसे विवादास्पद क्षण था। आई.पी.एल. के चेहरों में शाहरुख से ज़्यादा परिचित चेहरा और किस व्यक्ति का था, मैं नहीं जानता। लेकिन जयपुर शहर में हुई आतंकी बमबारी के कारण, जो आई.पी.एल. के दो-तिहाई हिस्से तक आ पहुँची, सिक्योरिटी के विशेष प्रबन्ध का यह परिणाम था।

'जीत' और 'हार' दोनों से ही आप सबक सीखते हैं।
—शाहरुख खान

इस विशेष सुरक्षा अधिकारी, निरंजन सिंह विर्क ने, जो आई.सी.सी. की एंटी करप्शन तथा सिक्योरिटी विंग का प्रमुख था, ईडेन गार्डन में स्थित नाइट राइडर्स के ड्रेसिंग रूम में प्रवेश करने से रोक दिया। शाहरुख ने विर्क से पूछा कि वह क्या चाहता है। उसे लगा कि कोई खास बात हुई है जो उसे बगल में ले लिया गया है, लेकिन विस्तृत ज़्यादा बातचीत से पता चला कि प्रवेश के लिए आवश्यक चिह्न न होने के कारण उन्हें रोका गया है।

इस पर शाहरुख, जैसा स्वाभाविक था, काफी नाराज़ हुए और जब तक, आई.पी.एल. के अधिकारियों ने उनसे स्थिति, विस्तार से स्पष्ट नहीं की, ड्रेसिंग रूम में नहीं आए।

आई.पी.एल. के अध्यक्ष ललित मोदी ने सार्वजनिक रूप से उनका समर्थन किया और कहा कि उनके साथ किसी भी स्थिति में यह व्यवहार नहीं किया जाना चाहिए था। परन्तु शाहरुख का क्रोध कम नहीं हुआ और बहुत दिन तक वे हमारे कमरों से दूर रहे। लेकिन उनकी उपस्थिति फिर भी महसूस की जाती रही और उनके सन्देशों की संख्या भी बढ़ गई। 'यह कहानी का समय है, दोस्तो... यदि आप इसी तरह हारते रहेंगे तो मेरे इन सन्देशों की संख्या बढ़ती चली जाएगी

और आपको उनसे बोर होना पड़ेगा। यही आपकी सज़ा होगी'—यह था उनके एक प्रेरणादायी सन्देश का आरम्भिक वाक्य। इस सन्देश में हमारे असफल सीज़न की तुलना अपनी एक फिल्म से की गई जो फ्लॉप हो गई थी—'हम सब एक बेकार-सी स्क्रिप्ट के शिकार बने थे'। उन्होंने खिलाड़ियों से आग्रह किया कि 'इस स्थिति में भी अपने मन को ऐसा बनाए रखें कि इस कहानी को पीछे मुड़कर फिर देख सकें, यही नहीं, इसे एक विशेष कहानी के रूप में याद करें।'

'मैं अक्सर ऐसी फिल्में बनाता हूँ जो बिलकुल नहीं चलतीं...लेकिन इन कहानियों के साथ निबटने का मेरा अपना ढंग है...मैं इसका मज़ा लेता हूँ...इसलिए दोस्तो, हिम्मत बनाए रखो और अपने मन को खराब मत करो।'

लेकिन यह समाचार प्रेस में प्रकाशित हो गया और शाहरुख ने इसका बहुत बुरा माना। लेकिन इससे जनता को यह सन्देश गया कि पराजय की स्थिति में भी शाहरुख का टीम को समर्थन प्राप्त है, जो अच्छी बात थी। जब स्थिति खराब होती है, उनका वास्तविक रूप प्रकट होता है। महान् व्यक्ति की यही पहचान है।

19 चीयरलीडर्स का ड्रामा

शाहरुख़ खान को अपने ही नाइट राइडर्स के ड्रेसिंग रूम में घुसने न देने की घटना आई.पी.एल. की अनेक विवादास्पद घटनाओं में से एक थी। फील्ड में हुए खिलाड़ियों के झगड़े, जैसे हरभजन सिंह द्वारा श्रीसान्त को तमाचा मारना और शेन वार्न से सौरभ गांगुली का झगड़ा। इन आपसी संकटों के अलावा वह आंतरिक संकट जो सार्वजनिक संघर्ष में बदल गया, बंगलोर के रायल चैलेंजर्स के प्रबन्धकों उसके मालिक विजय माल्या का खिलाड़ियों के साथ झगड़ा। इन सबके साथ नाइट राइडर्स का अपना शोएब अख्तर जो मीडिया के लिए चलता-फिरता चुम्बक था।

और फिर ये चीयरलीडर्स–जय-जयकार करने वाले विशेष दल। वे बहुत थोड़े कपड़े पहनकर आते तो मैदान में शोर मच जाता। कैसा ड्रामा होता था! आई.पी.एल. की शुरुआत की पहली रात को प्रदर्शन करने के लिए वाशिंगटन रेडस्किन्स को लाया गया था। ये लड़कियाँ विदेश की धरती पर, मुख्य खेल के कार्यक्रम के अलावा दर्शकों का मनोरंजन करने वाले दलों का पुरोगामी दस्ता थीं, जो सभी 59 मैचों में किए जाने वाले थे। उन्होंने यह प्रदर्शन किए भी लेकिन टूर्नामेन्ट के अन्तिम खेलों में इनके बदन पर पहले से कहीं ज़्यादा कपड़े थे।

ये चीयरलीडर्स सारी दुनिया से आए थे। बंगलोर के लिए ये बहु प्रचारित रेडस्किन्स थे, और हैदराबाद के लिए लड़कियाँ आस्ट्रेलिया और कनाडा से बुलाई गई थीं। विदेशी होने के कारण हम तो बहुत कम वस्त्र पहने सुन्दर लड़कियों को अपने चेहरों के ऐन सामने नाचते देखने के अभ्यस्त हैं। रग्बी लीग के मैचों, बेसबॉल तथा ऐसे दूसरे खेलों में ये हर जगह दिखाई देती हैं। लेकिन भारत में

टाइट कपड़े पहने नाचती हुई लड़कियाँ कुछ लोगों को रास नहीं आतीं। कई बैनरों में कुछ लोगों ने—जिनमें ज़्यादातर जवान थे—इनसे प्यार और शादी की भी इच्छा जताई, लेकिन ज़्यादातर लोगों के लिए यह बहुत जल्द और बहुत ज़्यादा साबित हो रहा था।

कुछ लोगों ने विरोध तो किया लेकिन शान्तिपूर्वक किया। दूसरों ने ज़ोर-शोर से अपनी भावनाएँ व्यक्त कीं। प्रख्यात राजनेताओं और कुछ खिलाड़ियों ने भी विरोध जताया। मुंबई पुलिस ने इनके वस्त्रों के खिलाफ लोगों की शिकायत पर डी.वाई. पाटिल स्टेडियम में इनके प्रवेश पर रोक लगा दी। आई.पी.एल. के सभी स्थानों पर हुए मैचों से कमोबेश शिकायतें आईं कि इनसे प्रस्ताव किए गए और अश्लील बातें की गईं। चेन्नई सुपर किंग्स और किंग्स पंजाब के बीच हुए मैच से जातिवाद की शिकायत भी आई—दो अंग्रेज़ चियरगर्ल्स ने कहा कि 'ब्लैक' होने के कारण उनसे इसमें भाग न लेने को कहा गया। इस आरोप का ज़बरदस्त खण्डन किया गया।

इसके बाद आए जय जयकार करने वाले। बहुत कम कपड़ों में ये लड़कियाँ—इन्हें देखते ही शोर मच गया। क्या ज़बरदस्त ड्रामा था!

चेन्नई तथा मुंबई में स्त्री-पुरुष का भेद नहीं किया गया। मुंबई में छह पुरुषों तथा छह स्त्रियों को खेल के दौरान मैदान के इधर-उधर नाचने को नियत किया गया और चेन्नई ने सर्वदेशीय दल का गठन किया जिसमें पाँच लड़के और सात लड़कियाँ थीं। चेन्नई सुपर किंग्स ने यह दस्ता खेलप्रेमी दर्शकों के 'भाई और बहिन' दस्ते के रूप में प्रस्तुत किया था।

इन सब कठिनाइयों के बावजूद प्रायः सभी खेलों में ये जय-जयकार करने वाले चीयरलीडर्स प्रस्तुत किए गए। यह ज़रूर है कि टूर्नामेन्ट के अन्तिम दिनों में इनके शरीर पर पहले से ज़्यादा कपड़े आ गए थे, और इसमें भी सन्देह नहीं कि इनके कारण खेल का माहौल बदला और वह रंग-बिरंगा हो उठा। मेरा ख्याल है, देश ने इन्हें स्वीकार कर लिया है।

20 दादा : कोलकाता का राजकुमार

हमारे 2008 के कैप्टन सौरभ गांगुली, कोलकाता के राजकुमार, जिन्हें लोग प्यार से 'दादा' कहते हैं, बहुत मोहक व्यक्ति हैं, विरोधी भावनाओं के पुंज। मेरा ख्याल है कि मनोवैज्ञानिकों को वे बहुत जटिल लगेंगे। उनके साथ काम करने में मुझे कोई कठिनाई नहीं हुई, लेकिन जब टूर्नामेन्ट खत्म हुआ तब मुझे लगा कि मैं उन्हें जानता ही नहीं हूँ।

मैं सौरभ के प्रति खुले दिमाग के साथ आई.पी.एल. में शामिल हुआ था—जबकि मैं जिस आस्ट्रेलियन टीम का कोच था, वे उसके विरोधी थे। वह अच्छे व्यक्ति हैं लेकिन अपनी दुनिया में रहते हैं। वे टॉस के लिए इतनी देर से आते थे कि स्टीफेन वॉ पागल हो उठता था। इसमें उनकी नीति भी हो सकती है, लेकिन उन्हें इसके महत्त्व का ज्ञान भी नहीं था। जब उनसे कहा जाता कि टॉस के लिए जाना है, तब वह अपने कमरे में, अपनी दुनिया में, खोए रहते। वे तैयार नहीं होते थे और कपड़े बदलने में इतनी देर लगाते थे कि विरोधी कैप्टन अपना धीरज खोने लगता था।

गांगुली में हमेशा यह गुण रहा है कि अपने विरोधियों को मानसिक रूप से परेशान कर दें। वे हमेशा जान-बूझकर यह नहीं करते, लेकिन वॉ का यही मानना है कि इसका कारण दूसरे की इज़्ज़त करने की भावना तथा सामान्य शिष्टता का अभाव है। कई दफ़ा मुझे भी लगता है कि यह बात सही है, लेकिन अक्सर मैं पाता हूँ कि वह सचमुच अपनी दुनिया में खोया हुआ है और वक्त को भूल

गया है। उसके व्यवहार से लगता है कि वह यह मानता है कि हर चीज़ अपने समय पर होगी, लेकिन उसके समय पर होगी। उसे इसकी चिन्ता नहीं कि दूसरे उसके बारे में क्या सोचते हैं।

और जब लॉडर्स की ऐतिहासिक विजय के बाद उसने अपनी कमीज उतार कर लहराई तो यह एक मायने में ऐसा था जैसे कि परम्परा और पुराने उपनिवेशवादियों को ठेंगा दिखा रहा है। दूसरी ओर उन लम्हों का उत्साह उसे बहा ले जाता है कि उसने और उसकी टीम इस विजय से क्या पाया है, उसने इसके बारे में कभी भी नहीं सोचा था।

हमारे 2008 के कैप्टन, सौरभ गांगुली, कोलकाता के राजकुमार, जिन्हें लोग प्यार से 'दादा' कहते हैं, बहुत मोहक व्यक्ति हैं, विरोधी भावनाओं के पुंज। मेरा ख्याल है कि मनोवैज्ञानिकों को वे बहुत जटिल लगेंगे। लेकिन वे मुझे बहुत भद्र लगे और उनके साथ काम करने में मुझे कोई कठिनाई नहीं हुई...

कोलकाता के निवासी भक्तों के इस देवता को नाइटराइडर्स का कैप्टन इसलिए बनाया गया है कि वह अपने शहर का हीरो होने के अलावा पहले भारतीय टीम का कैप्टन रहा था। लेकिन कागज़ पर सही दिखने वाले इस निर्णय से मैं पूरे टूर्नामेन्ट के दौरान उलझता रहा।

मैंने अपनी टीम को पहले ही यह बता दिया था कि मेरे दर्शन के अनुसार टीम के हर खिलाड़ी में उसका नेतृत्व करने की योग्यता होनी चाहिए। मैंने सबको यह बताया कि मैं खेल के मैदान में 11 नेता खड़े करना चाहता हूँ, इसलिए किसके नाम के आगे 'सी' अक्षर लिखा है, इसका मेरे लिए ज़्यादा महत्त्व नहीं है। मैंने टिप्पणी की कि मैदान में हर किसी को नेता होना चाहिए, इसलिए कैप्टन बहुत महत्त्वपूर्ण नहीं है। प्रेस ने इसका अर्थ यह लगाया कि मैं सौरभ को कैप्टन के रूप में नहीं चाहता। मेरा ख्याल है कि सौरभ भी मेरा मन्तव्य समझता था या उसे इसकी ज़्यादा चिन्ता नहीं थी। मैंने उसे अपनी बात समझाई और शायद वह समझ भी गया कि यह सब कहने में मेरा उद्देश्य क्या है, वैसे यह भी हो सकता है कि उसने भी कुछ समय के लिए यह समझ लिया हो कि कोच उसे हटाना चाहता है।

टूर्नामेन्ट 2009 के लिए द.अफ्रीका रवाना होने से पहले मुंबई में मेरी सौरभ,

शाहरुख और जय मेहता के साथ करीब चार घंटे तक मीटिंग हुई। इसके बाद हमने एक वक्तव्य जारी करके इसी बात पर ज़ोर दिया कि कैप्टन एक ही रहेगा, जिसे मैदान में मौजूद नीतिकारों के सुझाव दिए जाते रहेंगे। कुछ खिलाड़ी, जिनमें महान् खिलाड़ी सुनील गावस्कर भी थे, मेरे मत–तथा मेरे भी–खिलाफ़ थे, लेकिन शाहरुख ने नवीकरण के मेरे विचार का समर्थन किया। अब यह समय तथा अनुभव ही बताएगा कि व्यवहार में इसे सफलता मिलती है या नहीं, लेकिन मेरा ख्याल है कि मिल सकती है और मिलनी चाहिए।

सौरभ की मेरे साथ क्रिकेट और अन्य विषयों पर अक्सर बात होती रही है। वह क्रिकेट का अच्छा दर्शक भी है और मानता है कि टैस्ट क्रिकेट से ही खिलाड़ियों की जाँच होती है। हम कोलकाता में एक जलसे में गए, जो सौरभ का सम्मान-समारोह था और जिसे 300 वन-डे इनटरनेशनल और 100 टैस्ट मैच खेलने के उपलक्ष्य में एक आस्ट्रेलियाई शिक्षण संस्था ने आयोजित किया था। अन्य एशियाई समारोहों की तरह इसमें भी बहुत से वक्ता थे और मुझे भी कुछ शब्द कहने के लिए निमन्त्रित किया गया। मैंने कहा कि सौरभ ने एक अभूतपूर्व कार्य कर दिखाया है, और अपने देश में ब्राण्ड का स्थान प्राप्त कर लिया है।

गांगुली के लिए ड्रेसिंग रूम उसका साम्राज्य हो जाता है। इसका कारण उसका स्वभाव नहीं है, बल्कि वह आदर भाव है जो भारतीय और पाकिस्तानी खिलाड़ी स्वयं उसे देते हैं।

यह बात आश्चर्यजनक लग सकती है, लेकिन इसी कारण मैं उसे ट्वेंटी-20 में खेलने के लिए उपयुक्त नहीं मानता। मुझे चिन्ता होती है कि इससे उसका ब्राण्ड खत्म हो जाएगा, और आई.पी.एल. के लिए खेलने से उसकी प्रतिष्ठा कम हो जाएगी। इस पर हम अक्सर बात करते हैं। सौरभ का नाइट राइडर्स के साथ तीन साल का अनुबन्ध है और वह मानता है कि उसमें ट्वेंटी-20 खेलने की योग्यता है। लेकिन मुझे इसमें सन्देह है। लेकिन एक बात निश्चित है, वह हमेशा कैप्टन नहीं रहेगा। मैंने यह बात स्पष्ट कर दी है, जिससे भारत में मेरी लोकप्रियता को ठेस पहुँची है, लेकिन कोच होने के नाते मुझे टीम के हित में ही सोचना है–किसी एक व्यक्ति के हित में नहीं, भले ही वह कितना भी प्रसिद्ध क्यों न हो।

मेरा विश्वास है कि गांगुली, तेंदुलकर, द्रविड़ और पोंटिंग के स्तर के खिलाड़ियों के लिए ट्वेंटी-20 उनके कैरियर में काफी देर से आया है। इसमें सन्देह

नहीं कि वे इसे खेल सकते हैं, मगर उस गति से नहीं खेल सकते जो इसके लिए ज़रूरी है। इनसे कम उम्र के खिलाड़ियों ने यह स्पष्ट कर दिया है। वार्न, गिलक्रिस्ट और मैकग्रेथ को भी इसके लिए मशक्कत करनी पड़ेगी। अगले सीज़नों में इनके खेल से इसका फैसला हो जाएगा।

सौरभ और मेरे बीच उसके ट्वेंटी-20 खेल पाने की क्षमता के बारे में अक्सर बात हुई है लेकिन हम सहमत नहीं हो सके। नाइट राइडर्स के लिए उसका विशेष महत्त्व यह है कि वह उच्च श्रेणी का विशेषज्ञ है और उसके समान लोग बहुत कम हैं। नियम के अनुसार टीम में सात भारतीय और चार विदेशी खिलाड़ी होने चाहिए, इसलिए उसका स्थान निश्चित है।

प्रतियोगी के रूप में वह विलक्षण है, जो इस स्तर के सब खिलाड़ी होते हैं और हारना उसे पसन्द नहीं है। समय ही बताएगा कि वह कितना खेल सकता है। वह भारत का, और विशेष रूप से बंगाल का देवता खिलाड़ी है। जहाँ तक मेरा सवाल, मैं भारत तथा सौरभ के प्रदेश के लिए अतिथि मात्र हूँ। यदि फैसले का प्रश्न आया तो एक ही व्यक्ति जीतेगा–जैसा मिडिल सेक्स के अपने अनुभव से मुझे पता है–लेकिन स्थिति यहाँ तक पहुँचेगी, ऐसा मुझे नहीं लगता। यदि उसके बिना भी हम जीत गए तो लोग इसे स्वीकार कर लेंगे, लेकिन यदि हार गए तो यह गलत निर्णय माना जाएगा और 'सौरभ को वापस लाओ' के बहरा कर देने वाले नारे लगने शुरू हो जाएँगे। द.अफ्रीका में टूर्नामेन्ट 2009 के खेल से यह दबाव कुछ कम होगा, लेकिन मेरा एकमात्र उद्देश्य भविष्य के लिए फ्रैन्चाइज़ को तैयार करना है।

भारत में सौरभ को राजकुमार की तरह माना जाता है और ज़्यादातर समय वह ऐसा व्यवहार भी करता है, हालाँकि अक्सर वह जानबूझकर यह व्यवहार नहीं करता। उसका परिवार अमीर है। भारत में जब तक आप बहुत गरीब न हों, तब तक आपके पास एकाध नौकर ज़रूर होता है, और आप जितने ऊँचे पहुँचते जाते हैं, उतने ही ज़्यादा लोग आपसे राजा-महाराजा की तरह व्यवहार करने लगते हैं।

अन्य कैप्टनों की तरह ड्रेसिंग रूम में वह अपनी विशेष स्थिति बनाकर रखता है। स्टीफेन वॉ, रिकी पोंटिंग और एडम गिलक्रिस्ट जैसे नेताओं की ड्रेसिंग रूम में अलग जगह है, लेकिन इससे ज़्यादा कुछ नहीं होता। परन्तु गांगुली के लिए ड्रेसिंग रूम जैसे उसका साम्राज्य बन जाता है, और इसका कारण उसका

स्वभाव नहीं होता बल्कि भारतीय और पाकिस्तानी क्रिकेट-खिलाड़ियों के उसके प्रति आदर और सम्मान के भाव के कारण होता है। वह ऐसे व्यवहार की माँग नहीं करता, यह उसे मिलता है। आगरकर, मुरली कार्तिक और आकाश चोपड़ा जैसे हमारे सीनियर खिलाड़ी भी महसूस करते हैं कि उससे सवाल-जवाब नहीं कर सकते।

कार्तिक का सोचना है कि सौरभ के कारण अक्सर उसके अन्तरराष्ट्रीय कैरियर को चोट पहुँची है, क्योंकि गांगुली, जो स्पिनर्स को मात देने में कुशल है, उनको महत्त्व नहीं देता, इसलिए उसे भी खेल में सही अवसर, फील्ड में स्थान तथा बॉलिंग के मौके नहीं देता। वह सोचता था कि गांगुली के कारण ही खेल में पिछड़ गया, हालाँकि यह बात सही नहीं है। कई दफ़ा उसका खेल ही कमज़ोर होता था।

नई पीढ़ी के उत्साही भारतीय क्रिकेट-खिलाड़ियों के लिए गांगुली मॉडल की तरह है। गांगुली ने यह दिखाया कि भारतीय क्रिकेट अपने पैरों पर खड़ी हो सकती है। इस दृष्टि से वह इयॉन चैपल़ के समान है, जो अपने विश्वासों के लिए डटकर खड़ा हो जाता और प्रबन्धकों का विरोध करने में भी नहीं हिचकिचाता–लेकिन चैपल के साथ हमेशा यह लगा कि उसने सब कुछ सोच-विचारकर किया जबकि गांगुली के साथ ऐसा नहीं है, यह उसका स्वभाव ही है।

आत्मविश्वासी तथा संघर्षशील भारतीय खिलाड़ियों के लिए गांगुली रोल मॉडल की तरह है। गांगुली ने दिखा दिया कि भारतीय क्रिकेट अपने पैरों पर खड़ी हो सकती है।

युवराज सिंह कुछ हद तक आधुनिक गांगुली बनने की कोशिश करता है, लेकिन मेरा ख्याल है कि उसमें वह करिश्मा और बड़प्पन नहीं है जो गांगुली के लिए सहज है। इसका अर्थ यह नहीं है कि युवराज में करिश्मा या बड़प्पन नहीं है, यह है कि गांगुली में इसके अलावा भी कुछ और है, एक उपस्थिति है, और आप पसन्द करें या न करें, उसे इज़्ज़त प्राप्त होती है।

खेलों के बाद एक-दो बार मेरी टॉम मूडी से बातचीत हुई और उसने बताया कि युवराज ट्रेनिंग छोड़ रहा है–बस, अपना सब कुछ यहीं छोड़कर जा रहा है क्योंकि उसे आदत है कि कोई उसका सामान लेकर पीछे-पीछे चले। मूडी ने उसे समझाया कि उसकी टीम में लोग अपना काम खुद करते हैं।

लेकिन भारत में यह आम बात है। युवा खिलाड़ी भी अपेक्षा करते हैं कि उनके लिए बहुत कुछ किया जाए। गांगुली सारा जीवन इसी माहौल में रहा है, लेकिन इसका अर्थ यह नहीं कि वह उद्दण्ड है। मैंने उसे हमेशा नम्र, विनयशील और इज़्ज़त करने वाला पाया है, लेकिन समय पर आना उसके लिए असम्भव है। ठीक है, मान लेते हैं कि उसका व्यवहार पारे की तरह परिवर्तनशील है। कोई जलसा 9.30 बजे होने वाला हो तो यह 10.30 या 11 बजे से पहले शुरू नहीं होगा, और सौरभ का ढंग कुछ इस प्रकार होगा–'9.30 बजे क्यों जाऊँ? मेरे बिना तो यह होगा नहीं, इसलिए जब चाहूँगा, पहुँच जाऊँगा।'

उसमें उत्सुकता भी बहुत है और वह पोंटिंग, वार्न और मैकग्रॉ के बारे में सब कुछ जान लेना चाहता है, कि ये लोग कैसे, क्या करते हैं। मैंने अन्दाज़ लगाया कि वह इनसे अपनी तुलना करना चाहता है और यह निश्चित करना चाहता है कि वह भी इन महान् खिलाड़ियों की ही तरह व्यवहार करे।

मैं उसके बारे में क्या सोचता हूँ? तो हमारे बीच कोई बड़े मतभेद कभी नहीं हुए। हमारे सम्बन्ध हमेशा बहुत मैत्रीपूर्ण रहे। लेकिन मैं हमेशा अपने इस विचार से लड़ता रहा कि वह–और सचिन तेंदुलकर, राहुल द्रविड़ और वी.वी.एस. लक्ष्मण–ट्वेंटी-20 क्रिकेट के लायक नहीं हैं।

उन्हें आई.पी.एल. में देवता खिलाड़ियों की तरह प्रतिष्ठित किया गया, और भारत जैसे देश में जहाँ उनकी बहुत इज़्ज़त की जाती है, पहले साल के लिए तो ठीक था, लेकिन वे यहाँ भी उसी स्तर का प्रदर्शन दे सकेंगे, इसमें मुझे सन्देह था।

सौरभ ने नाइट राइडर्स के लिए दो अद्भुत इनिंग्स खेलीं, डेक्कन चार्जर्स और किंग्स XI पंजाब के साथ। फिर हमारे किंग्स XI पंजाब के साथ अन्तिम खेल में वह इतने धीरे बैटिंग करता रहा कि जीतने की कोई सम्भावना नहीं रही, और मैं तथा सारी टीम उसे अपशब्द कहते रहे।

16वें ओवर तक उसने 45 रन बनाए (40 बॉल) और हमें 6-118 पर 174 तक पहुँचना था। उसकी धीमी बैटिंग के कारण। 20-ओवर क्रिकेट के नए नियमों के अनुसार हमें 4 ओवरों में 57 रन बनाने थे। हाथ में सिर्फ चार विकेट, और यह असंभव लगता था। लेकिन अचानक उसने तेज़ी दिखाई, और उमरगुल की सहायता से, रन पूरे कर लिए और हम जीत गए। उसने मुझे गलत साबित कर दिया था।

यह विश्वास करते हुए भी कि वह कैप्टन बनने लायक नहीं है, मैं उसके साथ मज़े से काम करता रहा। इस पद के योग्य दूसरा खिलाड़ी डेविड हसी ही

था, जो पूरे टूर्नामेन्ट में खेलता रहा। लेकिन मैं सोचता था कि पहले ही वर्ष उस पर यह अतिरिक्त जिम्मेदारी डालना सही नहीं होगा। अन्य लोग–जैसे पोंटिंग, गेल, मैककुलम और हॉज-पूरे टूर्नामेन्ट के लिए उपलब्ध नहीं थे, इसलिए सौरभ ही एकमात्र उपयुक्त व्यक्ति शेष रहता था। अन्त में उसने ही सबसे ज़्यादा रन बनाए। अब आई.पी.एल. 2009 और इसके बाद की स्थितियाँ काफ़ी भिन्न हैं।

टूर्नामेन्ट शुरू होने से पहले मैंने ग्रेग चैपल से बात की थी कि सौरभ से क्या अपेक्षा की जाए। ग्रेग, जिससे मैं 1970 के दशक के आरम्भ में पहली बार ब्रिसबेन में मिला था, 2005-07 में भारतीय क्रिकेट का कोच रहा था। उसने एक दफ़ा भारत की टीम से सौरभ को निकाल देने का साहसिक निर्णय भी लिया था।

सौरभ बहुत प्रतियोगी व्यक्ति है। संघर्ष उसकी आत्मा में बसा है। मेरा विश्वास है कि सौरभ गांगुली को अभी और क्रिकेट खेलना भी देना बाकी है।

उसने कहा, 'अगर तुम आसान रास्ता अपनाना चाहते हो तो सौरभ को स्वीकार कर लो और जो वह करता है, करने दो। अगर वह टीम में रहेगा और खुश भी रहेगा तो तुम्हें उससे कोई परेशानी नहीं होगी।'

लेकिन टूर्नामेन्ट के अन्त में मैंने सौरभ से कुछ ऐसा कहा जिसे वह सुनना नहीं चाहता था–'मैं सचमुच यह सोचता हूँ कि तुम्हारा खेल सही नहीं था और तुम जितना ज़्यादा ट्वेंटी-20 क्रिकेट खेलोगे उतना ही अपने को नुकसान पहुँचाओगे।' इससे आगे यह भी कहा, 'आस्ट्रेलिया लौटने से पहले मैं तुम्हें यह बता देना चाहता था–मैं चाहता हूँ कि तुम्हारे साथ पूरी ईमानदारी बरतूँ।'

यह ऐसा खिलाड़ी था जिसने 120 से ज़्यादा टैस्ट मैच और 300 वन-डे मैच खेले थे, जो भारत का सबसे सफल टैस्ट कैप्टन था, जिसने 49 मैचों में 21 में जीत हासिल की थी, और मैं उससे कह रहा था कि वह इस खेल के लायक नहीं है। यह मैं उससे पहले ही कहना चाहता था लेकिन टूर्नामेन्ट के दिनों में कभी उसके लिए उपयुक्त समय नहीं आया।

मेरी यह स्पष्टोक्ति सुनकर सौरभ ने कहा कि वह कम-से-कम एक वर्ष और 20 ओवर क्रिकेट खेलेगा। उसने कहा कि उसका मुख्य उद्देश्य आस्ट्रेलिया के विरुद्ध टैस्ट क्रिकेट खेलना है और टैस्ट से रिटायर होने से पहले उसका यह उद्देश्य पूरा भी हो गया। अन्त में वह बोला, 'मेरे लिए अपनी इस चिन्ता के

लिए धन्यवाद लेकिन मैं इससे सहमत नहीं हूँ।'

और इस प्रकार आई.पी.एल. के अन्त में हम एक-दूसरे से असहमति में सहमत मित्रता पूर्वक अलग हो गए। अपनी दूसरी भेंट से पहले, हमारी आई.पी.एल. के बाद हुई मीटिंग के चार महीने बाद, सितम्बर 2008 में हुए नाइट राइडर्स के ट्रेनिंग कैम्प में हुई, हमने कई दफा ई-मेल और फोन पर बात की। इसमें अच्छी गप-शप हुई और भारतीय क्रिकेट सीज़न के आरम्भिक मैच में न चुने जाने के बावजूद—यह मैच ईरानी ट्राफी चैम्पियन्स और रेस्ट ऑफ इण्डिया की टीम के बीच होना था—वह बड़े उत्साह में था।

> *सौरभ को कैप्टन बनाने का निर्णय, कागज़ पर सही लगने पर भी, ऐसा निर्णय था जिसे मुझे पूरे टूर्नामेन्ट में झेलना पड़ा।*

हो सकता है कि सौरभ को परिवर्तन का अन्दाज़ हो गया हो क्योंकि आस्ट्रेलिया के विरुद्ध बार्डर-गावस्कर ट्राफी खेले जाने के एक दिन पूर्व उसने टैस्ट से अपने रिटायरमेन्ट की घोषणा कर दी। वह अपने भविष्य के सम्बन्ध में हो रही जाँच-पड़ताल और बहस-मुबाहसे से थक चुका था। यह काम भी उसने अपने ही ढंग से किया।

फर्स्ट टैस्ट से पहले हुई उसकी प्रेस कान्फ्रेन्स में सौ से ज़्यादा पत्रकार मौजूद थे। उन्हें उसके रिटायर होने की घोषणा की भनक भी नहीं लगी थी। सौरभ ने करीब पन्द्रह मिनट तक मीडिया को बहलाया और धीरे-धीरे उनके ऐसे सवालों के जवाब देता रहा कि भारतीय टीम के लोगों की, जिनमें वह भी शामिल है, उम्रें बढ़ती जा रही हैं, और क्या उसकी स्थिति में भी सन्देह पैदा हो गया है।

इसके बाद उसने अपना बम छोड़ दिया और यह कहकर कि वह इस सीरीज़ के बाद टैस्ट से संन्यास ले रहा है, तुरन्त कमरा छोड़कर निकल गया। उसका यह पैंतरा अच्छा था, क्योंकि इससे उसको पूरी सीरीज़ में भाग लेना निश्चित हो गया, हालाँकि विजयी सेकिण्ड टैस्ट में पूरी सेंचुरी बनाने के कारण भी इसमें उसका भाग लेना तय था। यह उसने अपने ढंग से किया। आखिरी बात उसी की रही। शाम का सूरज क्षितिज की दिशा में भले ही बढ़ता जा रहा हो, लेकिन उसका कैरियर अभी खत्म नहीं हो रहा था।

सौरभ में प्रतियोगिता का ज़बरदस्त गुण है। वह इस सम्बन्ध में दृढ़ है कि उसे ट्वेंटी-20 में भी कुछ कर दिखाना है। यह लड़ाई उसकी आत्मा में बसी है। मुझे विश्वास है कि अभी सौरभ गांगुली का अन्त सामने नहीं आया है।

21 शोएब का तमाशा

ट्वेंटी-20 इंडियन प्रीमियर लीग के लिए खिलाड़ियों की नीलामी के दो दिन पहले मुझसे अपना फोन खुला छोड़ जाने के लिए कहा गया, यह बताने के लिए कि कोलकाता नाइट राइडर्स के लिए किस विशेष व्यक्ति को खरीद लिया गया है। कुछ दिन पहले ही मैंने इसका कोचिंग कार्य सँभालने का अनुबन्ध किया था और इसके बाद उस ओर से कोई भी बात न किए जाने के कारण मैं इन दिनों चिन्तित रहता था कि अपनी टीम को दूसरों से ज़्यादा प्रभावी बनाने के लिए अच्छे खिलाड़ियों को किस प्रकार जुटा सकूँगा।

भारत में जिस समय नीलामी की तैयारी चल रही थी, मैं वहाँ से एक दुनिया दूर आस्ट्रेलिया में अपनी भाषण-माला पूरी करने के लिए हवाई जहाज़ पर चढ़ा जगह-जगह का सफर कर रहा था। जिस दिन नीलामी शुरू हुई, मुझे पर्थ के एक स्कूल, क्राइस्ट चर्च ग्रामर, उनकी लीडरशिप टीम से मिलने लंच के समय जाना था। उसी शाम एक क्रिकेट ट्रेनिंग सेशन था, जिसके बाद मुझे ईस्ट फ्रीमेंटिल भाषण के लिए जाना था। मैं जिस समय क्राइस्ट चर्च ग्रामर स्कूल की लंच कालीन मीटिंग में छात्रों से बात कर रहा था, नाइट राइडर्स की ओर से मुझे पहला सन्देश प्राप्त हुआ कि उन्होंने एक खिलाड़ी से अनुबन्ध कर लिया है।

मैंने एकदम अपने छात्रों से माफी माँगी और फोन की तरफ दौड़ गया। उसमें यह सन्देश लिखा था–'हमने शोएब को खरीद लिया है–यानी पाकिस्तान का मशहूर पेसमैन शोएब अख्तर।'

मैंने तुरन्त पूछा, 'क्या किया है हमने?'

यह पहला सन्देश चौंकाने वाला था। जहाँ तक शोएब का सवाल है, वह

मेरी चयन सूची में ही नहीं था। और जहाँ तक मुझे जानकारी थी उसे गैर कानूनी ड्रग्स लेने के अपराध में निलम्बित कर दिया गया था। नीलामी का काम खत्म हो जाने के समय तक मुझे शोएब की खरीद का ही समाचार प्राप्त हुआ था।

ग्रेग चैपल के साथ सौरभ के सम्बन्ध में जानकारी प्राप्त करने के पत्र-व्यवहार में उसने मुझे सौरभ के बारे में बताने के अलावा शोएब के बारे में भी कुछ बताया था। यह बात ज़रा गम्भीर थी। 'गांगुली तुम्हारे लिए बड़ी समस्या नहीं होगा... शोएब होगा...। उसकी तुलना में वार्न (शेन वार्न) बहुत अनुशासित स्वास्थ्य-प्रेमी ही प्रतीत होगा।' यह अच्छा लक्षण नहीं था।

पाकिस्तान क्रिकेट बोर्ड ने उस पर 'अनुशासन भंग करने' के आरोप में पाँच साल के लिए खेल से प्रतिबन्धित कर दिया था। इनमें ड्रग्स-परीक्षण में असफल होना भी शामिल था। उसने इसकी अपील की थी और निलम्बन की अवधि कम करके एक साल कर दी गई थी। यह कहना कि शोएब मेरे खेल के मैदान के बाहर व्यवहार के दर्शन में फिट नहीं बैठता, अत्युक्ति न होगी।

लेकिन मैदान के भीतर के दर्शन में कुछ हद तक उसका उपयोग था। नीलामी से पहले मैंने फ्रैन्चाइज़ के अधिकारियों को बताया था कि 'मैं किस तरह के खिलाड़ी लेना चाहूँगा। मुझे न.5 से नं.9 तक ऐसे ऑल-राउंडर चाहिए जो अच्छी फील्डिंग कर सकें।' क्या शोएब इस दृष्टि से सही था। मेरा ख्याल है कि शोएब चल सकता था क्योंकि वह तगड़ा बॉलर था, और उसे ज़बरदस्त गति से अधिक-से-अधिक चार ओवर बॉलिंग करनी होगी। इसलिए मैदान के लिए वह उपयोगी था। उसके साथ सबसे बड़ी समस्या टीम के दर्शन में फिट करने की थी।

शोएब में सम्बन्ध में चैपल ने जो समस्याएँ बताई थीं। उनमें एक और उपमहाद्वीप से आ जुड़ी। 'उसकी समस्याएँ हैं बेहद शराब का सेवन, देर रात तक शोर-शराबा, पार्टीबाजी, अपनी चोटों की देखभाल और ट्रेनिंग की परेशानियाँ इन सबके अलावा युवा खिलाड़ियों के प्रति उसके व्यवहार पर भी नज़र रखनी होगी।' ये बातें उसके प्रति विश्वास नहीं पैदा होने देती थीं।

मेरा ख्याल है कि फ्रैन्चाइज़ को भी उसकी ये विशेषताएँ पसन्द नहीं आएँगी। आरम्भ में आई.पी.एल. के प्रबन्धकों और बी.सी.सी.आई. ने यही कहा था कि यदि उस पर पाकिस्तान ने प्रतिबन्ध लगा दिया है, तो भारत में भी उस पर प्रतिबन्ध है। मेरा ख्याल है कि हम यही करने जा रहे थे, लेकिन उसने प्रतिबन्ध के खिलाफ

अपील कर दी थी। पाकिस्तान में अपील की सुनवाई चल रही थी, इसलिए बी.सी.सी.आई. ने कहा कि जब तक फैसला नहीं हो जाता, तब तक वह आई.पी.एल. के लिए खेल सकता है। तभी वह नाइट राइडर्स के होटल में आकर खड़ा हो गया और बोला, 'मैं आ गया हूँ और चयन के लिए तैयार हूँ।'

अब एक और सच्चाई यह है कि मैं मीडिया के सामने यही कहता था कि उसका शामिल होना उसकी सेहत पर निर्भर करेगा—जो बात सही थी क्योंकि उसकी सेहत खेलने लायक नहीं थी—इससे फ्रैन्चाइज़ को यह भी जाँच-पड़ताल करने का समय मिल गया कि अपील के दौरान कानूनी रूप से खेल सकता है या नहीं, वगैरह। फ्रैन्चाइज़ से जुड़े प्रत्येक व्यक्ति के लिए यह जाँच-पड़ताल बहुत परेशानियों का कारण बनी।

'अपनी शराबखोरी, देर रातें, पार्टीबाज़ी, चोट की देखभाल और ट्रेनिंग की मान्यताओं के कारण उससे बड़ी परेशानी होती है।' उस पर आसानी ने विश्वास नहीं किया जा सकता।

जब मैं शोएब से 6 मई 2008 को टीम के होटल में पहली दफा मिला, तब वह हमेशा की तरह मुस्कराता हुआ मेरी तरफ बढ़ा। उससे दो कदम पीछे पहाड़ की तरह तगड़ा एक आदमी, काले कपड़े पहने खड़ा था। शोएब ने उससे मेरा परिचय नहीं कराया। जब हम बातें कर रहे थे, यह तगड़े खाँ एकदम उठा और बाहर चला गया। मैंने सोचा कि यह शोएब का बॉडीगार्ड होगा।

बाद में मैं इस आदमी, सलमान अहमद से मिला, जिसने मुझे बताया कि वह इंग्लैंड में शोएब से मिला था। वह अपने ही खर्च पर उसके साथ-साथ दुनिया भर में घूमता था। जिससे उसे 'सीधे और सही' रास्ते पर चलाता रख सके। सलमान उसके लिए बहुत चिन्तित रहता था और मानता था कि इसे बचाया नहीं जा सकेगा।

सलमान शोएब की देखभाल और मदद में काफी वक्त और पैसा, जिसका बदला मिलने की कोई उम्मीद नहीं थी, खर्च कर रहा था, और अब वह सोचता था कि शायद मैं उसे ठीक कर सकूँ, क्योंकि मैं उसी तरह का आदमी था जिसकी उसे ज़रूरत है, सिद्धान्तवादी आदमी, जिसके अपने मूल्य हैं, बढ़िया आदमी जिस पर शोएब भरोसा कर सकता है। यह अजीब मकड़ी का जाला था जो शोएब के चारों तरफ बुना हुआ था।

वह मानता है कि उसके चारों तरफ जो ड्रामा है, उसका ज़्यादातर हिस्सा उसकी खुद की वजह से है। लेकिन इसका काफी हिस्सा उसकी शो मैनशिप के कारण भी है जिससे लोग उसके बारे में, अच्छी या बुरी, कहानियाँ गढ़ते हैं।

शोएब ने मुझे बताया कि 14 साल की उम्र में वह घर छोड़कर इंग्लैंड चला गया था और ज़िन्दा रहने के लिए उसे बहुत कुछ करना पड़ा। वह ज़िन्दा तो रह सका लेकिन उसके मददगार अच्छे और सही लोग नहीं थे और उसके बाद उसके साथ यही सिलसिला चल रहा है।

वह खुद कहता है कि उससे जुड़ा जो भी ड्रामा है, उसका अपना बनाया है। लेकिन इसका ज़्यादातर उसकी नाटकीयता के कारण है, जिससे लोग उसे अच्छा या बुरा मानने लगते हैं।

आप उसकी बातों पर विश्वास करना भी चाहें, तो भी उसकी सच्चाई पर शक बना रहता है। नाइट राइडर्स में हमने उसे यथासम्भव समर्थन और ईमानदारी का व्यवहार दिया। उसने भी प्रबन्धकों को साफ-साफ बताया कि 400 वन-डे विकेट हासिल करना उसका लक्ष्य है और उसका विश्वास है कि उसके घायल घुटनों के कारण उसके पास एक या दो साल इन्टरनेशनल खेलने के लिए रह गए हैं। और उसका कहना था कि पाकिस्तानी अधिकारियों द्वारा उस पर लगाए सब प्रतिबन्ध हटा लिए जाएँगे।

पूरे आई.पी.एल. 2008 के दौरान उसमें मीडिया की ज़बरदस्त रुचि रही। प्रेस हमेशा मुझसे पूछता रहता था कि 'शोएब कब खेलेगा और शोएब मुझसे कहता था कि मुझे बॉलिंग चाहिए। मैं बिलकुल ठीक हूँ। मुझे बॉलिंग करने दो।'

उसका उत्साह अच्छा लगता था। लेकिन मैं एन्ड्रूली रॉक्स और एड्रियन लेप्स द्वारा उस पर नज़र रखवा रहा था और उन्होंने बताया कि वह सचमुच अपनी सेहत को ठीक रखने के लिए संघर्ष कर रहा है। हम उसे ट्रेनिंग देते रहे और उसकी बॉलिंग सही करने का प्रयत्न करते रहे, कुछ इस तरह कि उसके शरीर पर ज़्यादा दबाव न पड़े। लेकिन वह सुनता नहीं था। ट्रेनिंग में वह अचानक लम्बी दौड़ लगाता और कहता, 'मुझे बॉलिंग करने दो।' वह एकदम शुरू हो जाता, विशेष रूप से जब वहाँ कुछ भीड़ होती। जब लोग देखते होते, तो वह स्टेज जैसा व्यवहार करने लगता।

उसके हफ्ते-भर तक खेलने देने की प्रार्थना करने के बाद 13 मई को हमने

उसे ईडेन गार्डेन में दिल्ली डेयरडेविल्स के विरुद्ध खेलने के लिए चुन लिया। हमने पहले बैटिंग की और सिर्फ 6-133 बनाए। एक और हार हमारे सामने थी। रन इतने कम बने थे कि और कुछ नहीं हो सकता था। फिर कुछ और करने के लिए हमने शोएब को छोड़ दिया। अपने पहले ओवर में उसने एक विकेट लिया और मशहूर खिलाड़ी वीरेन्द्र सहवाग को चित कर दिया। दूसरे ओवर में उसने गौतम गम्भीर को उड़ा दिया। और तीसरे ओवर में जैसे वह चमत्कार पर उतर आया हो, ए-बी डिविलियर्स और मनोज तिवारी एक के बाद एक डिलीवरी में उसके शिकार हुए। वह हैट-ट्रिक में तो सफल नहीं हुआ लेकिन तीन ओवर में 4-11 पर खत्म हुआ। दर्शक खुशी से पागल हुए जा रहे थे।

शोएब—बॉल हवा में उड़ाते हुए, माथे से टपकता पसीना, पैन्ट में पीछे से बाहर निकली आ रही शर्ट, ज़बरदस्त तेज़ी से इधर-उधर दौड़ता जैसे साँड़ की तरह खुलकर खेल रहा हो और उस शाम ईडेन गार्डेन धमाकेदार शोर-शराबे से गूँजता रहा। वह ऐसी तेज़ बॉलिंग करता कि उसे झेलने वाले खिलाड़ी डर जाते, और भीड़ उसकी हथेलियों का कमाल देख-देखकर चीखती चली जाती। शोएब प्रदर्शन के नशे में झूम रहा था। जैसे वह स्टेज पर खड़ा हो, रोशनियाँ उस पर चमक रही थीं, उसी पर सबकी नज़रें थीं। शोमैन अपने चरम पर था। और उसकी घमासान बॉलिंग का नतीजा यह हुआ कि हमें, आशा के विपरीत, जीत हासिल हो गई।

उसे प्रशंसा से लाद दिया गया। पीठ ठोंकने वालों की भीड़ लग गई, कैमरों के फ्लैश बल्बों से रात जगमगा उठी। उसने हमें बचा लिया था। लेकिन तीन दिन बाद उसके लिए चलना भी मुश्किल हो उठा। उसने पूरी तरह अति कर दी थी। उसके घुटनों की तकलीफ के कारण हमने उस पर कुछ नियन्त्रण लगाने की कोशिश की थी। लेकिन शोएब नियन्त्रण में रहने वाला आदमी ही नहीं है, या तो वह जान-बूझकर यह सब करता है या इस भावना से कि इसी तरह वह अपनी प्रतिष्ठा कायम रख सकता है।

उसके घुटने में इतनी तकलीफ थी कि मुंबई इण्डियन्स के खिलाफ अगले मैच में उसे खिलाने का विचार एकदम त्याग दिया। अन्त में हमने उसे इसलिए खेल में डाल दिया क्योंकि वह ऐसा खिलाड़ी है जो कठिनाई पर काबू पाकर अवसर के अनुसार खड़ा हो सकता है। लेकिन आई.पी.एल. के लिए उसका दूसरा खेल हमारी आशा पूरी नहीं कर सका। हम बैटिंग में दोबारा पीछे रह गए, और इस

बार तो मामूली 67 रनों पर ही सिमट गए—जो टूर्नामेन्ट का सबसे कम स्कोर था। शोएब की बॉलिंग से भी कुछ नहीं हुआ। पहले ओवर में उसने सचिन को ज़रूर पछाड़ दिया, इससे पहले सनथ जयसूर्या को भी गिराया था। लेकिन पहले दो ओवर में 29 रन ही हुए और मुंबई ने पाँच ओवर में ही हमसे ज़्यादा रन बना लिए।

टूर्नामेन्ट के लिए शोएब के पाँच-छह ओवर—तीन डेयर डेविल्स के खिलाफ शानदार जीत वाले और दो मुंबई के खिलाफ़ हार वाले—यही उसका मुख्य योगदान रहे, हालाँकि मीटिंग वगैरह में उसने दूसरे ढंग से भी कुछ योगदान किया। मुझे याद पड़ता है, एक विशेष मीटिंग में, जिसमें हमारे बॉलिंग के खिलाड़ी यह चर्चा कर रहे थे कि बहुत प्रभावी बैटिंग को झेलने के लिए कैसी बॉलिंग की जाए, शोएब ने अनेक प्रकार की नीतियों और बॉल को स्विंग करने की ज़रूरत पर बहुत-सी बातें कहीं। फिर वह अपने कई पाकिस्तानी साथियों के बॉलिंग करने के ढंग के बारे में बताता रहा, जिनमें से कुछ अपनी वैधता में लाइन-बॉल ही हो जाती थीं।

मैं उसकी बातें ध्यान से सुनता रहा लेकिन हमारे फ्रैन्चाइज़ और टूर्नामेन्ट के लिए भी ये ढंग उचित नहीं थे। लेकिन उसका उद्देश्य तो टीम की सहायता करना ही था। बॉलिंग के इन सब ढंगों के प्रति उसका रुख भी खुला और स्पष्ट था, लेकिन ये उन 'ऐड-ऑन्स' का हिस्सा भी था जिन्हें नाइट राइडर्स की विशेष संस्कृति की दृष्टि से, मैं यहाँ विकसित करना चाहता था, सही नहीं था।

इस तरह, जनता और प्रेस की बहुत ज़्यादा अपेक्षाओं के बाद भी, शोएब ने एक दिन तो डेयर डेविल्स के खिलाफ विजय का तूफान चला दिया, लेकिन दूसरे दिन ताज़ी हवा का एक झोंका भी देने में असफल रहा। उसके साथ यही तो होता है। वह अतियों का मालिक है। आपको या तो अविश्वसनीय स्तर की सफलता देता है, या एकदम बेकार साबित होता है। उसे रॉलर-कोस्टर कहा जा सकता है।

इसके बाद टूर्नामेन्ट खत्म होने से पहले ही वह हमारी टीम से बाहर हो गया। उसके घुटने उसे बहुत परेशान कर रहे थे, साथ ही ड्रग्स का आरोप उसके पीछे-पीछे चलता था, जिसके कारण उसे अपना कैरियर ही खत्म करना पड़ सकता था। उस जैसे सहनशील व्यक्ति के लिए भी यह सब बहुत असह्य हो उठा होगा।

कई दफ़ा यह लगता है कि शोएब एक ऐसे अँधेरे से घिरा है जिसमें शायद

हम सब जाकर घिर सकते हैं। उससे कई दफ़ा हुई बातचीत के आधार पर मुझे यह लगता है कि वह अपने को घेरने वाली इन अशुभ शक्तियों से हमेशा परिचित रहा है और उनसे मुक्त होने की जी-जान से कोशिश भी करता रहा है। लेकिन इस सबके बावजूद वह इनसे मुक्त नहीं हो पाता। इस कारण उन सबके लिए, जो उसके साथ होते हैं, जैसे उसका व्यक्तिगत प्रबन्धक, फ्रैन्चाइज़ कोच और कैप्टन, बहुत से प्रश्न खड़े हो जाते हैं। आप यदि किसी को टीम के लिए लेते हैं तो उसकी लागत और लाभ का हिसाब भी बनाते हैं–खिलाड़ी मैदान में आपको जो लाभ देता है, मैंदान के बाहर की लागत, जैसे टीम की एकता, इत्यादि, से वह ज़्यादा है। अन्त में हम इसी नतीजे पर पहुँचे कि लाभ की तुलना में लागत बहुत ज़्यादा रही। इसलिए हम सद्भावपूर्वक अलग हो गए।

वह अतिवादी व्यक्ति है। या तो उसे ज़बरदस्त सफलता प्राप्त होती है, या एकदम बंटाढार हो जाता है। उसका सब कुछ धुआँधार होता है।

नाइट राइडर्स के साथ शोएब का इतना ही सम्बन्ध रहा और पाकिस्तानी क्रिकेट में उसकी वापसी भी अच्छी नहीं रही। क्रिकेट बोर्ड के पूर्व अध्यक्ष शहरयार खाँ ने उसके खिलाफ 'टाइम्स ऑफ इंडिया' में लिखा–'पिछले दो सालों में वह कोच, कैप्टन और बोर्ड सबके लिए एक समस्या बना रहा, और हमने देखा कि वह टीम के लिए खेलने की अपेक्षा अपने लिए खेलने में ज़्यादा दिलचस्पी लेता है, जिसका प्रभाव दूसरों पर पड़ा। जब वह नहीं खेलता था, टीम जीतती रही। मेरा ख्याल है कि शुरू में उसे जो वाहवाही और इज़्ज़त मिली, वह उसके सिर पर सवार हो गई और वह उसे सही ढंग से सँभाल नहीं सका।'

और इस प्रकार शोएब अख्तर का अध्याय कोलकाता और भारतीय सीमा से निकलकर वापस अपने देश पाकिस्तान चला गया और अब वह शायद कभी भारत नहीं आएगा। हो सकता है, किसी दिन वह शाहरुख से मिले और फिल्म के द्वारा अपने जीवन की कहानी सामने लाए और निश्चय ही यह बहुत दिलचस्प कहानी होगी।

22 शेन वार्न और मैं

मुझसे अक्सर एक सवाल यह पूछा जाता है कि आस्ट्रेलियाई टैस्ट क्रिकेट के महान् खिलाड़ी शेन वार्न से, जो आई.पी.एल. के उद्‌घाटन टूर्नामेन्ट में कोच की हैसियत से राजस्थान रॉयल्स को विजय दिलाने में सफल रहे, मेरे सम्बन्ध कैसे हैं।

मेरे ख्याल से जनता का मनोभाव यह है कि शेन वार्न और मैं हमेशा बहस करते रहते हैं, क्रिकेट के प्रति एक-दूसरे के दृष्टिकोण से कभी सहमत नहीं होते, और आस्ट्रेलियाई दस्ते में अपने संयुक्त कार्यकाल के समय हमेशा लड़ते-झगड़ते रहे। कुछ हद तक यह धारणा सच भी है। खेल के प्रति हमारे दृष्टिकोण भिन्न हैं। मैं विश्लेषण में विश्वास करता हूँ, वे चीज़ों को सरल रखना पसन्द करते हैं।

लेकिन मेरा मानना यह है कि जिस एक तत्त्व के कारण कोई कार्य लम्बे समय के दौरान सफलता प्राप्त करता है–जैसा आस्ट्रेलियाई क्रिकेट टीम के साथ हुआ–वह है अन्तर। परन्तु इन अन्तरों को सँभालना ज़रूरी होता है। आस्ट्रेलियाई कोच के नाते मेरा कार्य था इन अन्तरों को प्रोत्साहित करना और अनेक प्रकार की चर्चाओं तथा बहस-मुबाहसों से कई बहुत स्वस्थ परिणाम निकालना। लेकिन कई दफ़ा यह होता था कि संघर्ष सही ढंग से समाप्त न होकर कुछ टिप्पणियों के कारण सार्वजनिक रूप से प्रकट हो जाते थे–जैसे एक स्वयं वार्न की टिप्पणी के कारण और दूसरा पूर्व-आस्ट्रेलियन स्पिनर स्टुअर्ट मैकगिल के कारण हो गया था।

कुछ टिप्पणियाँ टीम से बाहर के लोगों ने, जैसे पूर्व आस्ट्रेलियन कैप्टन इयॉन चैपल ने, मेरे खिलाफ की; उसका कोच के कार्यों के सम्बन्ध में अपना

मत था और व्यक्ति तथा टीम से मेरे सम्बन्ध में भी उसके विचार अलग थे। इस प्रकार संकट उत्पन्न हो जाते थे और मेरा विश्वास यह है कि आठ वर्ष के मेरे कार्यकाल में ऐसा जो कुछ भी हुआ, उससे टीम को लाभ ही हुआ।

शेन तथा मैंने जबसे आस्ट्रेलियन क्रिकेट टीम को छोड़ा है, मेरे रोल तथा कार्य के बारे में उसकी आलोचना समाप्त नहीं हुई है, जारी है। शेन जैसे व्यक्ति के द्वारा अब भी इसका जारी रहना खेद की बात है, क्योंकि वह खिलाड़ी रहा है और ऐसा व्यक्ति है जिसने खेल का चेहरा बदल दिया है।

यह ताज्जुब की बात भी है कि उसके समान प्रख्यात व्यक्ति, जिसे खेल में देवता का स्थान प्राप्त है, अब भी मेरी आलोचना करता रहे। कभी-कभी तो यह लगता है कि अपनी टिप्पणियों में उतना दिमाग भी नहीं लगाता जितना किसी बैट्समेन को क्रीज़ से खींच निकालने में लगाता है।

यह सही है कि व्यक्तियों, टीम के प्रबन्धन या संगठनों की आलोचनाएँ जायज़ हैं, लेकिन इनका आधार सही सूचनाएँ और अनुसंधान होना चाहिए, अज्ञान नहीं। शेन तथा उस जैसे लोग मेरी आलोचना करने से पहले यह जानने में कि मैं क्या करता हूँ, उसे क्यों करता हूँ और वैसा करने में मेरे कारण तथा उद्देश्य क्या हैं, बिलकुल समय नहीं देते। ये आलोचनाएँ किन्हीं सुचिन्तित स्थितियों पर आधारित नहीं होतीं। सच कहा जाए तो ये शुद्ध भावोद्रेक होते हैं?

शेन की दृष्टि में कोच का कार्य टीम को गाड़ी में बिठाकर खेल के मैदान तक पहुँचाना है, इसलिए उसका जयपुर के राजस्थान रॉयल्स का कैप्टन कोच पद स्वीकार करना आश्चर्य ही कहा जाएगा। उसने अपने पूर्व विक्टोरिया के टीम मेट डैरेन बैरी और प्रतिष्ठित अंग्रेज़ जेरेमी स्नेप को असिस्टेंट कोच भी नियुक्त किया, जो मैच के बीच खेलते समय उसके आदेशों का शब्दशः पालन करते थे। उद्घाटन आई.पी.एल. के समय शेन इन सहायकों तथा टीम के खिलाड़ियों के बारे में बार-बार यही कहते थे कि 'हमने इनको रोल दे दिए हैं, निश्चित कर दिया है कि वे उनका सही-सही पालन करें और अगर वे यह करेंगे, तो हमारा काम सही माना जाएगा।'

टूर्नामेन्ट के शुरू में उन्होंने अपनी टीम को 'अण्डर डॉग्स' (कमज़ोर टीम) की तरह, प्रचारित किया, यद्यपि राजस्थान ने क्वींसलेण्ड के ऑल-राउण्डर शेन वाट्सन और द.अफ्रीकी कैप्टन ग्रैम स्मिथ को भी टीम में शामिल किया था। जब राजस्थान अपने पहले दोनों मैच हार गया तो अण्डर डॉग का यह तमगा

सही साबित हुआ, लेकिन आई.पी.एल. का फाइनल जीतने से पहले सिर्फ एक बार रॉयल्स की हार हुई तो यह नाम गलत साबित हो गया।

वार्न ऐसे युवा खिलाड़ियों से घिरा था जो उसके उत्साह, क्रिकेट के प्रति उसके प्रेम और ज्ञान से प्रभावित थे। वाट्सन टूर्नामेन्ट का प्रमुख खिलाड़ी था, यूसुफ़ पठान ने ज़्यादातर छक्के मारे, और बाएँ हाथ से खेलने वाला पाकिस्तानी तेज़ गेंदबाज़ सुहेल तनवीर तो आश्चर्यजनक निकला।

सुधीश वेंकटेश ने टेस्को में ह्यूमन रिसोर्सेज़ के प्रमुख, जो आई.पी.एल. के स्पांसर और दुनिया के तीसरे रिटेल-व्यवसायी हैं, वार्न को प्रेरक नेता बताया। उन्होंने कहा, 'टेस्को में अक्सर यह कहा जाता है कि नेता वह होता है जो आपको आपकी उम्मीदों से कहीं आगे ले जाकर खड़ा कर देता है। शेनवार्न ने राजस्थान रॉयल्स के लिए यही किया। उन्होंने साधारण खिलाड़ियों से असाधारण कार्य कर दिखाए। उन्होंने दुनिया को यह बताया कि विजय के लिए प्रतिभा चाहिए, देवता खिलाड़ी नहीं।'

राजस्थान रॉयल्स की प्रत्येक गतिविधि पर वार्न का अधिकार था। इसमें हर खिलाड़ी का रोल निश्चित था और वार्न ने यह भी निश्चित कर लिया था कि वे अपने रोल सही-सही पूरे करें। वे अनगिनत बार अपनी फील्डिंग की पोज़ीशन से बॉलर के पास दौड़कर जाते, कई दफ़ा हर बॉल के लिए अपनी राय देते, जिससे बॉलर समझ जाता कि किसी विशेष क्षण में उसे क्या करना है।

और परिणाम अच्छे आए। यह टीम हमेशा खुश नज़र आती थी, लगता था यही जीतेंगे और वार्न हर मौके पर उनके आत्म-विश्वास को बढ़ाता चला जाता था। लेकिन मेरा मानना है कि लम्बे समय में टीम की सफलता के लिए उसे गलतियाँ करने के अवसर भी मिलने चाहिए।

हमेशा बहसबाज़ी

मेरे ख्याल से जनता का मनोभाव यह है कि शेनवार्न और मैं हमेशा बहस करते रहते हैं, क्रिकेट के प्रति एक-दूसरे के दृष्टि-कोण से कभी सहमत नहीं होते और आस्ट्रेलियाई दस्ते में अपने संयुक्त कार्यकाल के समय हमेशा लड़ते-झगड़ते रहे। कुछ हद तक यह धारणा सच भी है। खेल के प्रति हमारे दृष्टिकोण भिन्न हैं। मैं विश्लेषण में विश्वास करता हूँ, वे चीज़ों को सरल रखना पसन्द करते हैं।

क्रिकेट के इस नए खेल-स्वरूप में, जिस पर किसी को पूरी महारत हासिल नहीं हुई है, सफलता प्राप्त करने के लिए क्या-क्या चाहिए, यह अन्तर्दृष्टि इसके 2009, 2010 और इसके बाद के टूर्नामेंटों में प्राप्त होगी।

लेकिन जहाँ तक इस आरम्भिक चित्र का सवाल है, 2008 में शेनवार्न तथा राजस्थान ने जो हासिल किया, उसे स्वीकार करना भी ज़रूरी है। वार्न ने राजस्थान को उसी विधि से विजय दिलाई जिसमें उसे विशेष कुशलता प्राप्त है—कठपुतली नचाने वाले की तरह और इसमें उसे बहुत सुख मिला।

यह समय ही बताएगा कि आई.पी.एल. के लिए, जिसमें अनेक टीमें आठ सप्ताह के लिए एकत्र होकर खेलतीं और फिर अलग हो जाती हैं, सही है या नहीं है। यह ऐसी प्रतियोगिता है जिसमें कई संस्कृतियों का मिश्रण होता है, खिलाड़ियों से जिन्स की तरह व्यवहार किया जाता है और फ्रैन्चाइज़ों की जरूरत के अनुसार खिलाड़ियों को खरीदा और बेचा जाता है।

इसलिए इसमें टीम की अपनी संस्कृति विकसित होगी या वार्न द्वारा सफलता पूर्वक प्रदर्शित 'नियन्त्रण की रणनीति' सफल होगी, अथवा दोनों का कोई सम्मिश्रण तैयार होगा, इसका परीक्षण आगामी वर्षों में ही हो सकेगा।

मैं सोचता हूँ कि शेन और मुझमें मतभेद इसलिए है क्योंकि उसमें स्वाभाविक प्रतिभा है। मैंने उसे स्पिन स्कूलों में और नेट के इर्द-गि.र्द युवा बॉलर्स को खेल के बारे में बताते हुए देखा और सुना है। वह हर बात बहुत विस्तार से और स्पष्ट करके उन्हें बताता है और सब उसके एक-एक शब्द को लपकते चले जाते हैं।

अपनी स्वाभाविक प्रतिभा के कारण उसके लिए हर चीज़ एकदम सीधी और सरल है, इसलिए वह मुझ पर आरोप लगाता है कि मैं चीज़ों को अत्यन्त जटिल बना देता हूँ। शायद शेन को यह अन्दाज़ नहीं है कि उसे कितनी आसानी से यह प्राप्त हो गया। इसलिए जब आपके लिए खेल इतना सहज हो तो आपको इसे 'इतना जटिल बनाने' की ज़रूरत ही क्या है? दरअसल मेरी आलोचना के द्वारा वह कोच के रोल को ही छोटा कर रहा था।

आरम्भिक आई.पी.एल. के दौरान शेन से मेरा दो दफ़ा ही सामना हुआ—जब उसके राजस्थान रॉयल्स के साथ नाइट राइडर्स का मुकाबला हुआ। दोनों मैचों में वे ही जीते। मैच के बाद सिर्फ हाथ मिलाए जाते और पराजित कोच द्वारा विजय प्राप्त कोच को बधाई दी जाती। बस, यही होता। इसके बाद कोई सम्पर्क

नहीं हुआ। केवल संक्षिप्त-सी 'हैलो' और 'गुडबॉय'। कई दृष्टियों से, जब मैं आस्ट्रेलियन कोच था और वह हमारा स्टार स्पिनर, तब भी मोटे तौर पर यही सम्बन्ध था।

मैं इससे अधिक सम्बन्ध बढ़ाने के लिए हमेशा तैयार रहा। मैंने हमेशा माना कि यदि वह क्रिकेट या जीवन के बारे में कभी मुझसे कुछ बात करना चाहे, तो मैं उपलब्ध रहूँ। मैंने उसे कभी लेग-स्पिन सिखाने का विचार नहीं किया। लेकिन यदि वह अपनी और अपने परिवार की ज़िन्दगी के बारे में, और अपने निर्णयों के बारे में, कि वे उसके वर्तमान या भावी जीवन को किस प्रकार प्रभावित करेंगे, तो मैं हमेशा उपलब्ध था।

सन् 2008 में शेन वार्न और राजस्थान ने जो प्राप्त किया है, वह लाजवाब है। वार्न ने, जो वह सबसे अच्छा जानता था, उसके सहारे राजस्थान का नेतृत्व किया—जैसे कठपुतली वाला कठपुतलियों को नचाता है और उसने इसका मज़ा भी लिया।

कभी-कभी हम बात करते भी थे। सन् 2005 में इंग्लैंड के एशेज़ दौरे के समय उससे हुई एक बातचीत मुझे याद आती है। कई साल से उसके इर्द-गिर्द होने के कारण और मैदान के भीतर तथा बाहर वह कैसी जिन्दगी बिताता है, इसकी जानकारियाँ होने के कारण मुझे लगता था कि इससे उसके जीवन के दोनों पक्षों पर बुरा प्रभाव पड़ेगा। लेकिन महत्त्व की बात है कि कुछ हुआ नहीं।

इंग्लैंड के उस टूर के दौरान मैंने उससे पूछा कि इन दोनों ज़िन्दगियों में वह कैसे तालमेल बिठाता है। शेन ने बड़ी सादगी से कहा कि मैदान में खेलने का उसका सबसे बड़ा नियम यह है कि वहाँ 'ताज़ा और निश्चिन्त होकर' पहुँचो। उसने मुझे बताया कि ज़िन्दगी में कुछ भी हो रहा हो, वह उसका दरवाज़ा बन्द करके क्रिकेट खेलने को तैयार 'ताज़ा और निश्चिन्त होकर' मैदान में पहुँच जाता है।

और अपने जीवन के किसी भी तत्त्व को बन्द करने के लिए उसे जो भी करना ज़रूरी होता, कर लेता था। किसी दूसरे पर इसका क्या प्रभाव पड़ेगा, इसकी परवाह किए बिना वह दरवाज़ा बन्द करने का यह काम पूरा करके तरोताज़ा और निश्चिन्त मैदान में जा खड़ा होता था।

वह ऐसे व्यक्तियों में है जिन्हें जीवन को अलग-अलग डिब्बों में बाँटकर चलने की कला आती है। जैसे ही वह ड्रेसिंग रूम में पहुँचता है, वह अपनी दुनिया

में हो रही और सब बातों को एक तरफ करके खेलने में डूब जाता है। यह एक अद्भुत गुण है।

क्रिकेट का ड्रेसिंग रूम उसके लिए रंगमंच का तैयारी कक्ष है, लेकिन मैदान वह जगह है जहाँ वह रहना चाहता है। वही उसका मुख्य रंगमंच है, जहाँ वही सबके आकर्षण का केन्द्र रहता है। राजस्थान और आई.पी.एल. दोनों का वह प्रमुख अभिनेता और बाक्स-ऑफिस हिट भी है।

शेन तथा शोएब अख्तर के बीच कुछ समानताएँ भी हैं। दोनों को मैदान से प्यार है। दोनों प्रेस को इस तरह आकृष्ट करते हैं जैसे रोशनी से पतंगे चिपकते हैं। दोनों मैदान के बाहर भी लोगों के लिए ऐसे आकर्षण केन्द्र बने रहते हैं, कि उन्हें अखबारों और पत्र-पत्रिकाओं के सामाजिक पृष्ठों पर स्थान मिल जाता है। दोनों ऐसे व्यक्ति हैं जिन्हें मैं 'गेमर्स' कहता हूँ। ये भले ही बहुत कम तैयारी से आएँ, इन्हें मैदान के सबसे महत्त्वपूर्ण स्थल–उसके केन्द्र में–स्थान प्राप्त हो जाता है।

वार्न किसी भी मैच का नक्शा बदल सकता है–अपनी जबरदस्त स्पिनिंग के कारण, लेट-आर्डर बैटिंग के कारण, कुशल कप्तानी के कारण और अपने उस मानसिक प्रभाव के कारण जो उसके अधिकांश विरोधियों को, सबको नहीं, उसके कैरियर में कभी-न-कभी जादू की तरह बाँध चुका है।

लेग-स्पिन की अपनी कला में उसे इतनी जबरदस्त महारत हासिल है कि आस्ट्रेलिया ही नहीं, दुनियाभर के युवा लेग स्पिनरों के लिए उसकी बराबरी करना असम्भव हो जाता है–क्योंकि हर कैप्टन अपने लेग-स्पिनरों से वार्न जैसी स्पिनिंग की अपेक्षा करता है, चाहता है कि फटाफट वे इसी तरह खेलते हुए कम-से-कम समय में ज़्यादा-से-ज़्यादा विकेट लें। वार्न में टैस्ट के स्तर पर यह कर दिखाने की क्षमता है और जिसका तुरन्त प्रभाव पड़ता है–बहुत कम खिलाड़ियों को यह कुशलता हासिल है।

वह मनोरंजन का पैकेज रहा है। वह जब भी आई.पी.एल. से रिटायर होगा, खेल उसकी कमी महसूस करेगा–हालाँकि मेरा ख्याल है कि फिर भी वह मौजूद रहेगा, खेल की आलोचना और अपने विचारों का प्रचार करता रहेगा, खिलाड़ियों और प्रबन्धकों पर–और हाँ, कोचों पर भी अपनी टीका-टिप्पणियाँ करता रहेगा।

23 कौन है यह अजंथा?

जब युवा शेन वार्न एडिलेड की आस्ट्रेलियन क्रिकेट एकेडमी में लेग-स्पिनिंग का अभ्यास करता था, तब एकेडमी के स्पिन-बॉलिंग शिक्षक कैरी ओकीफ़ को विक्टोरिया के इस गोरे-चिट्टे बमधड़ाके का कोई भविष्य नहीं दिखाई देता था।

ओंकीफ़ आज तक अपने इस गलत निर्णय पर हँसता है, और ए.बी.सी. रेडियो पर अपनी देश व्यापी वार्ताओं में खुलकर वार्न के सम्बन्ध में, जो क्रिकेट का सबसे महान् स्पिनर बन गया अपनी गलती स्वीकार करता है।

इसी तरह क्या मैं भी श्रीलंका के स्पिनर अजंथा मेंडिस के बारे में ऐसी गलती करने को तैयार हूँ? कौन है यह अजंथा? यही सवाल नाइट राइडर्स के प्रबन्धकों और खिलाड़ी दस्ते के लोगों ने पूछा, जब इस छोटी-सी स्पिनिंग की मशीन ने हमारे जीवन में प्रवेश किया।

आई.पी.एल. से पहले श्रीलंका से बाहर अजंथा मेंडिस का नाम किसी ने नहीं सुना था। लेकिन अब सबने सुन लिया है। भारत के खिलाफ टैस्ट सीरीज़ में अपने पहले खेल में ही 26 विकेट का रिकार्ड बनाकर इस विलक्षण रहस्यमय व्यक्ति ने दुनिया-भर में प्रसिद्धि प्राप्त कर ली है और आई.पी.एल. से ही उसका खेल-जीवन आरम्भ हुआ था।

हमें भी शुरू में यह पता नहीं था कि कौन है यह अजंथा—जब टूर्नामेन्ट के अन्तिम दिनों में खिलाड़ियों के एजेन्ट जीत बनर्जी ने इस धीमे बॉलर को फ्रैन्चाइज़ में शामिल करने का आग्रह किया। शोएब अख्तर के लड़खड़ाते हुए चले जाने से हमारे दस्ते में एक जगह भी खाली हो गई थी।

लेकिन अब केवल दो मैच रह गए थे और फाइनल्स में हमारे जीतने की आशा भी खत्म हो चुकी थी, इसलिए बाहर के किसी आदमी को रखने की ज़रूरत ही क्या थी, जबकि हमारे अपने कई खिलाड़ी भी बहुत कम खेल पाए थे? क्या पहले दिन से ही हमारे साथ रहे इनमें से ही कुछ को खेलने का अवसर देना सही नहीं होगा।

फिर भी जीत ने आग्रह किया कि श्रीलंका का यह खिलाड़ी एक आविष्कार साबित हो सकता है। उसका कहना था कि 'यह अज्ञात अदद बहुत शानदार बॉलर है, उसे समझ पाना आसान नहीं है, और वह बहुत प्रतिभाशाली साबित हो सकता है।'

दल के कई लोगों ने जीत के इस उत्साहपूर्ण समर्थन पर नाक-भौं भी चढ़ाईं। कुछ ने आपत्ति की कि भले ही अजंथा सचमुच ग्रेट साबित हो, पहले से चुनी हुई टीम में क्या इस तरह उसे या किसी और को शामिल कर लेना उचित है? हमारे पूर्णकालीन खिलाड़ी, जो अच्छे-बुरे में हमेशा हमारे साथ रहे हैं, क्या वे इस बात का बुरा नहीं मानेंगे कि किसी बाहरी व्यक्ति को कमाने का अवसर दिया गया?

फिर, क्या हमें सचमुच स्पिनर की ज़रूरत थी? आई.पी.एल. तो अब तक ऑफ-स्पिनर्स के लिए ज़्यादातर कब्रगाह ही साबित हुआ है। लेकिन जीत था कि 'ना' सुनने को तैयार ही नहीं था। दो दिन बाद वह इस एकदम नए खिलाड़ी को ट्रेनिंग में ले आया।

अजंथा को बॉल दी गई और उसने जितनी तरह उसके साथ खेलना और उसे घुमाना-फिराना शुरू किया, उसे देखकर हम सब और हमारे बैट्समैन दंग रह गए। मेरा बेटा माइकेल, क्वींसलैंड से ट्वेंटी-20 का प्रतिनिधि जो नाइट राइडर्स के प्रबन्धन स्टाफ में था, अजंथा के साथ बैटिंग करने वाले पहले लोगों में था।

इसके बारे में उसने बाद में कहा, 'उसने पहली तीन जो बॉलिंग की, मैं समझ ही नहीं सका कि ये किधर जा रही हैं। एक के लिए मैंने सोचा, 'यह तो लैग्गी होगी' लेकिन वह ऑफ्फ़ी की तरह निकल गई। दूसरी के लिए मुझे लगा 'यह ऑफ्फ़ी आ रही है' लेकिन वह दूसरी तरफ निकल गई। ऐसा खिलाड़ी मैंने अब तक नहीं देखा।'

माइकेल ने समझा कि अगर आप घंटा-भर उसके साथ खेलें तो उसे समझने लगेंगे। लेकिन तीन टैस्ट में, स्पिन की दुनिया में सर्वोत्तम (भारतीय) खिलाड़ियों

के साथ 26 विकेट ने यह थ्यौरी नेस्तनाबूद कर दी। जो हो, उसका कैरियर किस तरह आगे बढ़ता है, यह देखना दिलचस्प होगा; खेल के लिए भी यह बड़ी बात होगी।

ट्रेनिंग में उसका कमाल देखने के बाद हमने उसके विशेष गुण का उपयोग करने के लिए उसे ईडेन गार्डन में किंग्स XI पंजाब के साथ हुए आई.पी.एल. फाइनल में खेलने भेजा—यहाँ उसने चार ओवर में 1-24 लिए। इससे क्रिकेट की दुनिया को एक युवा स्पिन-बॉलर की, जो क्रिकेट का दूसरा बड़ा बॉलिंग हिट साबित हो सकता है, प्रथम जानकारी प्राप्त हुई।

अजंथा अपनी अँगुलियों से बॉल चलाते हुए बहुत-सी चालबाज़ियाँ करता लगता है। उसका दूसरा करतब पेस का परिवर्तन है, जिसे वह बिना ज़्यादा हिले स्टेप्स पर सीधे बाउलिंग में करता है।

अजंथा मुझे आस्ट्रेलिया के पूर्व मिस्ट्री स्पिनर जॉनी ग्लीसन की याद दिलाता है, भले ही वह बिलकुल वैसा नहीं है। वह भी अपनी अँगुलियों से बॉल चलाते हुए बहुत-सी चालबाजियाँ करता लगता है। उसका दूसरा करतब पेस का परिवर्तन है, जिसे वह बिना ज़्यादा हिले स्टेट्स पर सीधे बॉलिंग में करता है।

फिर भी मुझे लगता है कि इस ज़बरदस्त शुरुआत के बाद भी अजन्ता चमत्कारी इन्टरनेशनल कैरियर नहीं बना पाएगा। जब बैटर्स उसे समझने लगे, उसके हाथों को पढ़ सकेंगे, तब भी क्या वह इतना प्रभावी बना रह सकेगा? टैस्ट कैरियर में दुनिया के एक प्रमुख विकेट-टेक, अपने ही देश के मुथैय्या मुरलीधरन को आउट-बॉल करके—विकेट की दृष्टि से ही—उसे सपने जैसी शुरुआत मिल गई है। लेकिन वह बॉल को ज़्यादा दूर तक नहीं घुमा सकता, और उसमें ओवर-स्पिन भी ज़्यादा नहीं है। क्या वह सचमुच क्रिकेट का दूसरा महान् खिलाड़ी बनेगा या उल्का की तरह चमककर रह जाएगा? शायद दूसरी बात होगी।

मुझे चाहिए कि मैं कैरी ओकीफ़ से कहूँ कि इस नए स्पिनिंग चमत्कार का भी रिपोर्ट कार्ड तैयार करें।

24 नागालैंड का एक लड़का

नाइट राइडर्स की संस्कृति एक दिन अचानक सुदूरवर्ती प्रदेश नागालैंड के एक युवक के उसके साथ आकर जुड़ जाने से विस्तृत हुई। यह लड़का अपनी आँखों में गहरी महत्त्वाकांक्षा और दिल में धड़कन लिए टूर्नामेन्ट से पहले के ट्रेनिंग सेशन में आ पहुँचा—वह चाहता था कि आई.पी.एल. की रोशनी का एक टुकड़ा उसे प्राप्त हो जाए। वह अपार उत्साह लिए इधर-उधर घूमता रहता था।

होकायरो ज़िमोमी—इसका नाम—एक दिन आकर कहने लगा कि उसे नेट बॉलर बना लिया जाए, और टूर्नामेन्ट पूरा होने तक घोंघे की तरह हमारे फ्रैन्चाइज़ से चिपका रहा। पहले दिन जब मैंने उसे मीडियम पेस पर बाएँ हाथ से बॉलिंग करने को कहा, तब मैंने यह नहीं सोचा था कि इसके बाद यह हमारे ट्रेनिंग प्रोग्राम का स्थायी सदस्य बन जाएगा। उस दिन दो से तीन घंटे तक ट्रेनिंग चली और वह बराबर अन्त तक खेलता रहा—इस तरह जैसे ज़मीन में ही घुस गया हो।

वह आई.पी.एल. का बॉलर तो नहीं हो सकता था, लेकिन बाएँ हाथ से खेलने के कारण उसका साथ होना अच्छा रहता था। जब उसे पता चला कि मैं और मैथ्यू मॉट यह सोचते हैं कि बॉलर के रूप में वह आगे नहीं जा सकेगा, तो उसने दावा किया कि बैटिंग में वह बॉलिंग से ज़्यादा कुशल है। हमने उसे धन्यवाद दिया पर कुछ किया नहीं, लेकिन हर ट्रेनिंग सीज़न में मौजूद रहना उसने नहीं छोड़ा। किसी तरह उसे हमेशा ट्रेनिंग प्रोग्राम का पता चल जाता था। हम

जहाँ भी जाते, होकायतो–हमने उसका नाम होक रख दिया था–वहाँ वह पहुँच जाता।

उसने टीम कोच तक भी अपनी पहुँच बना ली, ड्राइवर से दोस्ती कर ली जो उसे होटल पर छोड़ देता था। होक हमारी व्यवस्था में इतना ज़्यादा घुस आया कि शाहरुख खाँ कार्यक्रमों में उसका नाम लेना नहीं भूलते थे–जिससे दूसरे नियमित खिलाड़ियों को बड़ी कोफ़्त होती थी।

मेरे लिए उसकी लगन की कहानी हमारे फ्रैन्चाइज़ और आई.पी.एल. की सबसे महत्वपूर्ण कहानियों में एक है।

फ्रैन्चाइज़ के कुछ सदस्य उसे दर्द की तरह देखते थे। वह खुद स्वयं को अपने प्रदेश के लिए आशा कि किरण की तरह देखता था। और मैं उसे ऐसे युवक की तरह देखता था जो नागालैंड के अपने समवयस्कों के लिए प्रेरणा की मिसाल प्रस्तुत कर रहा था। उसका उत्साह और इच्छा दोनों अनुकरणीय थीं। होकायतो चैम्पियन था, लेकिन वह चैम्पियन क्रिकेटर नहीं था।

वह मुझे बताता था कि नागालैंड में वह अकेला खिलाड़ी है और किसी भी तरह खेलना चाहता है। उसका व्यवहार आश्चर्यजनक था। वह किसी भी कीमत पर अपने सपनों को नहीं छोड़ना चाहता था, और हर कोशिश करके फ्रैन्चाइज़ के साथ बना रहना चाहता था, इस आशा से कि कभी उसे भी अवसर मिल सकता है। मैं जानता हूँ कि मैं उसका दरवाज़ा कभी खटखटाने नहीं जाऊँगा, लेकिन उसके फ्रैन्चाइज़ के साथ बने रहने के लिए हर सम्भव कोशिश करता रहा।

फ्रैन्चाइज़ के सब लोग मानते थे कि वह आई.पी.एल. के सहारे जी रहा है, और यह बात सच थी। लेकिन मैं उसके सामने अपना हैट उतारता हूँ। यह लड़का जी-जान से अपना उद्देश्य पूरा करने में लगा था। वह ऐसी एक जगह से इस महानगर मैं आया था, जहाँ एक भी व्यक्ति क्रिकेट के किसी स्वीकरणीय स्तर तक नहीं पहुँच सका है, और वहीं से यह एक बड़ा खिलाड़ी बनने की जद्दोजहद में लगा था।

वह कहता था कि यदि वह कुछ कर दिखाने में सफल हुआ, तो नागालैंड में क्रिकेट की प्रतिष्ठा बढ़ेगी और युवा वर्ग को सन्देश जाएगा कि सपने सच हो सकते हैं। उसका आई.पी.एल. का सपना सच नहीं होना था। लेकिन इस

तरह हर सम्भव कोशिश करके और जो भी वह कर सकता था, उसे अच्छा से अच्छा करके दिखाकर भी उसने बहुत कुछ हासिल कर लिया था। मेरे लिए लगन और प्रयत्न की उसकी यह कहानी हमारे अपने फ्रैन्चाइज़ की—और आई.पी.एल. की भी—सर्वोत्तम कहानियों में से एक है।

25 सावधान! दिग्गज आ रहे हैं

मुंबई में आप चाहे उसके उपनगरों में रहते हों, या किसी समृद्ध इलाके में या किसी भीड़भाड़ वाले और गन्दी स्लम बस्ती में, हर जगह आपको क्रिकेट खेलते हुए लोग मिल जाएँगे।

इन लड़कों को सिर्फ कुछ वर्ग मीटर जगह चाहिए, एक पुराना लकड़ी का बल्ला और स्टंप बनाने के लिए कुछ लम्बी-सी लकड़ियाँ, और बस मुहल्ले का मैच उसी जोश-खरोश से शुरू हो जाएगा जैसा ईडेन गार्डेन्स के टैस्ट मैच में दिखाई देता है।

जिस प्रकार सर डोनल्ड ब्रेडमैन ने न्यू साउथ वेल्स के देहात में एक पानी टैंक को स्टंप मानकर गोल्फ़ की गेंद से क्रिकेट खेलना शुरू किया था, उसी प्रकार अनेक प्रसिद्ध भारतीय खिलाड़ियों ने बहुत मामूली स्थितियों से क्रिकेट खेलना शुरू किया है। इनमें से ज़्यादातर के पास फ्लैश बैट, हेलमेट और चमकती नई क्रिकेट की गेंदें नहीं होतीं। ये लोग बहुत कम खेल-सामग्री के साथ अपने सपनों में उड़ना शुरू कर देते हैं और कोशिश करते हैं कि अपने हीरो खिलाड़ियों की बराबरी तक पहुँच सकें।

इन्टरनेशनल क्रिकेट का अगला भारतीय खिलाड़ी हमारे अपने नाइट राइडर्स का ही अशोक डिंडा हो सकता है, जिसका इंडियन ए श्रेणी के लिए चुनाव यह रेखांकित करता है कि आई.पी.एल. कितनी गम्भीरता से विश्व क्रिकेट में भारत को आगे बढ़ाने में प्रयत्नशील हैं।

अगर आई.पी.एल. न होती तो डिंडा इन्टरनेशनल क्रिकेट में अपना स्थान

बनाने के स्थान पर कोलकाता क्लब क्रिकेट में बॉल फेंक रहा होता। यह एक युवक है जो आई.पी.एल. की सहायता से ऊपर उठा है, दुनिया के सर्वश्रेष्ठ खिलाड़ियों का मुकाबला किया है और अब देश उसकी प्रगति पर नज़र लगाए है।

नयचानपुर गाँव के निवासी डिंडा की खोज वास्तव में सौरभ गांगुली ने सन् 2005 में की थी। फिर उसने डिंडा को आई.पी.एल. ट्रेनिंग के लिए आमन्त्रित किया और नेट बॉलर के रूप में शामिल होकर उसने मेरा और असिस्टेन्ट कोच मैथ्यू मॉट की नज़र में आने का प्रयत्न शुरू कर दिया। यह वह रेखा थी जिसे पार करके वह आगे बढ़ सकता था। आराम से बॉलिंग करो तो हम उसकी पीठ ठोंककर आने के लिए धन्यवाद देंगे और चलता कर देंगे। लेकिन कुछ ऐसा करो कि हमारा ध्यान तुम्हारी ओर जाए तो तुम्हारे लाखों देशवासी आई.पी.एल. के विशाल मंच पर तुम्हारा खेल देखने की बेताबी से प्रतीक्षा करेंगे।

इंटरनेशनल क्रिकेट का अगला भारतीय खिलाड़ी हमारे अपने नाइट राइडर्स का ही अशोक डिंडा हो सकता है, जिसका इंडियन 'ए'श्रेणी के लिए चुनाव यह रेखांकित करता है कि आई-पी-एल कितनी गम्भीरता से विश्व क्रिकेट में भारत को आगे बढ़ाने के लिए प्रयत्नशील है।

चाबुक जैसी गति और अस्पष्ट क्रिया के साथ डिंडा ने खेल शुरू किया। 'हमारे खिलाड़ियों का फैसला हो चुका था। और मुझे पता नहीं, कोई उसमें शामिल होने की बात कैसे सोच सकता था।' मैथ्यू ने बाद में कहा 'लेकिन उसने रिकी पोंटिंग को उड़ा दिया और ब्रैंडन मैककुलम को भी कई दफ़ा परेशान किया। दो दिन तक उसके लिए नारे लगते रहे—और बाद में जो हुआ, सब जानते हैं।'

मैं नहीं जानता ऐसे कितने अशोक छिपे पड़े हैं जिन्हें खोजा जाना है। भारत की विशाल जनसंख्या है। उसमें बहुत से प्रतिभाशाली खिलाड़ी हैं लेकिन उन सबको ढूँढ़कर निकाल पाना बहुत कठिन है। आपको किसी के बारे में कुछ पता चलता है लेकिन वह लकी नम्बर की तरह गलत भी हो सकता है; इसकी तुलना में आस्ट्रेलिया का प्रतिभाओं की खोज का कार्यक्रम बहुत संगठित है। फिर भी मुझे निश्चय है कि देश में बहुत से लोग छिपे पड़े हैं। आई.पी.एल. इन्हें ढूँढ़कर निकाल सकता है क्योंकि उसने प्रतियोगिता में स्थानीय व्यक्तियों के लिए स्थान सुनिश्चित कर दिए हैं। फ्रैन्चाइज़ों में युवा भारतीय खिलाड़ियों के लिए यदि वे योग्य हैं, पूरी व्यवस्था कर दी गई है।

दुनिया में क्रिकेट खिलाड़ियों के जितने विशाल स्रोत भारत में हैं इतने दुनिया में कहीं नहीं हैं। यदि बी.सी.सी.आई. आधारभूत ढाँचा पूरा खड़ा कर लेता है, प्रतिभाओं की खोज के लिए दलों का संगठन करता है, चयन की सही विधियाँ अपनाता है, और उचित प्रतियोगिताओं का आयोजन करता है, तो—जैसा कई वर्षों से क्रिकेट की दुनिया आशा कर रही है—भारत विश्व क्रिकेट पर छा जाएगा।

हमारे फ्रैन्चाइज़ से अशोक और विकेट कीपर वृद्धिमान साहा को बी.सी.सी.आई. ने युवा खिलाड़ियों के एक इज़रायल टूर के लिए चुना। उद्घाटन आई.पी.एल. के कुछ महीने बाद आस्ट्रेलिया के दौरे के लिए मनप्रीत गोनी को चुना गया। राजस्थान रॉयल्स का स्वप्निल असनोदकर, द.अफ्रीकी कैप्टन ग्रेम स्मिथ का ओपिनिंग पार्टनर भी आई.पी.एल. का जादुई चुनाव था। उसकी नए ढंग की बैटिंग 20-ओवर क्रिकेट के लिए बहुत उपयुक्त थी। इसी तरह मुम्बई के मीडियम पेसर रोहन राजे और डेक्कन चार्जर्स के बाएँ हाथ से स्पिनिंग करने वाले प्रज्ञान ओझा ने सबको बहुत प्रभावित किया।

ये सब खिलाड़ी ऐसे अधपके क्रिकेटिंग की सामग्री हैं जो आई.पी.एल. की सहायता के बिना भी निकल आते, लेकिन टूर्नामेन्ट में भाग लेने के कारण वे बहुत तेज़ी से आगे चल पड़े। इन्हें दुनिया के स्मिथ, सायमण्ड्स, हेडन, पोंटिंग वगैरह सर्वश्रेष्ठ खिलाड़ियों तथा भारत के भी चुनिन्दा लोगों से मिलने-जुलने और उनके साथ खेलने का मौका प्राप्त हुआ। खेल के मैदान में और उसके बाहर इन सबको जो ज्ञान प्राप्त हुआ, वह भारत के भविष्य के लिए बोनस की तरह है।

इसके अलावा युवकों के लिए अलग बोनस है। आई.पी.एल. के इन्द्रधनुष से गुज़रने के बाद इन नए खिलाड़ियों के लिए अच्छी कमाई की सम्भावनाएँ उत्पन्न हो जाती हैं जिससे वे अपने जीवन का नक्शा बदल सकते हैं और बड़ी शक्ति के स्वामी हो जाते हैं।

युवा खिलाड़ियों के आगे आने के कारण भारतीयों को ही फायदा नहीं हुआ है। उभरते पाकिस्तानी फास्ट बॉलर उमरगुल की आँखों में देखिए तो उनमें एक ऐसे युवक के जीवन की आग जलती दिखाई देगी, जो क्रिकेट के भविष्य का प्रतिनिधित्व करता है। मैं ईश्वर से प्रार्थना करता हूँ कि उसकी यह ज्योति छिन न जाए। उम्र या कोई चोट उन पुराने खिलाड़ियों की कमज़ोरी साबित हो रहे हैं, जो पिछले 10-15 साल से हर घर के चर्चित नाम रहे हैं, लेकिन हर मद्धिम

पड़ते सितारे की जगह लेने के लिए दो या तीन प्रतिभाशाली युवक दीवार फाँदने को तैयार खड़े हैं और वे अपना उत्साह सँभाल नहीं पा रहे हैं। उमरगुल इनमें एक है और नाइट राइडर्स की सूची में एक नहीं, तीन शानदार बॉलर हैं—उमर, ईशांत शर्मा और अजंथा मेंडिस।

उमर चालाक पेसिंग करता है और सोचता भी अच्छा है, लेकिन दूसरे पाकिस्तानी खिलाड़ियों की तरह वह भी असुरक्षा की भावना से ग्रस्त है। उन्हें अपने स्थान का भरोसा नहीं होता, वे नहीं जानते कि किस पर विश्वास करें और अक्सर एक से दूसरी टीम में आते-जाते रहते हैं।

उभरते पाकिस्तानी फास्ट बॉलर उमरगुल की आँखों में झाँकिए, तो उनमें एक ऐसे युवा खिलाड़ी की आग नज़र आएगी, जो भावी क्रिकेट का प्रतिनिधि है। भारतीय खिलाड़ी ईशान्त की ही तरह उसका भी भविष्य बहुत उज्ज्वल है।

जब शोएब अख्तर दो मैचों के लिए हमारे यहाँ आया, तब उमर को ही जगह देनी पड़ी क्योंकि एक तो हमारी बैटिंग काफी कमज़ोर थी, दूसरे, प्रतियोगिता के नियमों के अनुसार एक टीम में एक समय में चार ही विदेशी खिलाड़ी शामिल हो सकते थे। हम अपनी स्कोरिंग की कमियाँ पूरी करने के लिए तीन विदेशी बैटर्स का इस्तेमाल कर रहे थे, इस कारण विदेशी बॉलर के लिए एक ही जगह बचती थी—और इस कारण उमर को हटना पड़ा। अपने ही देश के शोएब के कारण उसे दो खेलों में शामिल नहीं किया गया, जिससे उसका अनिश्चय और बढ़ता गया।

पाकिस्तानी युवकों के लिए मैंने यह भी ध्यान दिया है कि उनके क्रिकेट खेलने का एक कारण पैसा कमाना भी है। 1970 के दशक में वेस्ट इण्डीज़ के खिलाड़ी इंग्लिश काउंटी क्रिकेट में इसलिए शामिल हुए क्योंकि इससे उन्हें आर्थिक सुरक्षा प्राप्त होती थी—धन कमाने का अवसर मिलता था जिससे वे अपनी ज़िन्दगी बदल सकते थे। क्रिकेट उनकी परिस्थियितों से उन्हें बाहर निकालने का साधन थी। उमर की स्थिति भी इसी प्रकार की थी। वह मुझे बहुत बुद्धिमान और अच्छा खिलाड़ी लगता है, लेकिन यदि आस्ट्रेलियाई फास्ट बॉलरों से उसकी तुलना की जाए तो इसमें कुछ तराश की ज़रूरत महसूस होती है—जो उसे अपने खेल-जीवन में कभी प्राप्त नहीं हुई है। वह भी भारतीय खिलाड़ी ईशान्त की तरह अधपका फल है, लेकिन दोनों में वह उससे बेहतर है।

ईशान्त बहुत प्यारा और योग्य युवक है। लेकिन उद्घाटन आई.पी.एल. में वह अपनी योग्यता लगातार प्रदर्शित नहीं कर सका, क्योंकि, मुझे लगता है, उसका शिक्षण अभी पूरा नहीं हुआ है। वह लम्बा है, उसमें गति और शक्ति है, लेकिन उसके शरीर पर मांस ज़्यादा नहीं है। वह जितना ज़्यादा बॉलिंग करेगा, उतना ही यह सवाल बढ़ता चला जाएगा। वह पेंसिल की तरह पतला है।

क्रिकेट की दुनिया में प्रतिभा के इतने स्रोत कहीं नहीं हैं जितने भारत में दिखाई देते हैं।

लेकिन इस समय यह नया खिलाड़ी मैजिक कार्पेट पर सवार है। अन्तरराष्ट्रीय स्तर तक पहुँच जाने के कारण अब उसे हमेशा यह सोचना पड़ेगा कि बॉलिंग करते समय उसे विकेट ज़रूर लेनी है, विरोधी की बैटिल लाइनों को उड़ाना है और स्ट्राइक बॉलर बनकर दिखाना है। यह वज़न सँभालने के लिए उसके कन्धे मजबूत होने चाहिए।

26 भारत का मेरा अनुभव

सन् 2001 में आस्ट्रेलियाई टीम के साथ जब मैं पहली दफ़ा भारत आया, उस समय से इस देश के साथ मेरा एक ऐसा अद्‌भुत रिश्ता कायम हो गया जो समय के साथ मजबूत होता चला गया। हमारे उस टीम के कैप्टन स्टीफेन वॉ ने उस दौरे को 'आखिरी सीमान्त' का नाम दिया था। 1969 में बिललॉरी के दौरे में भारत में हुई प्रथम टैस्ट सीरीज़ में प्राप्त विजय के बाद, अनेक विफल प्रयत्नों के अनन्तर वॉ के उद्योग का प्रतीक यह यात्रा थी। वह खेल के मैदान में तो पराजित हुआ—हम बहुत महत्त्वपूर्ण इस टैस्ट सीरीज़ में 2-1 रहे—लेकिन मैदान के बाहर वह स्वयं और उसकी पूरी टीम इस देश के अद्‌भुत अनुभवों से समद्ध होकर वापस लौटे।

सन् 2001 के इस दौरे में मेरा भारत के साथ पहली बार धमाकेदार परिचय हुआ। आप विमान से उतर भी नहीं पाते कि घर लौटते उत्तेजित भारतीय आपको चारों तरफ से घेर लेते हैं। विमान के भीतर भी, आस्ट्रेलियन क्रिकेट टीम होने के नाते, आपसे लगातार ऑटोग्राफ और फोटो की माँग की जाती है, यहाँ तक कि विमान के कर्मचारी उन्हें बार-बार अपनी सीटों पर वापस जाने के लिए कहते रहते हैं। लेकिन क्रिकेट के लिए पागल ये यात्री उनकी एक भी सुनने को तैयार नहीं होते।

लोग खिलाड़ियों की तस्वीर खींचने के लिए बेपरवाह धक्का-मुक्की करते नज़र आएँगे। उनकी इस प्रवृत्ति को भारतीय कमेंटेटर हर्ष भोगले 'झपट लो' मनोवृत्ति का नाम देता है। एक दफ़ा उसने मुझसे कहा—'अगर आप किसी बस-स्टैण्ड पर हों, और ज़बरदस्त भीड़ से भरी बस जाने को तैयार खड़ी हो, और

पिछली सीढ़ी पर बिलकुल ज़रा-सी जगह भी दिखाई दे, तो आप एकदम उसकी तरफ़ दौड़ेंगे, क्योंकि अगर आपने उस पर कब्जा नहीं किया तो दूसरी बीस सवारियों में से कोई-न-कोई उसे हथिया लेगा। दूसरों से पहले आपको कोई भी चीज़ झपट लेना ज़रूरी है।'

विमान के भीतर तो पागलपन का नज़ारा है ही, इसके बाद वह दृश्य आता है जब आप उससे उतरते हैं। बोइंग 747 से उतरते हुए आपको लगता है कि दस हज़ार आँखें आपको देख रही हैं—और अभी आपने कस्टम भी नहीं पार किया है। लोग हर तरफ़ से आ रहे हैं—सामान उठाने—धरने वाले, सिक्योरिटी के लोग, एयरपोर्ट के अधिकारी कस्टम के अधिकारी और (सभी आपकी तरफ) मुस्कानें फेंक रहे हैं, इशारे कर रहे हैं, आपस में बातें कर रहे हैं।

भारत एक जादुई, रहस्यमय और सर्वग्राही अनुभव है। यह ऐसी जगह है जहाँ आप पहुँचते ही वापस लौट जाना चाहते हैं। लेकिन आप इससे आकृष्ट भी होते ही हैं।

फिर जब आप अपना बैगेज उठाने की कोशिश करते हैं, पीछे से कोई मुसाफिर आपको धक्का देते हुए आगे निकलकर भारतीयों की भीड़ में जाकर शामिल हो जाता है क्योंकि उसे अपने लोगों से मिलने की जल्दी है।

भारत में क्रिकेटर की, खासतौर से आस्ट्रेलियन क्रिकेटरों की, और इससे भी ज़्यादा मशहूर क्रिकेटरों की—जैसे ब्रेटली, ग्लेन मैकग्रॉ, ऐडम गिलक्रिस्ट, मैथ्यू हेडन, शेन वार्न और स्टीफेन वॉ की—तो जैसे पूजा होती है।

आपकी सब इन्द्रियाँ व्यस्त हैं—नाक, कान, आँख, स्वाद, स्पर्श—लेकिन आस्ट्रेलिया के लोग खुली जगह के अभ्यस्त हैं—जो इस देश में है भी बहुत। हमारे घरों के पीछे मैदान होते हैं। कहा जा सकता है कि सड़कें ही चलती हैं। उपनगरों और कस्बों में शान्ति का राज्य होता है। आप चिड़ियों को गाते और पेड़ों को सरसराते सुन सकते हैं।

लेकिन भारत में लोगों के इर्द-गिर्द खाली जगह नज़र नहीं आएगी। हर समय आपके चारों तरफ लोग आते-जाते रहेंगे, जिससे आप घबरा उठेंगे—ठीक उसी तरह जैसे कोई भारतीय आस्ट्रेलिया जाए तो वह खुले-खाली मैदान, आज़ादी और साफ़ हवा देखकर हैरान हो उठेगा।

एयरपोर्ट का ड्रामा खत्म हुआ। अब होटल के लिए आपकी यात्रा शुरू

होती है। आप अपने 15-20 साथियों के साथ बस में हैं, कि अचानक इतने ही लोग और उस पर चढ़ आते हैं। आप सोचने लगते हैं कि ये कौन होंगे। ये सिक्योरिटी के लोग हो सकते हैं या बस ड्राइवर के परिचित और हवाई जहाज़ और एयरपोर्ट की ही तरह ये सब भी आश्चर्य से आपको देखने लगते हैं। ये सिर्फ घूरते रहते हैं।

जब आप होटल पहुँचते हैं तो एक नया दौर शुरू होता है—भारी ढोल-धमाकों और नाच-गानों से आपका स्वागत किया जाता है। यहाँ भी तरह-तरह के लोगों की भीड़ आपको घेर लेती है।

इस भीड़ के बीच से रास्ता बनाते हुए आप चेक-इन काउंटर तक पहुँचते हैं—पूरे समय आँखें आपको देखती रहती हैं। फिर आप लिफ्ट की तरह बढ़ते हैं, आपके साथ तीन-चार और लोग भी लिफ्ट में घुस पड़ते हैं।

आपकी लिफ्ट कमरे के धरातल तक पहुँचती है—यहाँ बटलर, मेड्स और होटल के कर्मचारी सीधी लाइनें बनाएँ खड़े हैं। यहाँ भी बाजे बज रहे हैं। उन्हें पता है, आप आ रहे हैं। और अन्त में, आप अपने कमरे की शान्ति में प्रवेश कर जाते हैं।

यहाँ भी, जैसा मैथ्यू हेडन ने एक दफ़ा कहा था, 'आपके और प्रशंसकों के बीच एक पतली रेखा खिंची हुई है।' मैथ्यू ने एक बार भुना हुआ सैंडविच मँगाया। बटलर की आवाज़ पर जब उसने दरवाज़ा खोला तो बटलर के साथ बीस और आदमी घुस आए, क्योंकि वे मेरी एक झलक पाना चाहते थे।

मैथ्यू ने अपनी भारत-यात्राओं की भूमिका में कहा—'यहाँ हर चीज़ दस गुना ज़्यादा व्यस्त है। अपने चारों तरफ देखो—एक आदमी दिखाई दे तो उसमें दस का गुणा कर लो, तो तुम्हें पता चल जाएगा कि भारत क्या है। मुंबई की आबादी मोटे तौर पर आस्ट्रेलिया के बराबर है लेकिन रकबे में यह ब्रिसबेन जितना बड़ा भी नहीं है। यही इसके आकर्षण का कारण है, यहाँ की गड़बड़ से आपको प्यार हो जाता है।

मैथ्यू ने एक बार राहुल द्रविड़ से हुई बातचीत के बारे में, जब वह आस्ट्रेलिया के दौरे पर गया था, मुझे बताया। 'राहुल ने कहा कि वह अपने देश में कहीं भी अकेला नहीं घूम सकता, हर जगह लोग उसे देखते ही भीड़ लगा लेते हैं, लेकिन यहाँ आस्ट्रेलिया में, किसी ने उस पर ध्यान नहीं दिया—जो उसने मिस किया। उसने जनता के प्यार को मिस किया, वे ही उसे और उसके साथियों

को हीरो बनाते हैं। उसने अपने देश के दृश्य और गन्ध, सब बहुत मिस किए।'

नाइट राइडर्स के ऑल-राउंडर अजित आगरकर ने कहा कि अपने अन्तर्राष्ट्रीय कैरियर की ऊँचाइयों के दिनों में खिलाड़ियों को होटल के कमरों में बन्द होकर रहना पड़ता है। यहाँ क्रिकेट धर्म की तरह है, हर कोई आपको पहचानता है। लेकिन आपके खेलने के साथ यह भी बढ़ता रहता है। यह कभी-कभी बहुत ज़्यादा भी हो जाता है, लेकिन आप इसे अच्छी दृष्टि से देख सकते हैं, आपकी ओर यह ध्यान कोई बुरी बात भी नहीं है। यह इस पर निर्भर है कि आप अपनी ज़िन्दगी कैसे बिताते हैं। सचिन के लिए सामान्य जिन्दगी सम्भव ही नहीं है, और दूसरों के लिए भी कुछ परेशानियाँ हैं, लेकिन आप इसके अभ्यस्त हो जाते हैं।'

भीड़ से बचने के लिए आस्ट्रेलियन टीम ने काले शीशे वाली कारों में आना-जाना शुरू किया जिससे लोग भीतर न देख सकें। एक दफा मैंने स्टीफेन वॉ के साथ कार में यात्रा की और हम कोलकाता की एक गरीब बस्ती में गए। शाम हो रही थी और खिड़कियों पर रंग चढ़ा होने के कारण, भीतर कौन जा रहा है, यह पता नहीं चल रहा था। लेकिन जब हम अपने ठिकाने पर पहुँचे तो हमने देखा कि लोगों ने गाड़ी के साथ-साथ दौड़ना शुरू कर दिया है।

लोगों को स्टीफेन के आने का पता चल गया होगा। हमारी धीमे-धीमे चल रही गाड़ी के साथ हज़ारों लोग चल रहे थे, हालाँकि भीतर का कुछ दिखाई नहीं पड़ रहा था। हमारा ख्याल है कि हमारे ड्राइवर ने स्टीफेन के आगमन की सूचना पहले ही दे दी होगी।

भारत एक जादुई, रहस्यमय और सर्वग्राही अनुभव है। यह ऐसी जगह है जहाँ आप पहुँचते ही लौट जाना चाहते हैं। लेकिन आप इससे आकृष्ट भी होते ही हैं।

भारत का इतिहास तथा लोग अद्‌भुत हैं। यह चुम्बक है, लेकिन अपनी गरीबी के कारण सड़ रही नहरों और बीमार, दुर्बल जानवरों के कारण, जो सड़कों पर घूमते रहते हैं, दूर भी हटाता है। यह सब देखकर बड़ी परेशानी होती है।

मैं एक दर्जन बार यहाँ आया हूँ, लेकिन अगली बार क्या देखने को मिलेगा, यह समझ नहीं पाता। मुझे लगता है कि मैं अपनी पूरी ज़िन्दगी एक ही सड़क पर घूमता रहूँ तो भी हर दिन कुछ नया देखने को मिलेगा–जो खुशी भी देगा और दुख भी, और इन दोनों के बीच का कुछ भी देगा।

नाइट राइडर्स के नगर कोलकाता में डेढ़ से दो करोड़ तक लोग रहते हैं।

मुंबई की आबादी 1.8 से 2.2 करोड़ तक है। कोई नहीं जानता कि यहाँ बाहर से कितने लोग आकर बस गए हैं और दूसरों के फेंके कूड़े-कबाड़े से अपने घर बनाकर रह रहे हैं। आप इन शहरों में भटकते रहें और इनका कोई नक्शा या योजना है, इसका कभी पता नहीं चलेगा। फिर आप स्लम बस्तियों की ओर निकल जाइए, जो बाहर से बड़ी गरीब लगती हैं, और यहाँ से आपको बढ़िया कपड़े पहने शानदार गाड़ियों में निकलते लोग दिखाई देंगे। गरीबी और अमीरी का यहाँ सच्चा सम्मिश्रण है।

भारतीयों में शिक्षा के लिए बड़ी ललक है। इससे उन्हें अपनी जीवन-स्थिति से बच निकलने की सुविधा मिलती है। भारतीय पुनर्जन्म में विश्वास करते हैं, यानी इस जन्म में वे अच्छी ज़िन्दगी जिएँगे तो अगली दुनिया में उन्हें सुख मिलेगा। इसलिए आप देखेंगे कि इन स्लम बस्तियों में से बढ़िया सफेद कपड़े पहने, टाई लगाए, स्कूली लड़के निकलकर चले आ रहे हैं। लड़कियाँ भी बहुत साफ-सुथरी और अच्छे कपड़ों में दिखाई देंगी, और आप सोचेंगे कि यह सब कैसे हो रहा है। बेहद गंदे वातावरण में इतने साफ और सभ्य ये कैसे हो पाते हैं!

इस सारी अव्यवस्था, गन्दगी और निराशा के वातावरण में किसी-न-किसी तरह आशा और सौन्दर्य व्यक्त होता है। भारत सचमुच जीवन का एक अद्‌भुत अनुभव है।

27 स्पिनिंग का महत्त्व

टी-20 क्रिकेट के बारे में सोचते ही आपके दिमाग में ईशांत शर्मा और उमर गुल जैसे फास्ट-बॉलिंग करने वाले खिलाड़ियों की तस्वीरें उभरने लगती हैं, जो उतने ही आक्रामक बैटर्स के चमकते बल्लों से धुआँधार जूझते नज़र आते हैं।

'वे या हम' के इस खेल में बैटर्स के खिलाफ़ पेसमैन बाउंडरी की रस्सी के भीतर या बाहर, डिलीवरी देने की कोशिशें ही सब कुछ प्रतीत होती हैं। लेकिन नहीं, इसे फिर से सोचिए। सोचिए स्पिन—बॉलर्स के बारे में, खास तौर पर लेग-स्पिन बॉलर्स के बारे में—कि उनका रोल क्या है।

जबकि उद्घाटन आई.पी.एल. के दौरान पेस बॉलर्स ने ज़्यादा विकेट लिए और धीमे खिलाड़ियों की तुलना में उनके इकानामी रेट्स भी अच्छे रहे, लेकिन मेरा निश्चित रूप से यह मानना है कि ट्वेंटी-20 और स्पिनर्स का मेल है—विशेष रूप से लेग-स्पिनर्स के साथ। फिंगर-स्पिनर्स को चोट लगने की आशंका बनी रहती है, लेकिन शेनवार्न, अमित मिश्रा (दिल्ली) और पीयूष चावला (पंजाब) जैसे सभी लैगीज़ ने सफलता का अनुभव किया।

लैगीज़ बॉल को ज़्यादा घुमाते हैं, इसलिए बैटर्स को गलत शॉट मेकिंग के शिकार बना देते हैं और स्पिनिंग करती बॉल के सामने बैटर्स को उन पर हमला करने के लिए ज़्यादा जोखिम लेना पड़ता है।

आई.पी.एल. में लेग-स्पिनर्स की सफलता बिलकुल अनपेक्षित नहीं थी। इंग्लिश ट्वेंटी-20 क्रिकेट में मैंने देखा कि कलाई से स्पिन करने वालों ने रन बनाना और विकेट लेना धीमा कर दिया था। बैटिंग के लिए बने खेल गें स्पिनर्स महत्त्वपूर्ण रोल अदा कर सकते हैं, लेकिन ये अच्छे स्पिनर होने चाहिए। पार्ट-टाइम

और पुराने ढंग से स्पिनर्स को आई.पी.एल. में परेशानी हुई होगी।

यह मज़े की बात हो सकती है कि ट्वेंटी-20 का खेल जिसमें बैटर्स का आक्रामक होना ज़रूरी है, स्लो बॉलर के हाथ की कठपुतली बन सकता है, क्योंकि हर अच्छा स्पिनर यही चाहेगा कि पीछे रहकर क्रीज़ से खेलने के बजाय वह उसके पीछे दौड़ता हुआ खेले। कुशल कलाई-स्पिनर्स इसका सबसे ज़्यादा मज़ा लेते हैं। कई दफा बुरी लेग-स्पिन बॉल भी अच्छी बॉल साबित हो जाती है क्योंकि बॉल डिलीवर होने के पहले ही बैट्समैन हमला कर देता है। मैं यह नहीं मानता कि आई.पी.एल. के तथाकथित बैटिंग के प्रभुत्व वाले इस खेल के शोर-शराबे से लेग-स्पिनर्स को कोई हानि होगी और अगर आपकी टीम में कोई बढ़िया कलाई-स्पिनर भी हो, तो फिर क्या कहना!

आई.पी.एल. में लेग-स्पिनर का भविष्य इसलिए भी उज्ज्वल प्रतीत होता है क्योंकि केन्द्रीय वर्ग से बाउंडरी की रस्सी का दायरा, आई.पी.एल. के आरम्भ में लगाई गई 65 गज़ की सीमा से बढ़ाकर उसे 70 से 75 गज़ तक करने की संभावना उत्पन्न हो गई है। चूँकि सीमा को पार करने की क्षमता हर व्यक्ति में नहीं होती, इसलिए 70 गज तक बढ़त हो जाने पर स्पिनर्स की मिस-हिट बाल्स को पकड़ सकने के लिए कुछ अधिक स्थान मिल जाएगा।

लेगी को मैदान में भेजने का समय क्या हो, यह महत्त्वपूर्ण बात है। शेनवार्न जानता था कि वह कब प्रवेश करे। किसी विशेष बैटर के खिलाफ वह सिर्फ एक ओवर बॉलिंग करता, फिर हमले से बाहर हो जाता था।

भीड़ तो यही चाहती है कि ट्वेंटी-20 में उसे चौके और छक्के ही ज़्यादा दिखाई दें। यही उनका भोजन है। कुछ ज़्यादा बड़े मैदान में भी उनकी यह इच्छा पूरी हो सकेगी। लेकिन बाउंडरी की रस्सी का दायरा बढ़ जाने से स्पिनर के पक्ष में गलती का मार्जिन भी बढ़ जाता है और धीमे खिलाड़ियों को सुरक्षा तथा प्रोत्साहन भी मिलता है। क्रिकेट के लिए यह अच्छी बात है।

28 उभरते धुरंधर खिलाड़ी

आई.पी.एल. 2008 का टूर्नामेन्ट कुछ लोगों के लिए एक खोज था, कुछ के लिए परेशानी था और कुछ बुझते सितारों के लिए यह ज्ञान था कि उनके कन्धों पर बैठकर जो क्रिकेट आगे आई, वह अब उनसे आगे निकल गई है। और जैसे-जैसे स्थापित बड़े नाम डूबते सूरज की दिशा में बढ़ रहे हैं, नई उत्तेजक मशीनें आई.पी.एल. 2009 और उसके बाद सीधे सामने से हमले बोलने के लिए तैयार हो रही हैं। अनेक ऐसे धुरंधर हैं जिन पर हमें नज़र रखनी है।

राजस्थान रॉयल्स

यूसुफ़ पठान–पिछले साल के मैच में वह 'मैन ऑफ दि मैच' था, जो निर्भय होकर बैटिंग करता था। यूसुफ तगड़ी मार करता है, जो सारी प्रतियोगिता में बाउंडरी तक और बाहर की मार करता रहा, और अपने ऑफ़-स्पिन तीरों से बॉलिंग क्रीज़ को भी योगदान देता रहा। सन् 2008 की वह जबरदस्त खोज था। यूसुफ़ ऑन-साइड खिलाड़ी है जिसने उद्घाटन आई.पी.एल. में खेल को अपने अनुसार ढाल लिया।

शेन वाटसन–सन् 2008 में 'मैन ऑफ़ दि सीरीज़' जिसने यूसुफ पठान की ही तरह अपना वन-डे इन्टरनेशनल कैरियर फिर से शुरू करने के लिए टूर्नामेन्ट का उपयोग कर लिया। 2008 में वह डरावने रन के बाद सन्देह के बादलों से घिरा और चोटिल होकर आया था। लेकिन फिर से जमने और दौड़ की नई तकनीकों के कारण वह नई ऊँचाइयाँ छू सका, और उसने इसका खुद भी मज़ा लिया। टीम की विजय से भी उसे सहायता मिली, लेकिन यह भी लगा कि कन्धों पर

आशाओं का बोझ लादे बिना वह खेल रहा है। हैम्पशायर की काउंटी क्रिकेट में शेनवार्न के साथ खेलने के बाद अब फिर उसके साथ खेलना भी उसे अच्छा लगा। चोट ठीक होने के बाद वाटसन फिर आई.पी.एल. 2009 का उपयोग आस्ट्रेलिया के इंग्लैंड टूर के लिए अपना दावा पक्का करने के लिए करेगा और इसमें बॉलिंग के लिए पेस, बाउंसर्स और आक्रामकता इन सबमें भी परिवर्तन लाएगा। वाटसन ऐसा ऑलराउंडर ख़िलाड़ी है जो हमेशा किसी-न-किसी तरह का प्रभाव उत्पन्न करने में कुशल हैं, जो ट्वेंटी-20 क्रिकेट के लिए एक नियामत है। वह फिर इनिंग्स की टोन निश्चित करने पर ध्यान देगा, जिसके लिए बाउंडरी तक और उसके बाहर गेंद पहुँचाने की अपनी शक्ति का, पारम्परिक और असाधारण दोनों क्षेत्रों में, वह उपयोग करेगा।

स्वप्निल असनोदकर–एक धुआँधार ओपनिंग बैट्समैन के रूप में वह साहसिक तथा नवीन प्रयोग करने वाला खिलाड़ी है और द.अफ्रीकी ग्रैम स्मिथ के साथ उसने 2008 में रॉयल्स को कुछ अद्भुत शुरुआतें दीं। उससे भविष्य में भी यही अपेक्षाएँ की जाएँगी। नाइट राइडर्स को उसने बहुत कष्ट दिए। यह छोटा-सा आदमी है जो बॉलिंग पर हमला बोलता है और परवाह नहीं करता कि बॉल कहाँ जा रही है। उसे बाउंडरी का पता नहीं कैसे, ज्ञान रहता है।

शॉन टेट, मोर्न मॉर्केल, शेन हारवुड–ये तीनों रॉयल्स के हमले को कुछ बहुत जानदार ताकत देते हैं, और अब चूँकि टूर्नामेन्ट द. अफ्रीका का जा रहा है, वहाँ की पिचें इनके लिए सहायक होंगी।

टायरन हेंडरसन–नीलामी के दौरान इसने आश्चर्यजनक ढंग से सबका ध्यान आकृष्ट किया और यह मिडिल सेक्स में ट्वेंटी-20 का प्रतिष्ठित खिलाड़ी है।

किंग्स XI पंजाब

युवराज सिंह–क्या इस बार युवराज सिंह अपनी वास्तविक क्षमता का प्रदर्शन कर सकेंगे? सन् 2008 में कैप्टन के नाते वे शायद जितना अपेक्षित था, उतना नेतृत्व नहीं कर सके थे। उन्हें श्रीलंका के कुमार संगकारा तथा महेला जयवर्धने के रूप में बढ़िया खिलाड़ी मिले थे, लेकिन मेरा ख्याल है कि वे अपनी क्षमता का पूरा उपयोग नहीं कर सके। इस बार सम्भवतः वे यह करना चाहेंगे।

ल्यूक पोमर्सबक–पश्चिमी आस्ट्रेलिया का खिलाड़ी जिसे सीमित अवसर

प्रदान किए गए लेकिन जिसने अपनी उपयोगिता सिद्ध कर दी। उन्हें एक साल और खेलना है जिसमें वे और अच्छा खेल सकते हैं।

शौन मार्श–आई.पी.एल. 2008 में सबसे ज़्यादा रन बनाकर ओरेंज कैप प्राप्त की। आस्ट्रेलियन टीममेट सायमन कैटिच के स्थान पर खेले लेकिन यह करतब दिखाया। शौन ने इतनी सनसनी पैदा की कि इस प्रदर्शन के आधार पर उन्हें आस्ट्रेलियन वन-डे के लिए चुन लिया गया। उनका प्रदर्शन इतना अनपेक्षित था कि 2009 में वे उससे भी अच्छा कर दिखाने की कोशिश कर सकते हैं, हालाँकि वन-डे प्रोग्रामों के कारण उनके समय पर पाबन्दियाँ भी लग जाएँगी।

पीयूष चावला–अच्छे लेग-स्पिनर जिनमें ज़बरदस्त क्रियाशक्ति है और जो उसे बरकरार भी रखना चाहते हैं, और ज़्यादा अच्छा भी करना चाहते हैं। पिछले साल के टूर्नामेन्ट से उन्होंने अपनी जगह बना ली है–अच्छे बैट्समैन भी हैं।

रवि बोपारा–इंग्लैंड में अपने कार्यक्रमों के कारण कम खेल सकते हैं, लेकिन बढ़िया ऑल-राउंडर हैं और जेम्स होप्स की कमी महसूस नहीं होने देंगे।

इरफ़ान पठान–इरफ़ान पठान बहुत कम खराब खेलता है और द.अफ्रीका में अच्छी बॉलिंग करेगा।

यूसुफ़ अब्दुल्ला–जेरोम टेलर की चोट के कारण शामिल किए गए बढ़िया खिलाड़ी। बॉलिंग अच्छी करते हैं और ताकतवर बाएँ हाथ से खेलकर अपना रंग जमा सकते हैं।

रॉयल चैलेन्जर्स बेंगलोर

केविन पीटरसन–मालिक विजय माल्या ने पहले ही कह दिया था कि वे पीटरसन को अपने फ्रैन्चाइज़ में ज़रूर लाएँगे। विश्व क्रिकेट में उससे ज़्यादा धुआँधार हमले करने वाला और कोई खिलाड़ी नहीं है। कुछ समय के लिए अपने घर द.अफ्रीका जा रहे हैं, लेकिन वहाँ 2009 में सबसे बड़ी सफलता की कहानी साबित हो सकते हैं।

केमरुन व्हाइट–2008 में जितना धन उसे दिया गया (5 लाख 30 हज़ार डॉलर), उसे देखते हुए कम उपयोग किया गया। मुझे उम्मीद है, इस बार ज़्यादा समय दिया जाएगा।

रॉबिन उथप्पा–मुम्बई से लाए गए और बंगलोर के खिलाड़ियों के साथ खुश रहेंगे।

रोलोफ वैन डर मर्वे–द.अफ्रीका का युवा हिटर जो पिछले दिनों हुए आस्ट्रेलिया वर्सस द.अफ्रीका ट्वेंटी-20 और वन-डे सीरीज़ में मशहूर हो गया।

जॉक्स कैलिस, डेल स्टीन, मार्क बाउचर–तीनों द.अफ्रीका के प्रसिद्ध खिलाड़ी हैं और टूर्नामेन्ट में बहुत सफल साबित हो सकते हैं।

चेन्नई सुपर किंग्स

मैथ्यू हेडन–अपने आस्ट्रेलियन लेफ्ट-हैंडर साथी माइकेल हसी के साथ (जो आई.पी.एल. 2009 से अलग हो गया है) हेडन ने किंग्स को एक जानदार शुरुआत दी, और खेल के ऊपर छाए रहे। आशा की जाती है कि 2009 में भी बॉलर्स के छक्के छुड़ा देंगे।

मनप्रीत गोनी–गोनी लम्बा-चौड़ा और मजबूत आदमी है जो सारे टूर्नामेन्ट में लोगों को प्रभावित करता रहा, जिससे उसका भारत की उभरती साइड के लिए चुनाव हो गया। यह ओपिनिंग बॉलर है, बाउंस लेता है और दिखाता है कि अपना किया वह समझ भी रहा है। मैं दो ऐसे फ्रैन्चाइज़ों को जानता हूँ जो उसे लेना चाहते हैं। उसकी प्रगति देखने लायक होगी।

महेन्द्र सिंह धोनी और एन्ड्र्यू फ्लिंटाफ–ये दोनों बड़े नाम हैं। मेरा विश्वास है कि दोनों अपने-अपने ढंग से बहुत प्रभावित करेंगे। फ्लिंटाफ अपनी उपस्थिति की मुहर लगाने के लिए छह या सात मैच खेल खेलेगा और सामने से नेतृत्व करने की धोनी की योग्यता चेन्नई को इस बार भी टाइटिल के लिए चुनौती बन जाएगी।

एल्बी मोरकेल–मोरकेल के द्वारा द.अफ्रीका का सम्बन्ध फिर प्रबल हो सकता है और वह सन् 2009 का वाटसन बन सकता है।

इनके अलावा जेकब ओरम, सुरेश रैना, मुथैय्या मुरलीधरन और चमत्कारी लेफ्ट हैंडर थिलन तुषारा भी सुपर किंग्स को फाइनल्स की उम्मीद दिखा सकते हैं।

दिल्ली डेयर डेविल्स

वीरेन्द्र सहवाग और गौतम गम्भीर–बरमन और रॉबिन तथा सुपरमैन और लुईलेन की तरह सहवाग और गंभीर भी ऐसे सह-खिलाड़ी हैं जो चमत्कार कर दिखाते हैं। कभी-कभी दोनों–नहीं तो एक–इतना ज़्यादा स्कोर लेते हैं कि क्या कहा जाए, और इसी आधार पर उनकी टीम पिछले साल के सेमी-फाइनल्स में पहुँच गई। आई.पी.एल. 2009 में भी ऐसा ही कुछ हो सकता है।

अमित मिश्र–अमित एक अनपेक्षित बैटिंग से मैच जीतने वाला रहा है। वह लेग-स्पिनर के रूप में ज़्यादा मशहूर हैं, लेकिन उसकी बैटिंग ने पिछले सीज़न में सबको चकित कर दिया और डेयर डेविल्स को बढ़त दिला दी। डेयर डेविल्स को इस बार उससे जिताने की आशा तो नहीं करनी चाहिए, लेकिन अगर उसे बैटिंग करने को मिल गया तो उससे काफी आशा की जा सकती है।

इसमें ए.वी. डीविलिमंर्स को जोड़ लिया जाए, और ट्वेंटी-20 का बॉलिंग एक्सपर्ट तथा आस्ट्रेलिया के शार्ट-गेम क्रिकेट का जबरदस्त नया खिलाड़ी डेविड वार्नर को भी शामिल कर लिया जाए, तो डेयर डेविल्स के लिए एकदम विस्फोटक मसाला तैयार हो सकता है।

डेक्कन चार्जर्स

आर.पी.सिंह–पिछले साल के खेल में यह बाएँ हाथ से खेलने वाला फास्ट बॉलर अपनी टीम का मुख्य आधार रहा। इसलिए इस दफा चार्जर्स उसे और अधिक सहायता देना चाहेंगे।

ऐडम गिलक्रिस्ट–चार्जर्स को अपना नया कैप्टन धुआँधार किस्म का चाहिए। लेकिन उसके और शेन वार्न के लिए सवाल यह है–उनके जैसे रिटायर्ड खिलाड़ी 2009 और उसके बाद अपनी खेल-योग्यता कैसे बनाए रख सकते हैं? मेरा ख्याल है कि 2008 में ये जितना अच्छा खेले, उतनी अच्छी तरह इस बार खेलने में कठिनाई महसूस करेंगे, क्योंकि टूर्नामेन्ट तक उन्होंने प्रतियोगी क्रिकेट बिलकुल नहीं खेली है। यह ऐसा खेल है जिसे आपको खेलते रहना चाहिए, और ज़रा ज़्यादा ही, जिससे आप की गति बनी रहे। गिलक्रिस्ट को इस चुनौती का सामना करना होगा।

प्रज्ञान ओझा–बाएँ हाथ से खेलने वाला स्पिनर जो आई.पी.एल. 2008 में बहुत ज़्यादा प्रभावित नहीं कर सका, लेकिन चार्जर्स उसके इंडिया के वन-डे स्क्वैड में अर्जित अनुभव पर भरोसा कर रहे हैं जिससे 20 ओवर क्रिकेट में उसे लाभ मिलेगा।

रोहित शर्मा–मेरी हिट परेड में यह नाम सबसे ऊपर है। यह नं.3 श्रेणी का अत्यन्त उत्कृष्ट बैट्समैन है। पिछले साल रोहित ने चार्जर्स के खेल में कई दफा अपनी विशेषता का प्रदर्शन किया। खेल के सब रूपों में वह विशेष है और नाम से बहुत लोग ईर्ष्या करते होंगे।

एन्ड्र्यू सायमंड्स–इस खेल के लिए एन्ड्रू की बैटिंग और फील्डिंग आदर्श है। वह आई.पी.एल. 2009 में चार्जर्स के लिए पूरा पैकेज साबित हो सकता है, हालाँकि टूर्नामेन्ट के आखिरी दौर में यह दिखाई देने की सम्भावना होगी।

ड्वेन स्मिथ और हरशैल गिब्स बैट से कुछ तमाशा दिखा सकते हैं, और रयान हैरिस इस तरह का ऑल-राउंडर है, जिसे यदि अवसर दिया जाए, तो वह कुछ करके दिखा सकता है।

कोलकाता नाइट राइडर्स

वृद्धिमान साहा–धुरंधर विकेट कीपर बैट्समैन। उसके कन्धों पर रखा सिर बहुत अच्छा है, वह खेल को समझता है और सामने से नेतृत्व करता है। उससे बहुत सम्भावनाएँ हैं। युवराज सिंह की दृष्टि में विलक्षण खिलाड़ी है।

लक्ष्मी शुक्ल–ऑल-राउंडर खिलाड़ी जो टूर्नामेन्ट के सबसे अच्छे ऑल-राउंडर्स में विकसित हो सकता है। पिछले आई.पी.एल. में उसे जितने अवसर मिलने चाहिए थे, उतने नहीं दिए गए, लेकिन नाइट राइडर्स इस बार उसे अवसर देने की योजना बना रही है। उसका पिछले वर्ष का अनुभव इसमें काम आएगा।

अशोक डिंडा–फास्ट बॉलर जिसे बहुत कम खेलने का अवसर मिला, लेकिन जो बहुत अच्छा खेला। अब दूसरी टीमों ने उसका काम देख लिया है इसलिए अब वह कैसा खेलेगा, यह उसकी परीक्षा होगी। उत्साही है और सीखना चाहता है।

ईशांत शर्मा–हमें आशा है कि इस बार वह टूर्नामेन्ट में कुछ ज़्यादा ही कर दिखाएँगे।

क्रिस ग्रेल और ब्रेंडन मैककुलम–ये दोनों खिलाड़ी नाइट राइडर्स में सर्वोच्च स्तर पर अपनी ज़बरदस्त उपस्थिति दर्ज कराएँगे, जो वे पिछली बार नहीं कर सके।

ब्रेड होज–ब्रेड निश्चित रूप से दुनिया के ट्वेंटी-20 क्रिकेट के सर्वोत्तम खिलाड़ियों में से एक है और 2009 में इसे प्रदर्शित करने के लिए भी तैयार है।

मुंबई इंडियन्स

ज़हीर खाँ–बंगलोर में उथप्पा की तरह ज़हीर भी खेल की बहुत उत्तम उपलब्धि है और द.अफ्रीका की परिस्थितियों के लिए भी बहुत उपयुक्त है।

जे.पी. डुमिनी–इसे 2009 के लिए लेकर मुंबई ने बहुत अच्छा किया है।

टूर्नामेन्ट द.अफ्रीका में होने पर यह बहुत लाभदायक साबित हो सकता है।

रियान मैकलैरेन, ड्वेन ब्रेवो, ग्राहम नेपियर–ये तीनों मिलकर ऑल-राउंडर्स का एक ऐसा शक्तिशाली गुट बन जाते हैं, जो सभी द.अफ्रीका में बहुत अच्छा प्रदर्शन करेंगे और हमेशा हरे-भरे रहने वाले सनथ जयसूर्या को कैसे नज़रअन्दाज़ किया जा सकता है!

इन सितारों का मार्गदर्शन करने वाले इनके कोच ही होंगे। इन कोचों के आई.पी.एल. सीज़न में किए गए कार्य का मैं इस प्रकार मूल्यांकन कर रहा हूँ–

टॉम मूडी (किंग्स XI पंजाब)–खिलाड़ियों की बहुत सन्तुलित टीम की कोचिंग करते हैं। उसे सेमी-फाइनल्स तक पहुँचाने में सफल रहे। अच्छे रणनीतिकार हैं और टीम का सही संगठन करते हैं।

वेंकटेश प्रसाद (बंगलोर रॉयल चैलेन्जर्स)–प्रबन्धन की बहुत आलोचना सहनी पड़ी लेकिन बने रहने में सफल हुए। अब चेन्नई में बॉलिंग के कोच हैं।

केपलर वैसल्स (चेन्नई सुपर किंग्स)–अपने ढंग से काम करते थे। हर जगह मौजूद रहते और टीम को फाइनल्स तक ले गए। 2008 में अच्छा काम किया लेकिन अब स्टीफेन फ्लेमिंग कोच हैं।

ग्रेग शिपर्ड (दिल्ली डेयरडेविल्स)–केपलर से भी तरह अच्छा काम किया और टीम को फाइनल्स तक ले गए। ग्रेग बहुत व्यवस्थित व्यक्ति हैं और जानते हैं कि सफलता कैसे प्राप्त की जा सकती है, जो उन्होंने आस्ट्रेलियाई घरेलू प्रतियोगिताओं में विक्टोरिया के लिए करके दिखा दिया।

रॉबिन सिंह (डेक्कन चार्जर्स)–शुरू में इस खेल की धारणा को समझने में कठिनाई हुई और यह कि टीम को जिताने के लिए क्या करने की ज़रूरत है। अब 2009 के लिए डैरेन लेहमान को हेड कोच बना दिया गया है। लेहमान की सहायता करने के लिए आस्ट्रेलिया के पूर्व बेसबॉल कोच माइक यंग को लाया गया है। दोनों फ्रैन्चाइज़ के लिए बहुत उपयोगी सिद्ध होंगे।

शेन वार्न (राजस्थान रॉयल्स)–ज़्यादा निर्णय खुद ही किए और बॉलिंग भी की। राजस्थान को प्रथम आई.पी.एल. की चैम्पियनशिप दिलाने के लिए उनकी प्रशंसा किए बिना नहीं रह सकता।

अब सभी कोचों का इम्तहान यह होगा कि पहले साल में उन्होंने क्या सीखा और दूसरे साल के लिए वे क्या लिए जा रहे हैं।

29 अंपायर की निर्णायक भूमिका

यदि क्रिकेट के अधिकारी सन् 2020 के ओलम्पिक खेलों में क्रिकेट को सम्मिलित कराने के सम्बन्ध में गम्भीर हों, तो खिलाड़ियों द्वारा अंपायर के निर्णय को चुनौती देने के विचार को एकदम खत्म कर देना चाहिए।

फील्डिंग तथा बैटिंग के क्षेत्रों में, प्रति इनिंग्स में तीन बार ऐसी स्थितियाँ उत्पन्न हुई हैं, जब उनके फैसले के लिए तीसरे अम्पायर के पास मामला ले जाया गया है। यह ऐसा नियम है जिसका मैं ज़बरदस्त विरोध करता हूँ। ओलम्पिक और क्रिकेट की भावना में ऐसे अनेक मूल्य निहित हैं जिन्हें हम न केवल खेलों के लिए बल्कि जीवन के लिए भी, जैसा जीवन हम जी रहे हैं अथवा हमें जीना चाहिए, महत्त्वपूर्ण मानते हैं। ये मूल्य हैं ईमानदारी, सही व्यवहार, परिश्रम, रेफरी के निर्णय का स्वीकार तथा खिलाड़ी की उदार भावना।

जब खिलाड़ी या अधिकारी–जीतने की अपनी इच्छा पूरी करने के लिए इन मूल्यों से बाहर जाते हैं–जैसे ज़्यादा प्रदर्शन के लिए ड्रग्स का उपयोग, धोखाधड़ी, नियमों का पालन न करना अथवा व्यावहारिक विस्फोट–तो उनको सज़ा दी जाती है। इसलिए जब ओलम्पिक्स में क्रिकेट को शामिल कराने का प्रयत्न दिनोंदिन ज़ोर पकड़ता जा रहा है, मैं अम्पायर के निर्णयों को चुनौती देने के नियम का तीव्र विरोध करता हूँ।

ट्वेंटी-20 क्रिकेट के ज़रिए क्रिकेट के खेल को विश्वव्यापी बनाने का प्रयत्न निश्चय ही बहुत उत्तेजक है। लेकिन अपने को सही ढंग से प्रस्तुत करने के लिए

क्रिकेट को जो कुछ करना चाहिए, क्या वह उसे कर रहा है? मेरा ख्याल है कि इसका उत्तर 'हाँ' में दिया जा सकता है।

परन्तु खेल के बीच अन्तिम फैसले करने के लिए एक तीसरे अम्पायर की व्यवस्था खेल के प्रबन्धन तथा प्रसार के लिए बहुत बड़ा खतरा है। यह विचार हास्यास्पद है।

मैं जानता हूँ कि कई लोग इसका समर्थन करते हैं, उनका मानना है कि इससे हमेशा सही निर्णय लिए जा सकेंगे। यह विचार शायद सही भी है, बशर्ते तकनीक सौ फीसदी शुद्ध हो। लेकिन मेरा अनुभव यह है कि यह बात सही नहीं है। तकनीक निर्दोष नहीं है।

रग्बी लीग या रग्बी यूनियन में विडियो रेफ़री के उपयोग से हमेशा सही निर्णय का निश्चय नहीं हो पाया है। इसका प्रयोग आरम्भ होने के बाद से ट्राई-स्कोरिंग के कई निर्णयों को चुनौती दी जाती रही है। इसी तरह क्रिकेट के खेल में भी तीसरे अंपायर निश्चयपूर्वक यह नहीं बता पाते कि बॉल कैच की गई है या नहीं।

मैं यह भी मानता हूँ कि तकनीकी में आश्चर्यजनक गति से सुधार हो रहे हैं, और नापना, रिकार्ड करना, विश्लेषण तथा प्रदर्शित करना, सब कुछ सौ फीसदी सही जान पाना कुछ समय बाद सुनिश्चित हो जाएगा, जिनके आधार पर निर्णय लेना आसान हो जाएगा। लेकिन यदि यह हो भी जाता है तो दुनिया भर की हर प्रथम श्रेणी के मैदान में, विशेषतः ट्वेंटी-20 खेल के सभी मैदानों में, इसका लगाना आवश्यक हो जाएगा और खेल के खर्चे बेतहाशा बढ़ जाएँगे। नहीं तो आम विभिन्न नियमों के अन्तर्गत खेल रहे होंगे। और दुनिया की 90 से 95 प्रतिशत क्रिकेट जनता को यह तकनीकी उपलब्ध भी नहीं हो सकेगी—जिनमें घरेलू क्लब और जूनियर क्रिकेट आते हैं—इनके लिए यह प्रक्रिया जमाना बहुत खर्चीला होगा। इसके विपरीत अन्तरराष्ट्रीय स्तर पर ये सुविधाएँ होंगी और वे अम्पायर के निर्णयों को चुनौती दे सकेंगे।

जूनियर यह देखते हुए बड़े होंगे कि अन्तरराष्ट्रीय स्तर पर खेल को चुनौतियाँ दी जाती हैं, तो वे यह समझेंगे कि यह खेल का हिस्सा है। इसलिए हम उनमें यह भावना उत्पन्न नहीं कर सकेंगे कि अम्पायर का निर्णय स्वीकार करना चाहिए।

यदि तकनीकी सारे उत्तर नहीं दे सकती, तो हम एक ऐसे घालमेल में फँसकर

रह जाएँगे जिसमें कुछ निर्णय अम्पायर देते हैं और कुछ तकनीक से प्राप्त किए जाते हैं, और खिलाड़ी कुछ निर्णयों को तो चुनौती देते हैं और जिन निर्णयों के लिए तकनीक उपलब्ध नहीं है, उनको चुनौती देने पर उन पर जुर्माना किया जाता है।

मैं निश्चित रूप से नवीकरण के पक्ष में हूँ, और चाहता हूँ कि स्थापित धारणाओं और विधियों को चुनौती दी जाए। खेल के विकास के लिए मैं उपयुक्त तकनीकी का इस्तेमाल करने के भी पक्ष में हूँ। लेकिन इस मामले में मेरा विचार है कि खेल के हितों की दृष्टि बहुत सीमित हो गई है—अल्पकालीन लाभ के लिए दूरकालीन विज़न तथा परिणामों की अवहेलना की जाने लगी है।

खिलाड़ियों को यह अधिकार देना कि वे निर्णय के लिए तीसरे अम्पायर को बीच में लाएँ, खेल के लिए बहुत बड़ा खतरा है और ओलम्पिक आदर्श की अवहेलना है। यह विचार ही हास्यास्पद है।

ओलम्पिक्स में होने वाले कुछ खेलों या खेल-संबन्धी घटनाओं की गणना जहाँ सब कुछ स्पष्ट दीखने के कारण चुनौतियों पर फैसले लेना आसान होता है, पिग्मी नृत्य की तरह अलग नज़र आती हैं। यह इस तथ्य का सूचक है कि समाज में हम किस तरह रहते हैं और इसका भी कि हमारे खिलाड़ी नेतृत्व को कैसा व्यवहार नहीं करना चाहिए। सरकार हमारे समाज के लिए नियम बनाती है और न्यायालय उन्हें न मानने वालों पर नियन्त्रण करते हैं। समाज में रहने का यह आवश्यक नियम है। यदि मैं किसी नियम या कानून को पसन्द नहीं करता, तो मैं उसकी शिकायत कर सकता हूँ लेकिन मैं अपना समय तथा प्रयत्न लगाकर उसे परिवर्तित करवाने में सफल नहीं हो जाता।

कई दफ़ा हम पुलिस और न्यायिक व्यवस्था को यह कहते हुए सुनते हैं कि हमारे पास इन्हें लागू कराने के योग्य साधन नहीं हैं। मैं मानता हूँ कि यह बात सच हो सकती है। क्रिकेट के अम्पायर भी अपने क्षेत्र में यही रोल अदा करते हैं और उन्हें भी इसी प्रकार की कठिनाइयों का सामना करना पड़ता है।

मुझे अन्तरराष्ट्रीय क्रिकेट के अनेक अम्पायर तथा रेफ़रियों से इस विषय पर बातचीत करने का अक्सर अवसर मिलता है। वे सभी समाज में कार्यरत अपने समान व्यक्तियों की तरह इन बातों से सहमत हैं, कि यदि उन्हें बेहतर

ट्रेनिंग प्रदान की जाए, अधिक सहायता दी जाए, उनकी संख्या में वृद्धि की जाए, परिस्थितियाँ बदली जाएँ, प्रदर्शन आधारित चयन किए जाएँ, और तकनीकी के साथ उनकी तुलना करने के स्थान पर उन्हें उसके साथ कार्य करने का अवसर दिया जाए, तो वे अपना काम और भी अच्छा कर सकते हैं।

और, ध्यान रखिए, मैं यहाँ उन अम्पायरों की बात कर रहा हूँ जो अन्तरराष्ट्रीय तथा प्रथम श्रेणी क्रिकेट के साथ जुड़े हुए हैं, जो इसी काम से अपनी रोज़ी-रोटी कमा रहे हैं; और जिनके कैरियर अपेक्षाकृत सुरक्षित हैं। यदि इस काम में कम वेतन मिलता है, यदि इसमें कम सुरक्षा प्राप्त होती है, तो कोई इसके साथ क्यों जुड़ेगा? और अब स्थिति यह कि खिलाड़ियों तथा अधिकारियों को उनके साथ बहस करने का हक मिल गया है।

अम्पायर तथा रेफ़रियों के चयन, शिक्षण तथा ट्रेनिंग में अनेक कमियाँ हैं, जिसका उनके निर्णयों पर असर पड़ता है और इसी कारण खिलाड़ियों के लड़ाई-झगड़े तथा वाद-विवाद भी बढ़ते चले जाते हैं।

इसी के साथ स्थिति यह भी है कि उन्हें शिक्षा तथा ट्रेनिंग कम मिलती है और अम्पायर तथा रेफ़रियों के चयन में पूरी सावधानी नहीं बरती जाती जिसका प्रभाव खिलाड़ियों के व्यवहार पर पड़ता है और विवाद पैदा होते हैं। ये सब खेल के लिए घातक हैं।

जो व्यक्ति खेल का प्रबन्ध करते हैं, और जो खिलाड़ी सर्वोच्च स्तर पर खेलते हैं तथा ओलम्पिक्स 2020 में ट्वेंटी-20 को शामिल कराने का महत्त्व समझते हैं, वे इन बातों से सहमत हैं। खिलाड़ियों को अम्पायरों के निर्णय के विरुद्ध जाने की सुविधा देना खेल की भावना के विपरीत है।

टेलीविज़न तकनीकी के कारण मनोरंजन या ईमानदारी, यह सवाल भी पैदा होता है। अब दर्शक भी खेल टेलीविज़न तथा रिप्लेज़ की सहायता से माइक्रॉस्कोप से खेल देख सकते हैं। इसलिए जनता की अपेक्षाएँ भी बढ़ती जा रही हैं। इससे एक रियेलिटी टेलीविज़न पैदा हो गया है और दर्शक ज़्यादा देखना, समझना और सुनना चाहते हैं।

आस्ट्रेलिया में एन्ड्रू सायमंड्स और एडम गिलक्रिस्ट के साथ माइक्रोफोन लगाए गए, जिनसे बैटिंग, फील्डिंग और कीपिंग में हुई बातचीत दर्शकों को सुनाई

देती थी। सन् 1977 में कैरी पैकर के वर्ल्ड सीरीज़ क्रिकेट में पहली बार इसे शुरू किया गया, जब उनके डिसमिसल के समय उनके मुँह के आगे माइक्रोफोन लगा दिए गए। कुछ बोले भी, लेकिन कुछ अपने डिसमिसल से नाराज़ वहाँ से हट गए। टेलीविज़न ब्राडकास्ट के लिए स्टंप के साथ कैमरा और माइक्रोफोन लगाना ज़रूरी हो गया है। भविष्य में और क्या चीज़ें आएँगी, कहा नहीं जा सकता।

अब इस स्थिति में सन्तुलन पैदा करना बहुत कठिन हो गया है। अब दर्शक यह भी सुनते हैं कि किसी ने क्या गलत कहा। कौन जीतने पर खुशी से कैसा कूद रहा है या हारने पर कैसा दुखी हो रहा है। टेलीविज़न के कारण ये सब भावनाएँ भयंकर होकर फूट पड़ती हैं।

लेकिन जनता खिलाड़ियों से अपेक्षा करती है कि वे साफ-सुथरा, आदर्श व्यवहार करें। अब खिलाड़ियों, कोचों और अम्पायरों, सबको, खेल की विशेषता और महत्ता बनाए रखने के लिए, और मनोरंजन की आवश्यकताओं के साथ सन्तुलन बनाए रखने के लिए भी, बहुत सोच-समझकर कार्य करने की ज़रूरत है।

30 पैसे की प्यास

कोलकाता नाइट राइडर्स के लिए मेरा एक उद्देश्य यह है कि क्लब को आन्तरिक व्यवस्था तथा संस्कृति की दृष्टि से सही रूप में विकसित किया जाए। इसके लिए हमें खिलाड़ियों से लेकर प्रबन्धकों तथा सहायक स्टाफ़ तक सभी का सही चुनाव करके उनको बनाए रखना चाहिए।

लम्बे समय के लिए फ्रैन्चाइज़ की संस्कृति का विकास करने का कार्य खिलाड़ियों की अपेक्षा प्रबन्धकों तथा सहायकों द्वारा ज़्यादा अच्छे ढंग से किया जा सकता है। आई.पी.एल. खिलाड़ियों की आरम्भिक नीलामी में पैसों की जो बोलियाँ लगाई गईं, वे मेरी दृष्टि में असंगत और अत्यधिक थीं, जिसके कारण अधिकांश खिलाड़ी आई.पी.एल. को पैसा बनाने की मशीन मान सकते हैं।

ये लोग खेल में अपनी कुशलता दिखाएँगे, लेकिन खिलाड़ी, उनके एजेन्ट और उनकी संस्थाएँ बड़े ध्यान से और सोच-विचारकर आई.पी.एल. का आर्थिक दृष्टि से उपयोग करते रहेंगे। यह विदेशी खिलाड़ियों जैसे अमेरिकी एन.बी.ए. प्लेयर्स, यूरोपियन फुटबॉलर्स, कैनेडेयन आइस हाकी स्टार्स तथा फार्मूला वन ड्राइवर्स की तरह है जो अपने लिए काफी सौदेबाज़ी करते हैं। दूसरे शब्दों में कहें, तो इनकी निष्ठा फ्रैन्चाइज़ की अपेक्षा डॉलर के प्रति अधिक है।

फिर भी, यद्यपि मैं मानता हूँ कि आई.पी.एल. द्वारा खिलाड़ियों को दी गई रकमों की परम्परा अस्वस्थ है, लेकिन अब चूँकि यह आरम्भ हो गई है, इसलिए इसे खत्म नहीं किया जा सकता। खिलाड़ियों की रकम एन्टीगुआ में स्टेनफर्ड सुपरस्टार्स वर्सस इंग्लैंड के बीच हुए मैच के विचार कि विजयी को ही सब मिलना

चाहिए, के कारण और भी बढ़ीं। इसमें सुपर स्टार्स के हर खिलाड़ी को 10 लाख अमेरिकी डॉलर प्राप्त हुए।

इंग्लैंड के कैप्टन ने इस अवसर पर जो टिप्पणी की, उससे खिलाड़ियों की मानसिकता पर अच्छा प्रकाश पड़ता है। उसने मैच के आरम्भ में कहा–'मैं ऐसे कई लोगों को जानता हूँ जो इस वक्त काफी दिक्कत झेल रहे हैं, लोगों की नौकरियाँ जाने लगी थीं। लोगों को मसखरों जैसे देखना मुझे अच्छा नहीं लगता।'

लेकिन पीटरसन के कथन में मुझे यह भावना नहीं दिखाई दी कि समय कठिन होने के बावजूद, खिलाड़ियों को इतना धन बहुत ज़्यादा या असंगत नहीं लगा। दूसरी बात, जिन लोगों के खराब दिन चल रहे थे, उनका चुनाव करने वालों या स्पांसर्स या दानदाता, किसी ने इस काम में सामाजिक दायित्व का भाव प्रदर्शित नहीं किया।

पहली आई.पी.एल. खिलाड़ियों की नीलामी में जो पैसा बहाया गया, वह, मेरे विचार में, बहुत-बहुत ज़्यादा और असंगत था...

मुझे इस बात से भी परेशानी हुई कि कई उच्चस्तरीय खिलाड़ियों ने आई.पी.एल. 2009 अनुबन्ध इस कारण हस्ताक्षर नहीं किए क्योंकि उनकी नज़र में उनका मूल्य कम लगाया गया था। उन्हें 3.5 से 4.5 लाख तक अमेरिकी डॉलर की कीमत दी जा रही थी। क्या यह रकम पर्याप्त नहीं है? केवल छह हफ्ता खेलने के लिए?

कोलकाता नाइट राइडर्स को संगठित करने के समस्त कार्य के संचालन के नाते, यद्यपि मैं उन्हें दिए जाने वाले धन की राशि का समर्थक नहीं हूँ, अब मैं यह देखता हूँ कि उसके परिणामस्वरूप क्रिकेट के खिलाड़ियों को भी, दुनिया की अन्य खेल संस्थाओं की ही तरह, खरीद-फरोख्त की सामग्री के रूप में देखा जाने लगा है। इसको मैं एक प्रतिष्ठित खेल के गलत पक्ष के रूप में देखता हूँ और मानता हूँ कि इसका क्रिकेट के भविष्य पर गहरा प्रभाव पड़ेगा। इस समय भी क्लबों, प्रदेशों और देशों के पुराने प्रसिद्ध खिलाड़ी इसके घेरे में आ गए हैं।

मैं सोचता हूँ कि शायद ऐसा न हो। लेकिन यदि यह हुआ तो मुझे लगता है कि हम खिलाड़ियों **सी कॉपी** आरम्भिक स्थिति में आ पहुँचे हैं, जब प्रबन्धकों, कोचों, खिलाड़ियों, उनके एजेन्टों और संस्थाओं को धन प्रेम से उत्पन्न विनाश के उस गर्त में गायब हो जाने से रोकने के लिए जिसमें अन्य खेल संस्थाएँ जा गिरी हैं, विशेष क्रियाशील होना पड़ेगा।

फ्रैन्चाइज़ के निर्माण की दिशा में पहला कदम था खिलाड़ियों का चयन। अब ज़रूरत है उन्हें बनाए रखने की। अगले वर्ष उनके त्रिवर्षीय अनुबन्ध का तीसरा वर्ष होगा, या इस वर्ष अनुबन्धित द्विवर्षीय खिलाड़ियों का दूसरा। खिलाड़ियों की निष्ठा फ्रैन्चाइज़ के प्रति न होकर डॉलर के प्रति अधिक होगी और इस वृत्ति को किसी भी तरह बदला नहीं जा सकता। और इस समय इस सम्बन्ध में कोई नियम अथवा व्यवस्था भी नहीं है। इस समय तो हम यही विचार करने में लगे हैं कि खिलाड़ियों को अपने साथ बनाए रखने के लिए क्या व्यवस्था विकसित की जाए।

युवा खिलाड़ियों के एजेन्ट उन्हें लगाने के लिए फ्रैन्चाइज़ों का पीछा कर रहे हैं, कि उनके खिलाड़ियों को अनुबन्धित किया जाए। कुछ फ्रैन्चाइज़ उन्हें ले भी लेंगे क्योंकि यदि उनका सही विकास होता है, तो या तो वे उन्हें अपनी टीम में ही स्थान दे देंगे, नहीं तो ज़्यादा कीमत पर किसी और को बेच देंगे। फ्रैन्चाइज़ इसके लिए काफी खिलाड़ी ले सकते हैं कि उनमें से कोई धोनी, वार्न या पीटरसन जैसा निकल सके। लेकिन उन्हें व्यापार को जमाना भी होगा, और एक लड़के की कीमत वसूलने के लिए उन्हें पाँच से छह वर्ष तक की ज़रूरत होगी—यदि यह सचमुच सम्भव हो, तो। इस बीच फ्रैन्चाइज़ को अपना कार्य भी करते रहना होगा, इसलिए उन्हें ऐसे खिलाड़ियों की भी ज़रूरत होगी जो इस अवधि में सफलता प्राप्त करें, जिससे यह निश्चय किया जा सके कि इस फ्रैन्चाइज़ को खिलाड़ी बेचे जा सकते हैं।

इसलिए मैंने इस बात पर बल दिया है कि फ्रैन्चाइज़ को अच्छी मज़बूत व्यवस्था, सहायक स्टाफ तथा कोच भी चाहिए...क्योंकि खिलाड़ी तो आते-जाते रहेंगे। इन दूसरे लोगों के आधार पर ही फ्रैन्चाइज़ की सफलता निर्भर करेगी। परन्तु आज फ्रैन्चाइज़ इन पर ज़्यादा ध्यान नहीं दे रहे हैं जो एक बड़ी भूल है।

दूसरी समस्या यह होगी कि खिलाड़ी जितने अच्छे होंगे, उन पर, उनके अन्तरराष्ट्रीय कार्यक्रमों के कारण फ्रैन्चाइज़ों का उतना ही कम नियन्त्रण रहेगा। इसलिए हमें उन्हीं लोगों पर ध्यान केन्द्रित करना होगा, जिन्हें हम नियन्त्रित कर सकेंगे। हमारे फ्रैन्चाइज़ों का विकास तभी होगा जब हम कोई विश्वस्तरीय ट्रेनिंग एकेडेमी निर्मित कर सकेंगे जिसमें प्रशिक्षण देने के लिए अच्छे लोग शामिल हों या हम कोई ऐसी चिकित्सा व्यवस्था विकसित कर सकें जिसे दुनिया की मान्यता प्राप्त हो अथवा हम खेल तकनीकी के विकास में प्रसिद्धि प्राप्त कर सकें, और

युवा खिलाड़ियों को कोचिंग और प्रशिक्षण के दौरों पर दुनिया-भर में भेजा जा सके।

आई.पी.एल. की स्थापना इसलिए की गई है कि पैसे के आधार पर दुनिया भर से अच्छे खिलाड़ियों को आकृष्ट किया जा सके और इसके लिए वे ऊँची कीमतें भी देते हैं। यह भी उसकी रणनीति थी; आई.पी.एल. दुनिया के सर्वोत्तम खिलाड़ियों को आकृष्ट करना चाहता था, और उसकी प्रतियोगिता आई.सी.एल., काउंटी क्रिकेट, खिलाड़ियों के अपने समय और क्रिकेट आस्ट्रेलिया तथा ई.सी.बी. जैसे दुनिया के क्रिकेट बोर्डों से थी, जो आरम्भ में हिचक रहे थे। आई.पी.एल. को यह दिखाना था कि अपने खिलाड़ियों को उनके लिए खेलने की अनुमति देकर ये बोर्ड इतना पैसा अर्जित कर रहे हैं जिसे खेल में वितरित किया जा सकता है। इसका हानिकारक पक्ष अब यह है कि नीलामी ने खिलाड़ियों की योग्यता तथा मूल्य को इतना ज़्यादा बढ़ा दिया है कि अब उस पर काबू पाना बहुत कठिन होगा।

31 आतंकी युग में क्रिकेट

यह पुस्तक लिखना शुरू करते समय मैं आई.पी.एल. 2009 के लिए वापस लौटने का इन्तज़ार कर रहा था। हर नए उद्योग के आरम्भ में उसे जमाने की अपनी समस्याएँ होती हैं और इस दृष्टि से उद्घाटन आई.पी.एल. को ज़बरदस्त सफलता प्राप्त हुई। दुनिया में क्रिकेट के करोड़ों चाहने वालों की तरह हम भी सोच रहे थे कि 2008 की महान् सफलताओं के आधार पर अब हम इस वर्ष क्या करतब दिखा सकेंगे और क्या प्राप्त करेंगे।

दुर्भाग्य से आतंकवादियों के कारनामों ने इस वर्ष भारत में टूर्नामेन्ट का आयोजन असम्भव बना दिया है। मुम्बई और लाहौर में श्रीलंका की टीम पर उनके हमले अत्यन्त भयंकर, दुखद और क्रिकेट के लिए भी बहुत हानिकारक हैं।

एशिया उपमहाद्वीप में हम जहाँ भी जाएँ, खतरे की भावना सब जगह दिखाई देती है, हालाँकि इसमें फँसने की आशंका उतनी ज़्यादा नहीं होती। आई.पी.एल. 2008 के दौरान निकल्स स्टेन ने यात्राओं और खेल के मैदानों में टीम तथा उसके अधिकारियों को सुरक्षा मुहैया कराई थी। पुलिस, एस.ए.एस., होटल तथा एयरपोर्ट की सिक्योरिटी भी काम करती हैं। शुरू में तो इस सबसे परेशानी होती है लेकिन फिर आदत पड़ जाती है। सन् 2001 में भारत की अपनी पहली यात्रा के समय होटल में चारों तरफ, 303 रायफलों से लैस सुरक्षा गार्ड तैनात थे। रोज़ सवेरे सबसे पहले और रात में सबसे बाद में उन्हीं से हमारी मुलाकात होती थी।

मुझे उम्मीद थी कि क्रिकेट आतंकियों से यह कह सकेगी कि 'हम तुम्हें नहीं जीतने देंगे' और आई.पी.एल. 2009 अच्छी तरह सम्पन्न हो जाएगा। लेकिन खिलाड़ियों, अधिकारियों और दर्शकों सबकी सुरक्षा महत्त्वपूर्ण होती है। दुर्भाग्य

से आई.पी.एल. 2009 के ही दिनों में भारत में चुनाव भी होने वाले थे, और देश के पास दोनों को एक साथ सम्पूर्ण सुरक्षा प्रदान करने के साधनों की कमी है। इंग्लैंड और द. अफ्रीका ही ऐसे देश हैं जो इस समय जलवायु की दृष्टि से यह आयोजन कर सकते थे, और पलड़ा द.अफ्रीका के पक्ष में रहा।

यह बड़ी शर्म की बात है कि इस कारण आई.पी.एल. का स्थान परिवर्तित करना पड़ा, केवल इस कारण नहीं कि टूर्नामेन्ट को भारतीय क्रिकेट प्रेमियों द्वारा निर्मित अद्भुत वातावरण से वंचित होना पड़ा मुझे विश्वास है कि द.अफ्रीका बहुत कम समय होने के बाद भी बढ़िया प्रबन्ध कर दिखाएगा और मुझे आशा है कि द.अफ्रीकी क्रिकेट प्रेमी भी एक फ्रैन्चाइज़ को अपनाकर बहुत बड़ी संख्या में टूर्नामेन्ट को अपना समर्थन प्रदान करेंगे, लेकिन भारत में जो बात पैदा हुई थी, उस सीमा को नहीं प्राप्त कर सकेंगे। यह भी देखना मनोरंजक होगा कि अपने देश में आई.पी.एल. न होने पर भी भारतीय टेलीविजन की रेटिंग्स क्या उसी प्रकार रहेंगी और देशवासी इस स्थिति में भी इसमें उतनी ही रुचि प्रदर्शित करेंगे।

क्रिकेट का भविष्य एशियाई उपमहाद्वीप में ही है।

हम चाहते हैं कि क्रिकेट राजनीति तथा आतंकवाद से ऊपर रहे, लेकिन यह स्पष्ट है कि आतंकवादी खेलों को ऐसे अवसर के रूप में देखते हैं जिनसे उन्हें दुनिया में सबसे ज़्यादा विस्तार प्राप्त होता है। ओलम्पिक्स में भी यह हुआ, और अब क्रिकेट के साथ भी यह हो रहा है। मेरा दिल यह देखकर टूटने लगता है कि उमरगुल जैसे पाकिस्तानी खिलाड़ी अपनी कोई गलती न होने पर भी खेल छोड़ने को बाध्य हो रहे हैं–और उनकी आय तो एकदम कम हुई ही है।

पाकिस्तान की राजनीतिक परेशानियों के बीच आई.पी.एल. ने फ्रैन्चाइज़ों को सन् 2010 तक खिलाड़ियों को निकालने या रखने के सब अधिकार दिए हैं। इस वर्ष के लिए सभी पाकिस्तानी खिलाड़ी या तो हटा दिए गए हैं या एक साल के लिए खेलने से रोक दिए गए हैं। हमें आशा है कि राजनीतिक स्थिति बदलेगी और इन्हें फिर बहाल कर दिया जाएगा, लेकिन फ्रैन्चाइज़ों को अपनी रक्षा भी करनी है। हो सकता है कि उन्हें ये खिलाड़ी फिर कभी प्राप्त न हों। हमें लगता है कि स्थिति यहाँ तक नहीं पहुँचेगी, लेकिन पाकिस्तानी खिलाड़ियों को भारत में प्रवेश नहीं करने दिया जाएगा या कुछ सुरक्षित स्थानों को छोड़कर और कहीं खेलने नहीं दिया जाएगा।

यदि नाइट राइडर्स को इन नियमों का पालन करना पड़ता तो उसके तीन पाकिस्तानी खिलाड़ियों के हटने से उसके स्वीकृत दस विदेशी खिलाड़ियों में से इनकी संख्या अब केवल सात रह जाती। अन्त में आई.पी.एल. ने वही फैसला किया जिसे वह कर सकता था और पाँच फ्रैन्चाइज़ों ने इसका समर्थन भी किया—और इस तरह जिस शक्ति की मैं चर्चा कर रहा था, उसका भी प्रदर्शन किया।

उमर गुल ऐसा खिलाड़ी है जिसे हम सन् 2010 के बाद भी फ्रैन्चाइज़ के साथ रखने की आशा कर सकते हैं और वह टीम के लिए बहुत महत्त्वपूर्ण साबित होता है। मुझे अपने और उसके हित के लिए यही आशा है कि सन् 2010 के बाद हम उसे फिर से टीम में शामिल कर सकेंगे।

क्रिकेट का भविष्य उपमहाद्वीप में ही है, लेकिन कहाँ और किस प्रकार? अब इसमें सन्देह ही है कि पाकिस्तान में इन्टरनेशनल क्रिकेट काफी समय तक खेला जा सकेगा, शायद एक पीढ़ी तक यही स्थिति रहे। क्रिकेट इन समाजों का अभिन्न अंग है—यह उनकी मानसिकता में बसा है, उनकी संस्कृति से जुड़ गया है। यदि इनका देश क्रिकेट में उन्नति करता है तो लोग खुश रहते हैं, राष्ट्रीयता को बल मिलता है और देश को आर्थिक लाभ भी प्राप्त होता है।

भारत आई.सी.सी. बोर्ड को प्रभावित करने की स्थिति में है। इसका महत्त्व बहुत है और आई.पी.एल. यहाँ तेज़ी से बढ़ रहा है। विश्व क्रिकेट और दुनिया के अन्य क्षेत्रों में भारत के प्रभुत्व का यह झण्डाबरदार है।

आई.पी.एल. ऐसा व्यक्तित्व है जिसे दुनिया के सामने प्रस्तुत करने में भारत को गर्व होता है, इसलिए अपनी रक्षा के लिए यह स्वयं जो कर सकता है, उसके अतिरिक्त भारत सरकार, इसके लिए जो भी आवश्यक है, करेगी।

आई.पी.एल. ने चुनाव के दिनों में अपने खेलों का आयोजन करके देश के लिए अपना योगदान किया, लेकिन दुर्भाग्य से यह पर्याप्त नहीं था। आशा है कि सन् 2010 में यह अपने देश में फिर वापस आ जाएगा। मैं हीरो नहीं हूँ लेकिन मुझे विश्वास है कि अनेक स्थानों पर स्थितियाँ शीघ्र सामान्य हो जाएँगी। आतंकवाद का एक उद्देश्य अव्यवस्था पैदा करना भी है। हमें सामान्य स्थिति वापस लानी होगी, नहीं तो आतंकवादी जीत जाएँगे।

□□□